JN006184

「グアム育ちの日本人」のエスノグラフィー

新二世のライフコースと日本をめぐる経験

An Ethnography of Japanese Raised in Guam

芝野淳一
Junichi Shibano

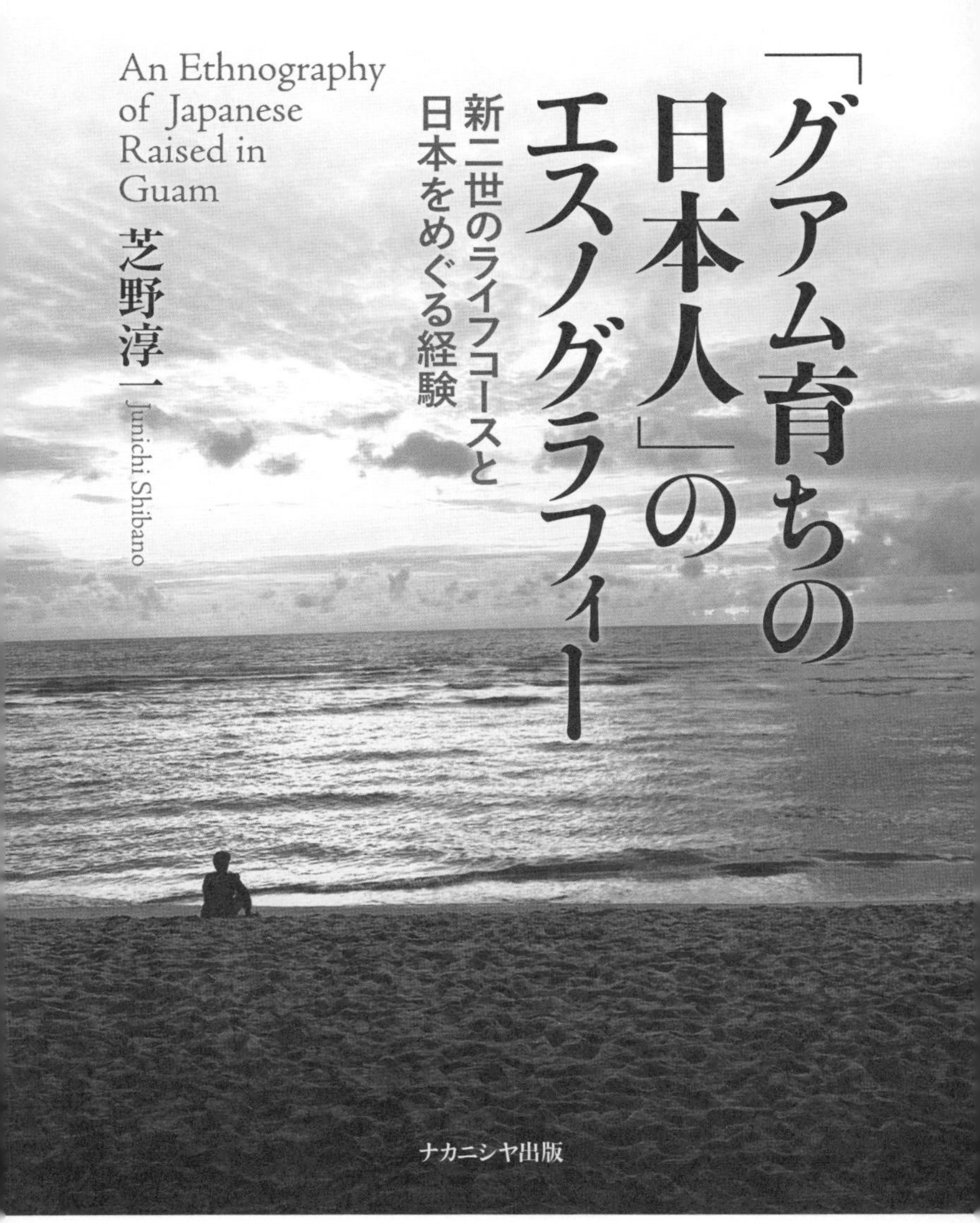

ナカニシヤ出版

まえがき

二〇一二年二月、私は生まれて初めてグアムを訪れた。その目的は、博士論文を書くために、海外に永住目的で移住する日本人の教育問題について調べることであった。グアムを調査地として選んだのは、居住する日本人の大半が永住者であったから、そして日本人向けの観光業が発達しており永住するための働き口が確保されていると考えたからである。また、グアムに住む日本人を取り上げた研究がなかったことも、私がグアムに目をつけた理由であった。何か新しいことがわかるかもしれない。そんな漠然とした期待を胸にグアムに向かったことを覚えている。

全くコネがなかった私は、グアムのホテル、観光会社、飲食店、雑貨屋、日本人学校などを訪問しながら、滞在期間中の多くの時間を「日本人探し」に費やした。様々な助けを借り、少しずつ調査に協力してくれる人が増えていった。幸いにも親切な人ばかりで、私の立場や研究内容に興味をもってもらえた（日本人を探してグアムをうろつく変わった学生!?）。そして、自身の移住経験やグアムでの子育てについて詳細に教えてもらうことができた。特に仲良くなった人には、ご飯をごちそうになったり、イベントに連れて行ってもらったり、調査の悩みを聞いてもらったりと、グアムでの研究活動を全面的にサポートしてもらった。この調査以来、私は毎年グアムに出向き、多くの人に聞き取りを行なった。

グアムと聞いて連想するのは「青い空、青い海、真っ白なビーチ」だろう。少し歴史に詳しい人なら、そこが第二次世界大戦時の激戦地であり、日本の植民地下にあったことを思い浮かべるかもしれない。

いずれにせよ、日本に住む多くの人々にとって、グアムは束の間の休暇を楽しんだり過去の出来事に思いを馳せたりする非日常的な場所である。私もその一人であった。しかし、グアムを日常として生きる人々の現実は、全く異なるものであった。

かれらがグアムに移住した背景には、日本での生活に対する不満や海外生活への憧れがあった。海外暮らしの夢を叶えるため、仕事に忙殺される日々から抜け出すため、人生をリセットするため……。しかし、移住後に待っていたのは、移民労働者として現地社会から周辺化され、日系企業の現地採用者や自営業者として経済的に不安定な生活を送るという厳しい現実であった。それでも「日本には帰るまい」と、死に物狂いになって生活基盤を築き、立派に子どもを育て上げた。こうした苦労話はインタビューで頻繁に語られた。グアムの楽園イメージからは想像できない、壮絶な人生の数々を知ることができた。

だが、その語り口は、どこか自信に満ちているようだった。日本を飛び出し、異国の地で困難を乗り越えながら人生を切り開いてきた「成功体験」を、かれらは誇らしげに語っていた。そして、多くの者が、子どもにも自分たちと同じような人生を歩んでほしいと願っていた。グアムを飛び出し、荒波に揉まれながら、自分の生きる道を見つけてほしいと。

このような親のもとで、子どもたちはどのようにグアムで育つのだろうか。親たちの話を聞く中で、素朴な疑問が浮かんだ。その疑問を解き明かすべく、私は問題関心を親世代から子世代へと切り替え、本書のテーマである「グアム育ちの日本人」の研究を開始した。

＊＊＊＊＊

それまでの調査で築いたつながりを活かし、一〇代後半から二〇代後半の「グアム育ちの日本人」たちに出会うことができた。グアムで生まれた者もいれば、日本で生まれ幼少期に移住してきた者もいた。私とほぼ同世代ということもあり、自身の学校経験、進路、帰属意識についてオープンに話してくれた。特に深い関係になった者とは、一緒に遊んだり、くだらない話をしたり、時にはお互いの人生について真剣に語り合ったりした。中には家族ぐるみで付き合うようになった者もいる。かれらの協力のおかげで、グアムでの滞在はさらに有意義なものとなった。

「グアム育ちの日本人」たちは、現地校や職場のコミュニティにどっぷり浸かり、英語を使いこなし、グアムのライフスタイルにも慣れ親しんでいた。その一方で、親や日本人コミュニティの影響を受け、日本と深いつながりをもちながら生活していた。そのため、日本での生活経験がほとんどないにもかかわらず、流暢な日本語を話し、日本の生活習慣やサブカルチャーも熟知していた。インタビューでは、たびたび日本にいる同世代の友人と会話しているような感覚に陥った。まさに、かれらはグアムと日本を同時に生きているようだった。

しかし、かれらの口からは、グアムと日本を同時に生きることの喜びや幸せとともに、苦悩や葛藤が語られることがしばしばあった。特に印象的だったのは、グアムで生活しつづけることの不安と、日本で生活することの憧れが同時に語られたことだった。さらに驚いたのは、日本での生活を実現するために、進学や就職を機に日本への移住を試みる若者たちの存在である。興味深いことに、かれらはほとんど生活したことのない日本への移住を「日本に帰る」と表現していた。まるで自分が生まれ育った地元に戻るかのように、日本を目指すのである。

親がたどり着いたグアムから抜け出し、親が抜け出してきた日本に帰る。子世代の調査から見えてきたのは、そのような親世代とは「逆方向」のライフコースであった。なぜ、かれらは日本にこだわりをもち、日本に活路を見出そうとするのか。そもそも、かれらの人生にとって日本とは一体何なのだろうか。こうした問いを探求するために、私は「グアム育ちの日本人」たちのライフコースをしばらく追いかけることにした。

＊＊＊＊＊

一九八〇年代以降、日本人の海外移住が多様化・大衆化する中で、自己実現やライフスタイルの追求のために自らの意思で現地に永住する人々が増加している。それにともない、「グアム育ちの日本人」のような、海外で生まれ育つ日本人の子ども・若者が姿を現している。かれらは戦前から戦後期にかけて世界中に離散した日系移民の子孫（日系人）や、高度経済成長期に急増した駐在員の子ども（海外帰国生）とは異なる背景をもつ。こうした新しいタイプの日本人の子ども・若者は、しばしば「新二世」と呼ばれている（詳細は序章を参照）。

日系人や海外帰国生と比べ、新二世の存在は日本社会においてほとんど知られていない。学術界においても新二世に関する研究はごく僅かであり、グアムの新二世にいたっては皆無である。今後、海外移住する日本人のさらなる増加が予測される中で、新二世の実態を明らかにする研究の蓄積は急務であるといえる。

本書は、私が二〇二〇年までに実施した八年にわたるエスノグラフィックな調査に基づき、グアムの新二世の日本をめぐる経験をライフコースとともに描き出すものである。複数の国や地域につながれ、また引き裂かれながら、人生をより良い方向に進めるために移動を繰り返したり、居心地の良い場所をつくり出したりする新二世の姿を活写してみたい。

なお、本書は、ごく一部の「グアム育ちの日本人」のリアリティを、学問の力を借りながら私なりに記述したものである。したがって、ここで記される事柄は、全ての「グアム育ちの日本人」または新二世の経験を代表しているわけではない。それでも、本書に散りばめられた「生の声」一つひとつに、海の向こうで育つ子ども・若者の日本をめぐる複雑な経験や感情を読み取ることができると思う。その先に、多様な「日本」や「日本人」の有り様を想像してもらえれば幸いである。

目次

第Ⅱ部　帰還移住をめぐる経験

第Ⅲ部　ホームづくりの実践

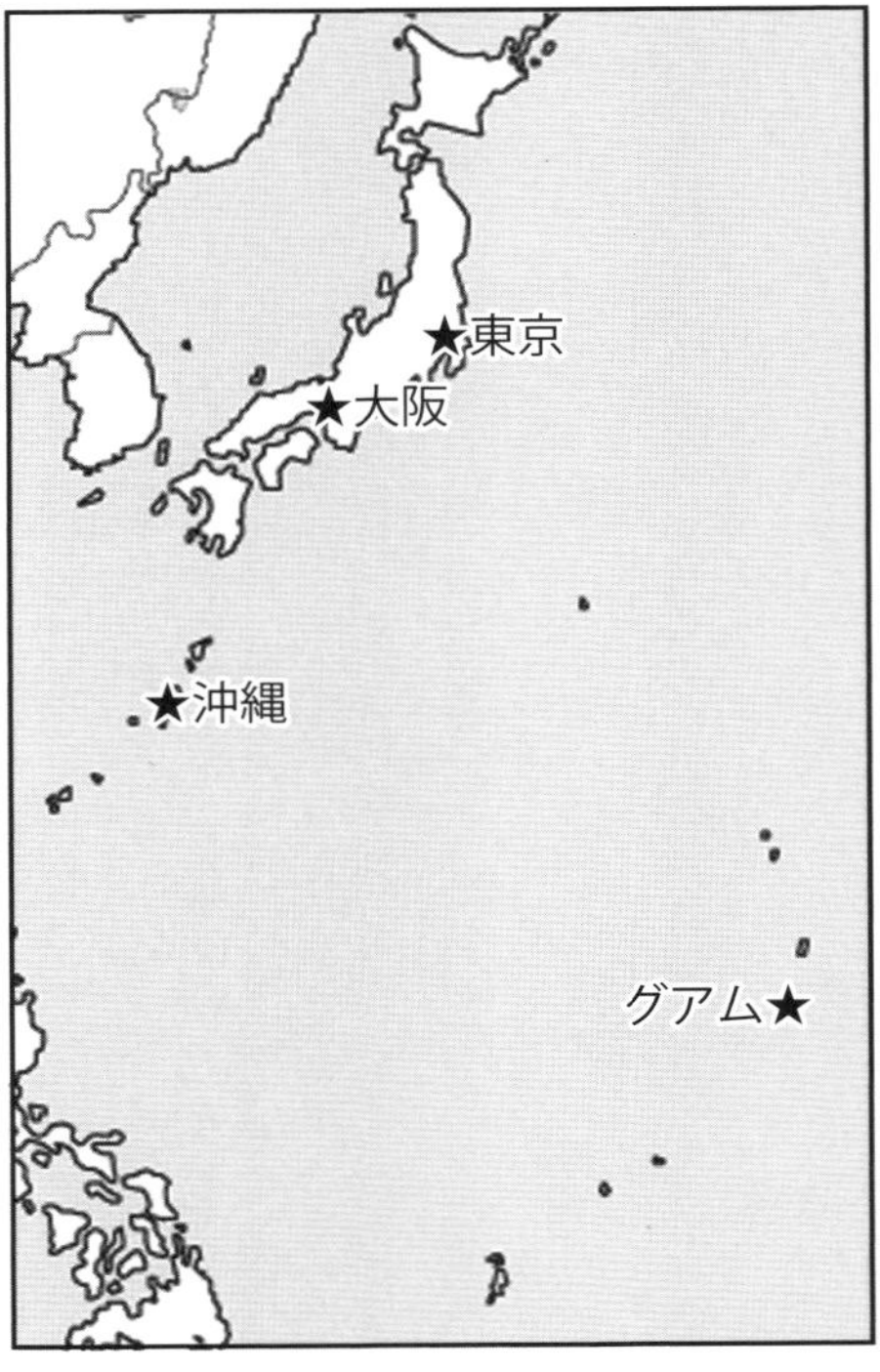

出典：http://www.sekaichizu.jp/atlas/eastern_asia/p800_eastern_asia.html

序章　「グアム育ちの日本人」のエスノグラフィーに向けて

第一節　はじめに

近年、日本人の海外移住が多様化・大衆化する中で、新二世と呼ばれる海外育ちの子どもや若者が増加している。本書は、新二世がライフコースの中でいかに日本を経験するのかを、「グアム育ちの日本人」のエスノグラフィーに基づき明らかにするものである。これに先立ち、本章では、本書の問題関心や研究方法について説明する。

本章の流れは次のとおりである。まず本節（一節）では、本書の背景と目的を示す。次に二節では、先行研究を検討し、本書の位置づけと問いを明確にする。続く三節では、本書の問いを検討するための分析枠組みについて解説する。さらに、四節では研究方法と調査概要を、五節では調査地であるグアムの特徴を記す。最後に、六節にて本書の構成を述べる。

一　日本人の海外移住の多様化・大衆化

グローバル化が進展する中で、海外移住する日本人の数は増加の一途をたどっている。外務省「海外在留邦人数調査統計」によると、海外で生活している日本人は、二〇一九年現在で約一四〇万人となっている（図０－１参照）。

日本人の海外移住は明治初期より活発に展開されてきた。特に戦時期には、国内の経済情勢の悪化と移民の国策化の中でハワイ、アメリカ本土、ブラジル、朝鮮半島、台湾、中国など様々な地域に日本人が移り住んだ（日本移民学会 2018）。[1] 日本の植民地でない場所（ハワイ、アメリカ本土、ブラジルなど）に移住した者は、ほとんどが貧困状況にあった農民であり、経済的な理由を背景に海外移住を決断した。移住当初は出稼ぎを目的としていたが、その後、多くが移住後に現地社会に永住する道を歩んだ。かれらやその子孫たちが、いわゆる「日系人」と呼ばれる人々である。この経済的・政治的な理由による貧困層の「労働移民」は一九七〇年代初頭まで続いた。

戦争が終わり、軍事力による帝国化の道を絶たれた日本は、工業力を武器に世界に勢力を拡大した。高度経済成長期には

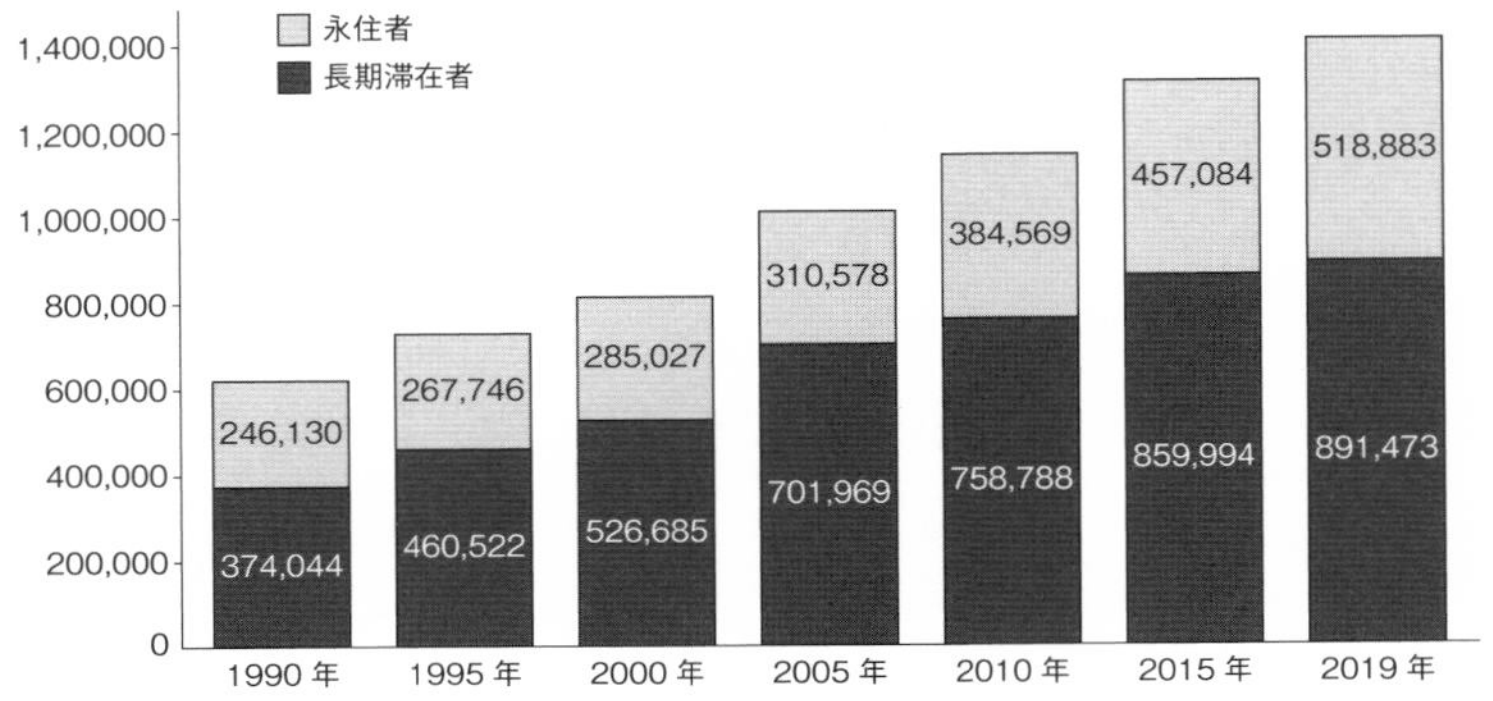

図 0-1　海外在留邦人数の推移
（出典：外務省「海外在留邦人数調査統計」をもとに筆者が作成）

世界中に日本企業が進出し、駐在員が外国に送り込まれた。その多くは数年の任期を経て日本に帰国する、大企業に勤める高学歴・高収入のエリートである（Befu 2001）。駐在員の多くは赴任先に家族を帯同させており、その子どもは「海外帰国生[2]」などと呼ばれるようになった。こうした組織的な理由による「企業移民」（駐在員とその家族の移住）は、一九八〇年代から一九九〇年代中期にピークに達した。しかし、一九九〇年代後半以降は日本経済の不況を背景に減少傾向にある。

他方、一九八〇年代後半より、自己実現や理想の生き方の追求など個人的理由により海外移住する日本人が増加している。このような人々は、経済的・政治的な理由や企業の都合ではなく個人の生活の質を重視して海外移住することから、「ライフスタイル移民」と呼ばれている（O'Reilly & Benson 2009, 長友 2013 など[3]）。こうした人々が登場した背景には、日本における中間層の個人化したライフコース選択やラ

［1］戦前・戦中における海外移住者（出移民）の統計情報については、岡部（2002）や木村（2018）に簡潔にまとめられている。

［2］同様の言葉として、海外子女、在外子女、帰国子女、海外・帰国子女などがある。本書で言及する際は、近年一般的になっている「海外帰国生」に統一する。

［3］近年の日本人移住者の多くは、多かれ少なかれ、こうした背景をもつという（長友 2015）。ライフスタイル移民は、ある特殊化された移民集団を指し示す概念ではなく、「新しい移民に関して作られている多くの用語を包含する概念であり、現代の中間層の移住を研究する上で、重要なフレームワーク」（長友 2015: 30）である。欧米の移民研究においても、〝Lifestyle Migration〟の概念を用いて現代的な移住現象を解明する研究が進められている（Benson & O'Reilly 2009 など）。これらを踏まえ、本書では「ライフスタイル移民」や「ライフスタイル移民研究」といった言葉を積極的に用いている。なお、こうした人々は移住期間、在留資格、職業などが多様であることから定義しづらく、統計などで全体像を正確に把握することは難しい（松谷 2014）。したがって、本書のような事例研究の蓄積が重要となる。

イフスタイル価値観の柔軟化、海外の労働市場や日系企業の経済状況の変化があるという（長友 2013）。ここでいう「中間層」とは、ビジネスエリートや高度専門職者といった高学歴・高収入の「上層」と、ブルーカラー労働者や生活困窮者といった「下層」の間に位置する幅広い層を指している。[4] バブル期は中間層の中でも比較的裕福な退職した高齢者が多かったが（小野 2019）、バブル崩壊後は経済的に不安定な若年の海外就労者が増えている（藤岡 2017、神谷・丹羽 2018 など）。その多くが、日系企業の現地採用者や小規模の自営業者として働くノンエリート型の移住者である。こうした変化により、現在の海外日本人社会には様々な背景をもつ人々が生活している。

ここまでの内容を整理すると表０－１のようになる。[5] 冒頭に述べた近年の海外移住者の増加は、「第三段階」の時代の到来によるものである。もちろん、現実には各段階は明確に区分できない。例えば、第一段階は貧困層ばかりではなく、裕福な層が植民地や日本経済の進出先にも移住していた。また、第二段階の駐在員も、第三段階以降では必ずしもエリート層ばかりではなくなっている。いずれにせよ、現代において日本人の海外移住は多様化・大衆化しており、一部の貧困層やエリート層のものではなくなっていることは確かである。本書が注目するのは、この中間層の日本人移住者の子世代である。

表 0-1　日本人の海外移住の変遷

時代区分	第一段階：1960 年代まで	第二段階：1960 年代以降	第三段階：1980年代半ば以降
移民形態	労働移民	企業移民	ライフスタイル移民
主な職業	農業従事	日系企業の駐在	日系企業の現地採用や自営業
階層的背景	貧困層	エリート層	中間層
移住理由	経済的・政治的	組織的	個人的

二　新二世のライフコースと日本

アメリカの日系コミュニティや学術界では、このような戦後の日本人移住者は「新一世（*Shin-Issei*）」、その子世代は「新二世（*Shin-Nisei*）」と呼ばれている。かれらは、戦前の日系移民やその子孫（*Issei* や *Nisei*）とは歴史的・文化的に異なる存在として位置づけられている。具体的には一九六五年の移民法改正後にアメリカに移住した者が新一世や新二世と分類されるが、[6]こうした「新日系移民」の大半を占めるのは一九八〇年代以降の移住者である（Tsuda 2016）。新二世にはアメリカ生まれだけでなく、日本で出生し幼少期に家族とともにアメリカに移住した者も含まれる（山田 2019）。なお、この新旧区分は他のエスニック集団にも適用されており、戦後の移民を総称して「新移民」などと呼ばれている（Levitt & Waters 2002）。

これにならい、本書の対象となるグアムの日本人移住者とその子世代を、「新一世」および「新二世」と呼ぶ。[7]その理由として、第一に、グアムはアメリカ社会の文脈と不可分であり、先行研究においても新

[4] 中間層の職業、収入、学歴は極めて多様であり、明確に定義・区分することは困難である。
[5] 本表の作成にあたって、長友（2013）と中澤（2018）を参考にした。
[6] アメリカでは、一九二四年の移民法制定から一九六五年の移民法改正まで、日本人を含むアジア系の移民は全面に禁止されていた。一九六五年に移民制限が撤廃され、日本人の移民も「再開」された。この法改正以降、アメリカはアジアやラテンアメリカから大量に移民を迎え入れ、多文化主義的かつグローバルな国家として再定義されるようになった（貴堂 2018）。
[7] 戦後の日本人移住者の呼称は多様である。例えば、足立（2008）は、新一世のような現地社会に長期滞在・永住する日本人を「長期・永久滞在型ディアスポラ」と呼んでいる。

移民の枠組みからグアムの移住者が議論されていること（Stephenson et al. 2010 など）、第二に、日本の研究においてライフスタイル移民のような日本人移住者の子世代を表す言葉がないことがあげられる。なお、新一世や新二世の社会経済的背景は高度人材からブルーカラー労働者まで多様であり、さらに国際結婚者も含まれる（Yamada 2019）。また、高い流動性をもつ集団であるため国籍や永住権の有無だけで定義することはできない（山田 2019）。したがって、対象者の背景を明確にした上で研究を進める必要がある。本書の対象となる新二世は、「一九八〇年代以降に永住目的で移住した中間層の日本人の両親（新一世）をもつ者」である。

これまで、新二世のような長期滞在・永住者は、現地社会に同化し日本との関係が薄れていくと考えられてきた（江淵 1994）。それゆえに、かれらが日本に「帰ってくる」ことも想定されてこなかった。しかし、現在の新二世は、日本とつながりを維持する新一世に影響を受けながら、日本とも深い関係を築いている（Tsuda 2016 など）。そうした経験が日本に対する憧憬や望郷の念を喚起させ、ほとんど生活したことのない日本への帰還を促すこともある（Tsuda 2019 など）。つまり、新二世と日本は切っても切れない関係にあるといえる。

では、海外で育つ新二世は日本をどのように経験するのだろうか。そして、かれらの人生において日本はどのような意味をもつのだろうか。このような新二世のライフコースと日本の関係を明らかにする研究は、次節で詳しく見るように、これまで取り組まれてこなかった。そもそも、新しい日本人移住者に関する研究は始まったばかりであり、子世代に着目する研究となると皆無に等しい。日本人の海外移住の多様化・大衆化がもたらす帰結を検討するためにも、その次世代に関する研究の蓄積は重要な課題である。

以上を踏まえ、本書では、グアム育ちの日本人の若者を事例に、新二世の日本をめぐる経験を、かれらのライフコースとともに描き出す[8]。その際、特にグアムの新二世に共通してみられる「日本への帰還」をめぐる経験に注目する。グアムと日本を物理的・心理的に行き来する新二世のライフコースを詳細に記述することで、日本人移住者の多様性の解明、ひいては同質的で一枚岩的な日本や日本人の再定義が可能になるだろう。

ここで、グアムを調査地とする妥当性を四つ述べておきたい。第一に、一九八〇年代後半から長期滞在・永住者数が増加しており、在留邦人の七割以上を占めていること。第二に、その多くが日本人向けの観光業に従事する現地採用者や自営業者であり、中間層の日本人移住者にアクセスしやすいこと。第三に、日本から地理的に近いため日本との関係を維持しやすく、それゆえに新二世の越境的な生活を観察しやすいこと。第四に、日本人の海外移住に関する研究で取り上げられたことがない地域であり、新しい知見を提出できることである。

次節では、本書の位置づけと問いを明確にするために、海外移住する日本人の子どもや若者を対象とした先行研究を検討する。

[8] 本書で使用する日本という言葉には、物理的・実体的なものだけでなく、心理的・象徴的なもの（個々の主観的なイメージなど）も含まれている。それらを鉤括弧などをつけて区別する研究もあるが（渋谷 2021 など）、実際には両者の境界を明確に線引きすることが難しいことや文章の煩雑さを避けることを理由に、本書では基本的に鉤括弧などをつけずに記載する。

第二節　本書の位置づけと問い

海外移住する日本人の子ども・若者に関する研究は、「ライフスタイル移民研究」、「海外帰国生研究」、「新日系移民研究」の三つの領域において異なる問題関心のもと展開されてきた。本節では、各領域で何が議論され、何が議論されていないのかを整理し、本書の位置づけを示す。その上で、本書の問いを確認する。

一　先行研究の検討――海外移住する日本人の子ども・若者はどう議論されてきたか

（一）ライフスタイル移民研究――中間層の就労経験

まず、ライフスタイル移民研究をみていく。当研究領域では、自己実現や理想の生き方の追求のために海外移住する日本人の実態が明らかにされてきた。特に最近では、閉塞感漂う日本社会や将来の見通しが立ちにくい日本の労働環境から逃れるために海外就労を試みる中間層の若者が注目を集めている。[9]

これまで、かれらの特徴について次の三点が議論されてきた。

第一に、経済的基盤の脆弱性である。海外移住する若者の多くは日系企業の現地採用者や小規模の自営業者であり、生活が安定しているわけではない。一般的に、現地採用者は現地社会の水準では中間層と同等かやや上の収入を得ているものの、同じ日本人である駐在員と比べると給与や昇格などの待遇面で大きな格差がある（古沢 2020）。特に、高度な知識や外国語力が必要ないサービス産業に従事する現地採用者は、その傾向が強い。[10] こうした若者は、国際的な労働市場で活躍するエリート型のグローバル人材ではなく、安価な労働力として日系企業を支えるノンエリート型のグローバル人材であるといえる（酒井 1998, 2003、川嶋 2010, 2015、藤岡 2017、神谷・丹羽 2018 など）。一方で、現地社会からは政策的緊急性の低いミドルクラスの移民として処遇されており、庇護の対象にはなっていない（松谷 2014）。それゆえに、セーフティネットがなく、異国の地で経済的に自立した生活を送らなければならない状況におかれてい

［9］若者の移住理由や移住形態は多様である。具体的には、海外への憧れや挑戦などを理由に日本を脱出して留学・就労・起業する（長友 2013、川嶋 2015、神谷・丹羽 2018）、自分探しを理由にバックパッカーやワーキングホリデーなどで海外を放浪する（加藤 2009、川嶋 2010、大野 2012、藤岡 2017）、海外で似たような境遇の日本人とともに「外こもり」をする（下川 2019）、音楽や芸術などの文化消費を目的とする（藤田 2008）、女性が日本のジェンダー規範から解放されるために移動する（佐藤 1993、酒井 1998、2003、コバヤシ 2003、タンほか 2008）、国際結婚を通じて海外移住する（濱野 2014）といったパターンがあげられる。

［10］大石と森山（2013）は、日本人の現地採用者を三つに分類している。一つ目は、世界のどんな企業でも通用する高度な知識や技能が必要な「グローバル・ジョブ」。多国籍企業で活躍するグローバル・エリートのような存在を指す。二つ目は、現地社会と日系企業の間を取りもつ「グローカル・ジョブ」。学歴は大卒以上が多く、ある程度日本での就労経験がある者が就く。こうした「つなぎ役」の現地採用者を「バウンダリー・スパナー」（古沢 2020）と呼ぶこともある。三つ目は、完全な日本語環境で働ける日本市場向けの「日本語ジョブ」。高卒学歴の者も多く、外国語能力や就労経験があまりない者が就く。現地採用者の多くはグローカル・ジョブか日本語ジョブに位置づく。アジア諸国の場合、グローカル・ジョブの給与は駐在員の約四分の一であり、日本語ジョブはそれよりさらに少ない（大石ほか 2015）。また、いずれも社内でのキャリアアップは難しい。さらに、新卒一括採用を主流とする日本では若者の海外就労経験を肯定的に評価する企業は少なく、帰国後に海外で培ったキャリアを活かすことも難しい（大石ほか 2015）。本書の対象者であるグアムの観光関連業に従事する現地採用者も、同じような境遇に置かれているといってよい。

る。本書では、こうした立場にある人々を、国内に留まるノンエリートや海外を自由に飛び回るグローバル・エリートと区別し、「グローバル・ノンエリート」と呼ぶ。

第二に、移住の個人化である。先にも述べたように、ライフスタイル移住は個人のライフスタイル価値観やライフコース選択に基づき実践される。それは、かつての日系移民や駐在員のような経済的・組織的な目的性をもつ移住とは異なる、自己実現のための手段としての移住である。[11] このような移住の意思決定の個人化に加え、移住過程や移住後の生活も個人化している。現代の海外就労者の多くは、人的ネットワークに依存せず、旅行産業、留学産業、各種メディアなどに個人でアクセスする「個人化された移住経路」（南川 2005）をたどる傾向があるという。また、移住後の生活においても、日本人会などのエスニックな集団や組織に依存せず、個人が選択的につながるネットワーク型社会を構築していることが明らかになっている（長友 2013、吉原ほか 2016 など）。

第三に、居住スタンスの曖昧さである。かれらは現地社会に溶け込んでいるわけではなく、様々な形で日本とのつながりを維持している（吉原ほか 2016）。現地社会と全く関わりをもたず、日本人社会の中で強い日本人意識をもちながら生活する者もいる（長友 2013）。万が一の帰国に備えて、日本国籍を保持している者も多いという。このように、ライフスタイル移民は永住と帰国の境界が曖昧な「永住型ソジョナー」（水上 1995）としての特徴を有しているといえる。

以上のように、ライフスタイル移民研究は、海外就労する中間層の若者の実態に迫り、かれらの特徴を様々に検討してきた。しかし、その主な対象は移住を試みる本人（第一世代）であり、その子世代（第二世代）の実態には触れられていない。[12] 新しいタイプの移住者が抱える問題を多角的に解明するためには、子世代の実態にまで切り込む研究が必要であろう。

一方で、次に紹介する海外帰国生研究と新日系移民研究は、海外移住する日本人の子世代に焦点を当ててきた。それぞれの研究動向を概観しよう。

(二) 海外帰国生研究──駐在家庭の教育問題

海外移住する日本人の子どもや若者に最も関心を寄せてきたのが、海外帰国生研究である。当研究は、主に高度経済成長期に急増した駐在家庭（＝企業移民）の教育問題について議論してきた。海外帰国生研究の知見は時代背景によって大きく異なるため、時系列に沿って先行研究を整理していく。

一九六〇年代から七〇年代にかけて、海外帰国生は日本の経済発展の犠牲者であると認識されていた。そのため、海外経験によって生じる教育的不利や文化葛藤をいかに軽減するかが争点となっていた。海外帰国生は「日本人らしさ」を失った子どもとみなされ、日本語や日本文化の注入を徹底する「適応教育」が推進された（江淵 1986）。

[11] 女性移住者の場合、男性優位社会、職場における女性の冷遇、ケア・家庭領域への封じ込めなど、ジェンダー問題を切り抜けるために移住を試みる。しかし、日本のジェンダー規範から逃れられない女性も多い。特に日系企業に就労した者は、日本型経営の中で再び男性優位社会と対峙することになるという（酒井 1998、タンほか 2008 など）。

[12] 親子留学する裕福層の母親をライフスタイル移民として捉え、その教育戦略を明らかにする研究はあるが（Igarashi 2015）、子世代の存在には言及していない。また、欧米におけるライフスタイル移民研究においても、子世代の問題をメインに扱った研究は数えるほどしかない（O'Reilly 2009 など）。

しかし、一九八〇年代から九〇年代にかけて、日本社会の国際化を背景に適応教育は批判されるようになった。そして、海外帰国生の豊かな能力を活かす「特性伸長教育」が展開された（小林 1983、東京学芸大学国際教育センター 1986、佐藤 1995, 1997 など）。さらに、かれらの主体性や積極性にも注目が集まり、閉鎖的な日本の学校を変革する担い手としての期待が寄せられた（渋谷 2001）。一方で、海外帰国生は裕福な家庭に育ち、手厚い教育支援を受け、帰国生入試[13]を使って難関大学に進学する特権層であり、他のマイノリティと比べて優遇されていると批判する研究もあった（グッドマン 1992）。

二〇〇〇年代に入り、「グローバル人材育成」が重点的な国家戦略として掲げられた。その影響で、駐在家庭の親の教育方針や意識・行動は大きく変化している（山田 2004、額賀 2013a）。ひと昔前の駐在家庭の親は、帰国後に日本の学校教育や受験体制に適応するための能力の育成を重視していた（柴野 1983、江淵 1994、佐藤 1997、南 2000）。しかし、現在の駐在家庭は、グローバル人材に欠かせない英語力や順応力・社交力の育成を重視する傾向があるという（額賀 2013a）。また、そのような環境で育った子どもが、「日本人」、「アメリカ人」、「アジア系」など複数のアイデンティティを柔軟に使い分けながら現地社会に適応する様子も報告されている（額賀 2013a）。さらに、帰国した子どもが海外生活で得た経験や能力を活用しながらグローバルなキャリアを形成していくことが明らかになっている（額賀 2016、岡村 2017）。

このように、海外帰国生研究は一貫して駐在家庭の教育問題に取り組んできた。しかし、裏を返せば、高学歴・高収入の一時滞在者という特定の階層的背景や移動形態をもつ集団のみを対象としてきたことになる。それゆえに、ライフスタイル移民研究でみたような中間層の長期滞在・永住者には焦点が当たってこなかった。もっとも、最近では駐在員が多様化し中間層にも拡大していることが指摘されている（佐藤 2010 など）。また、長期滞在・永住者の言語やアイデンティティに着目する研究も蓄積されつつある（佐藤・片岡 2008、Doerr & Lee 2011, Kobayashi 2019 など）。しかし、十分な議論が展開されているとは言い難い。その点、次に紹介する「新日系移民研究」は、「新二世」のカテゴリーを用いて長期滞在・永住する日本人の特徴を把握してきた。

(三) 新日系移民研究——新二世のアイデンティティ

新日系移民研究は、日系アメリカ人研究を源流としている。長らく日系アメリカ人研究は、第二次世界大戦中に強制収容や人種差別を体験した日系移民がアメリカ社会に同化していく様子や、その記憶とともに日本人としての集合意識を形成していく過程を明らかにしてきた（竹沢 1994 など）[14]。こうした同化理論パラダイムや固定化されたストーリーを転換すべく、新日系移民研究は現代社会を生きる日系移民（戦前の日系四世・五世や戦後の新一世・二世）を対象に、かれらがもつアイデンティティの多様性や複数性の解明に取り組んでいる（Omi et al. 2019）[15]。

[13] 帰国生入試とは、海外帰国生の積極的な受け入れを推進するための特別な入試制度である。その成立経緯には、国家の国際化戦略、世論形成と社会的合意、大学の生き残り戦略など複数の要因が重なり合っていた（佐藤 2005）。また、海外帰国生の親に政府、ビジネス、マスメディア、学会の重要な位置にあるエリート層が多かったことも、この制度の成立に影響を与えた（グッドマン 1992）。現在、海外帰国生のための特別枠を設けている大学は三八〇校一、一〇六学部ある（文部科学省 2016）。なお、海外帰国生受け入れに関する教育制度を扱った研究には、中村（1997）、佐藤（2005）、稲田（2012）、井田（2015）などがある。

[14] 日系アメリカ人の歴史については坂口（2001）やベフ（2002）がわかりやすくまとめている。

新二世に関する研究は、かれらのアイデンティティの特徴をトランスナショナルな観点から分析してきた（藤田 2012，Tsuda 2016，山田 2019，Yamada 2019）。新二世はアメリカ社会に適応しつつも、日系コミュニティ、在外教育施設、[16] メディア、日本への頻繁な渡航などを通じて日本語、日本文化、日本とのネットワークを保持している。このような生活経験を有する新二世の多くはバイリンガル・バイカルチュラルに育ち、複合的かつ多元的なアイデンティティを形成する。こうした育ちの背景には、日本と強いつながりを維持し、日本語や日本文化を積極的に継承する新一世の影響があるという（Tsuda 2016，山田 2019）。

これらの特徴は、アメリカ社会から強い同化圧力を受け日本から距離を置いてきた日系二世や（Tsuda 2016）、日本人意識が薄れつつある同年代の日系四世・五世（山田 2019）とは異なるものである。特に興味深いのが、同じ移民第二世代であっても、多文化化する現代のアメリカ社会で育つ新二世のほうが戦前の二世よりも「日本」や「日本人」をポジティブに体験していることである。こうした違いは、日本に帰還した際に顕著に現れるという。例えば、新二世が他の移民世代よりも容易に日本に適応したり（Tsuda 2019）、日本人であることを肯定的に受け入れたりする様子が報告されている（Yamashiro 2017, 2019）。

ただし、新二世に関する研究は他の移民世代の研究に比べると圧倒的に蓄積が少ない（Tsuda 2016）。それゆえに、未着手の課題がいくつか残されている。第一に、新二世間の多様性や差異を捉えられていないことである。その結果、多様であるはずの新二世の日本をめぐる経験が一枚岩的に描かれてしまっている。こうした問題は、新二世の特徴を世代間比較によって分析してきたことに起因している。したがって、世代内の多様性や差異に着目した研究が必要である。

第二に、多くの研究がアメリカ本土（特にロサンゼルス）の新二世を対象にしていることである。当然ながら、同じ新二世であっても、地理的・社会的条件が異なれば、日本との関わり方も異なってくる。いまや日本人は多様な場所に移動しているため、異なる地域における事例の蓄積は不可欠である。

第三に、研究対象となっている新二世が、高階層のビジネス・エリートや高度専門職者に偏っていることである（Omi et al. 2019）。先述したように、最近の日本人移住者は多様化しており、特に社会経済的に不安定な状況に置かれる中間層の存在が注目されている。こうした状況を踏まえると、対象となる新二世の範疇を広げていくことが求められる。

二　本書の問い——中間層出身の新二世はライフコースの中でいかに日本を経験するか

ここまで、海外移住する日本人の子ども・若者に関する議論を整理した。要点は次の三つである。第一に、ライフスタイル移民研究は中間層の若者の就労経験を明らかにしてきたが、その子世代の実態の解明については未着手であった。第二に、海外帰国生研究は駐在家庭の教育問題に取り組んできたが、研究対象がエリート層の一時滞在者に偏っていた。第三に、新日系移民研究は新二世のアイデンティ

[15] ただし、戦前の日系アメリカ移民の日常経験や政治思想をトランスナショナルな観点から捉え直す東（2014）のような研究もある。

[16] 在外教育施設は、日本の主権の及ばない外国で暮らす子どもに対して日本の学校と同等の教育を提供することを目的に設置された、日本政府公認の教育機関である。文部科学省や外務省は在外教育施設に対して教員派遣、教科書の無償配布、財政援助などを行なっている。在外教育施設には、全日制の日本人学校と土曜日などに開講される補習授業校の二種類がある。前者は五〇カ国一地域九五校、後者は五四カ国一地域二二八校が現地の日本人会などによって運営されている（文部科学省 2021）。

ティの特徴を検討してきたが、研究対象がアメリカ本土の高階層に集中していることや、新二世間の多様性を等閑視している問題がみられた。

このように、三つの研究領域では、日本と海外を物理的・心理的に行き来する子どもや若者の姿が描かれてきた。研究の関心、目的、対象は異なるものの、それらは相互補完的な関係になっており、各領域で看過されている部分を埋め合わせていることがわかる。一方で、三つの研究領域に共通して見逃されてきた課題もある。

一つ目は、研究対象に関するものである。ライフスタイル移民研究には中間層の日本人移住者の子世代に関する研究がなく、海外帰国生研究と新日系移民研究は子世代を対象にしているものの高階層に偏っていた。つまり、「中間層出身の新二世」が、三つの研究領域の重なり合う部分に位置する存在でありながら、見逃されてきたのである。したがって、中間層出身の新二世に焦点を当てる研究が求められる。

二つ目は、研究アプローチに関する課題である。三つ

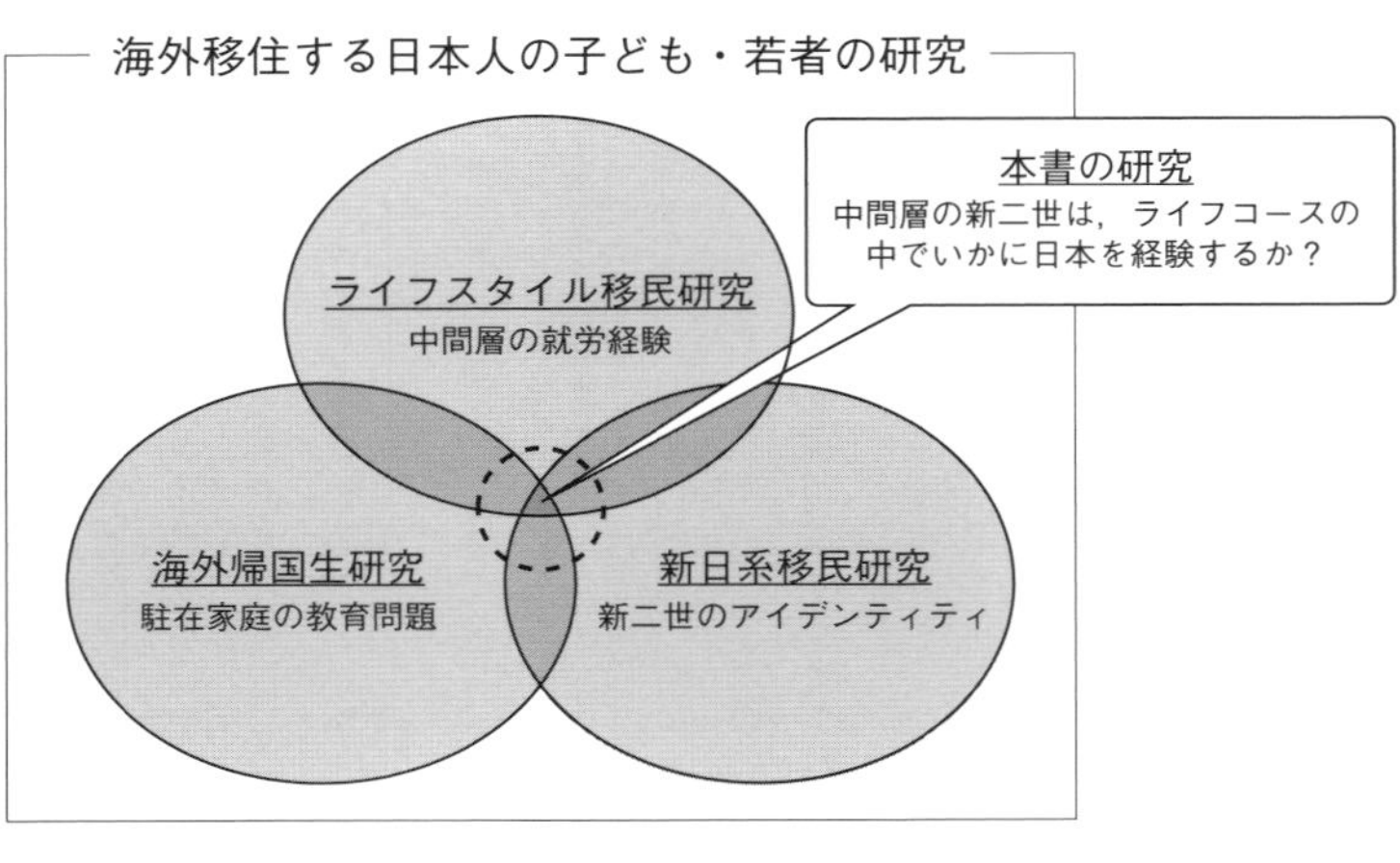

図 0-2　本書の位置づけ

の研究領域では、海外移住する日本人の子ども・若者の経験を就労、教育、アイデンティティなど個別のトピックに還元して考察していた。しかし、それらは本来、個人がたどる人生の道筋（＝ライフコース）の中で連続的に経験されるものであり、切り離して考えることはできないはずである。例えば、若者のアイデンティティは、教育から職業への移行など、様々な社会的文脈を横断する中で形成される（コテ・レヴィン 2020）。また、移民の移動や定住をめぐる経験は、年齢やライフステージに大きく影響を受ける（Wingens et al. 2011）。つまり、日本と海外を行き来する若者の就労、教育、アイデンティティに関する経験は相互関連しており、それゆえにライフイベントの遭遇やライフステージの変化、地理的移動にともなう環境要因の変化の中で捉えなければならない。したがって、中間層出身の新二世の経験をライフコースの観点から読み解く研究が必要となる。その際、新二世間のライフコースの多様性や差異に注目することを忘れてはならない。

これら先行研究の課題を踏まえ、本書の位置づけと問いを示すと図０－２のようになる。

以上により、本書では、グアム育ちの日本人の若者を事例に、中間層出身の新二世の日本をめぐる経験を、かれらのライフコースに着目しながら描き出す。具体的には、グアムと日本を行き来する新二世がどのように育ち、どのような進路を歩み、どのような帰属意識を形成するのかを検討する。[17] これらの問いを明らかにすることで、ばらばらに展開されてきた三つの研究領域を接続し、海外移住する日本人

[17] 本書ではアイデンティティではなく帰属意識という言葉を優先的に用いる。なぜなら、アイデンティティは共同体を想定した政治性を含む概念であり、個人のもつ帰属への感覚や経験の多様性を表現するのに馴染まないからである（川端 2013）。

の子ども・若者に関する議論の発展に貢献できるだろう。

第三節　分析枠組み

本書では、前節で示した問いを「トランスナショナルな育ちの過程」、「（日本への）帰還移住をめぐる経験」、「ホームづくりの実践」の三つの視点から明らかにしつつ、新二世のライフコースと日本をめぐる経験を描き出す。図０‐３は、本書の分析枠組みを示したものである。本節では、事例を分析する際に重要な概念――トランスナショナリズム、帰還移住、ホーム――を説明しながら、検討する具体的な課題を提示する。

一　トランスナショナルな日常生活――育ちの過程を捉える視点

まず、新二世の育ちの過程を捉えるための視点を説明する。移民研究では、トランスナショナリズムの視点から移民の日常生活を考察することが主流になっている[18]。トランスナショナリズム論は、移民がホスト国に適応すると同時に、祖国との物理的・心理的なつながりを維持していることに注目する（Levitt & Schiller 2004）。そして、そ

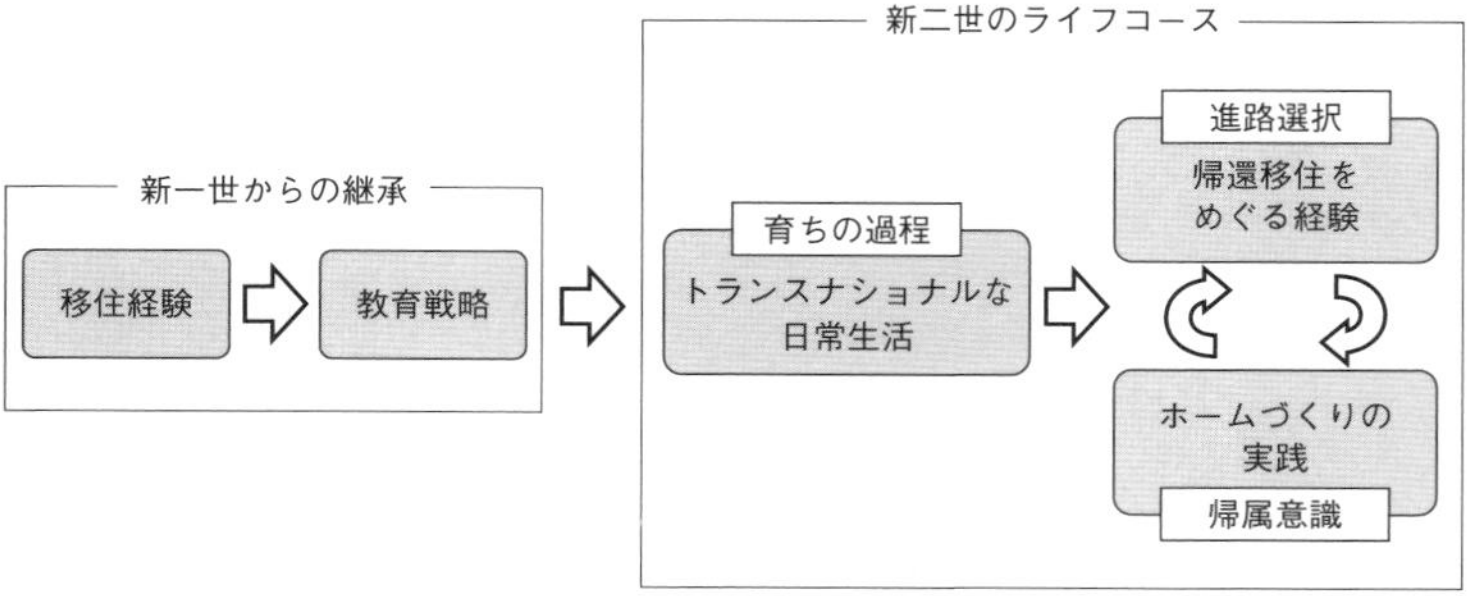

図 0-3　分析枠組み

うした越境的な生活経験が、個人の社会実践や帰属意識に与える影響を詳細に分析する（Faist 2010）。トランスナショナリズム論は、このようなホスト国に一方的に同化しない移民の姿を取り上げることで、同化主義的な移民研究を批判してきた[19]。

この概念枠組みは、祖国との直接的なつながりをもつ移民第一世代だけでなく、ホスト国で生まれ育

[18]「トランスナショナリズム」と似た意味合いをもつ言葉に「ディアスポラ」がある。「ディアスポラ」は、もともとユダヤ人やアルメニア人など特定の民族集団の強制的離散に関する歴史的経験に言及する言葉として用いられてきた。しかし、社会の変化や研究の発展の中で、その用法は拡散し、現在は様々な移民に対して用いられるようになっている（ブルーベイカー 2009）。ディアスポラは、トランスナショナリズムと同様に同化理論を相対化し、移民の越境的な生活世界を捉える概念枠組みである。しかし、両者の間にはいくつか相違点がある。Faist（2010）によると、それらは次の三つに整理できる。第一に、トランスナショナリズムはディアスポラの上位概念である。後者は多様な越境的なつながりに焦点を当てるが、前者は「祖国（ホームランド）」との関係性に焦点を当てている。したがって、例えばトランスナショナルなコミュニティはディアスポラを包含するが、全てのトランスナショナルなコミュニティがディアスポラ的であるわけではない。第二に、ディアスポラ論は集合的アイデンティティに焦点を当てるが、トランスナショナリズム論は越境的な移動性に着目する傾向がある。第三に、ディアスポラ論は複数の世代のパターンに言及するが、トランスナショナリズム論は直近の移民の流入に関心を寄せている。ただし、近年では、本書が依拠する「第二世代のトランスナショナリズム」（Levitt & Waters 2002）など、後世代に関する研究も出てきている。無論、トランスナショナリズムとディアスポラは対立する概念でもなければ、別々の概念として扱うべきものでもない。本書はトランスナショナリズム論を軸にしているが、ディアスポラ論の要素も交えながら事例を分析している。

[19] もちろん、移民第二世代のホスト国への同化過程を解明しようとする研究もある。学業達成、職業達成、国際結婚率などを用いながら、異なる民族的・階層的背景をもつ移民第二世代の多様な同化パターンを検討する「分節的同化理論」（ポルテス・ルンバウト 2014 など）は、その典型例である。

つ移民第二世代にも適用されている。「移民第二世代のトランスナショナリズム」に関する研究では、移民第一世代である親の影響を受け、移民第二世代が祖国の文化や社会に触れながら育つことが報告されている（Levitt & Waters 2002）。つまり、移民第二世代も、ホスト国に単純に同化していくわけではないのである。

このように、移民がもつ祖国とのつながりは、親世代から子世代へと受け継がれていく。特に、親世代の教育方針や子育て実践は、子世代のトランスナショナルな育ちを形づくる上で重要である（Tsuda 2016）。親からのエスニックな文化継承は、祖国への里帰りや旅行など物理的な移動・接触をともなうものもあれば、教育やメディアなど物理的な移動・接触をともなわないものもある。もちろん、全ての子世代が同じように祖国を経験するわけではない。たとえ同じ家庭環境で育ったとしても、学校経験の違いや移民コミュニティへの関与の有無などにより、祖国の文化や社会への関与の程度は異なる（Wessendorf 2013）。なお、祖国とのつながりの強弱のことを「ディアスポラ性」（Tsuda 2018）と呼ぶが、移民第二世代のトランスナショナルな育ちを適切に把握するためには、このディアスポラ性の多様なあり方に注目する必要がある。

こうした背景をもつ移民第二世代は、トランスナショナルな日常生活を通じて越境的な視野や複合的なアイデンティティを形成する（Guarnizo 1997）。一方で、複数の国や文化に関わりをもつがゆえに、帰属をめぐる葛藤や困難を経験しやすい。そうした帰属の不安定さや曖昧さは、トランスナショナルな状況を生きる移民第二世代のもつ特徴のひとつである（Levitt & Waters 2002）。

以上を踏まえ、本書では、グアムの新二世の育ちの過程をトランスナショナルな日常生活に注目しながら検討する。具体的には、グアムに住む新二世がいかにグアムと日本に同時に関与しながら育ってきたのかを分析する。その際、新二世のトランスナショナルな育ちを形づくる新一世の教育戦略（教育方針や子育て実践の総体）にも目を向ける。移民家族の教育戦略は、かれらの移住経験に大きく影響される（志水・清水 2001）。そのため、新一世の移住経験を詳細に把握した上で教育戦略を分析していく。新一世はどのような移住経験をもち、いかなる教育戦略を展開するのか。そして、それは新二世の日常生活にどのような影響を与えているのか。これらを検討することで、グアム育ちの新二世のトランスナショナルな育ちの過程がみえてくるだろう。

二　帰還移住をめぐる経験——進路選択を捉える視点

次に、新二世の進路選択を捉える視点を説明する。先に述べたように、私がグアムで出会った新二世の中には、青年期になると進学や就労を機に「日本に帰る」ことを選択する者がいる。移民研究の知見を念頭に置くと、こうした進路選択は祖国への帰還移住の実践として解釈することができる。これを踏まえ、本項では移民第二世代の帰還移住に関する研究を参考にし、新二世の進学や就労を捉える視点を示す。

移民第二世代の帰還移住に関する研究では、かれらがトランスナショナルな日常生活の中で、ほとんど住んだことのない祖国に憧憬や望郷の念を抱くようになり、やがて祖国に帰還していくことが報告されている。また、祖国への肯定的な感情だけでなく、ホスト国（移民第二世代にとっては出身地）での否定的な経験も帰還移住の動機に大きな影響を与えているという。

こうした帰還移住の実践は、移民第一世代のような「帰郷」とは異なり、民族的ルーツに「帰る」というディアスポラ的な意味合いをもつ（Tsuda 2009）。[20] 後進国から先進国への帰還は経済的な目的からの場合が多いが、先進国から後進国または先進国間の帰還は個人のライフスタイルの追求を目的とするものが多い（Bolognani 2014, Christou & King 2015）。グアムから日本に帰還する新二世は、後者のパターンにあたる。

先行研究では、祖国で異質な他者として周辺化されると同時に、様々なやり方で適応していく移民第二世代の姿が報告されている。帰還後、かれらは祖国で「外国人」として社会的・文化的・制度的に排除され、次第に失望の感情を抱くようになる（Christou & King 2015）。一方で、同じような背景をもつ仲間と居心地の良い場所をつくったり（Kılınç & King 2017, Lee 2018）、出身地に残っている家族や友人を心の拠り所にしたりしながら（Wessendorf 2013, Christou & King 2015）、祖国に適応していく。その中で、今度は出身地のほうに望郷の念を抱き、祖国から出身地へ「再帰還」する者もいるという（Christou & King 2015, Lee 2018）。このことは、帰還移住が一方向的かつ一時的なものではなく、双方向的かつ継続的なものであることを示している。

当然ながら、帰還先にスムーズに適応し、出身地との関係を完全に断ち切るケースもある（Wessendorf 2013）。こうした適応過程の違いには、帰還先の社会状況や本人の社会経済的地位など様々な構造的要因が影響している（Christou & King 2015）。新二世の場合、家族の生活拠点はホスト国にあるため、単身で日本に渡るケースが多い。したがって、家族と計画的に帰還する海外帰国生（佐藤 1997）や、労働市場を通じて集団的に帰還する南米系の日系移民（Tsuda 2003）とは異なり、個人的な理由による単身での帰還

――個人化された帰還移住――を試みることになる。それゆえに、構造的な制約を直接的に受けやすく、帰還移住に際して困難を抱えやすいことが予測される。

以上を踏まえ、本書では、グアムの新二世がなぜ、どのように日本への帰還移住を試みるのか、そして帰還移住後、日本でどのような経験をするのかを検討する。その際、進学を通じて帰還するケースと就職を通じて帰還するケースを比較分析する。また、帰還移住を可能にしたり困難にしたりする構造的要因にも焦点を当てる。さらに、帰還移住に関心を持たない者にも焦点を当て、新二世の間にみられる帰還をめぐる多様な位置取りを明らかにする。これらを通じて、グアムと日本を行き来する新二世のトランスナショナルな進路選択の有り様を描き出すことができるだろう。

三　ホームづくりの実践――帰属意識を捉える視点

最後に、新二世の帰属意識を捉える視点である「ホームづくりの実践」について説明する。[21] ここまでみてきたように、トランスナショナルな環境に育ち、祖国への帰還を試みる移民第二世代は、複数の場

[20] Tsuda (2009) は、移民第二世代以降の帰還移住を「民族的帰還 (ethnic return)」と呼んでいる。同様の概念として「ルーツ移住 (roots migration)」(Wessendorf 2013) や「カウンター・ディアスポラ移住 (counter-diasporic migration)」(Christou & King 2015) などがあり、研究者の依拠する学問領域や理論的背景によって呼び方が異なる。

[21] 本書は、アイデンティティの種類（Aアイデンティティ、Bアイデンティティ、ABアイデンティティなど）を見つけ出すことを目的とするものではない。また、対象者が表明する帰属意識が本質主義的なのか、構築主義的なのか（ハイブリッドなのか、流動的なのか）、戦略的本質主義なのかを検討することもない。本書で重視しているのは、あくまでも、自身の帰属を表明できる場所（＝ホーム）の有り様を描き出すことである。

所を物理的・心理的に行き来しながら生きている。そのようなライフコースの中で、かれらは自分が一体何者なのか、また自分が自分らしくいられる場所はどこなのかを探求する。移民研究では、こうした移民第二世代の帰属意識を「ホーム」という概念を軸に考察してきた（Levitt & Waters 2002 など）。帰還移住研究でも、ホームの獲得をめぐる問題が主要なテーマとなってきた（Christou & King 2015 など）。

ホームとは、「人々が帰属意識や愛着、安心感を抱く場所であり、トランスナショナルな文脈における居場所概念」（額賀 2014a: 7）である。では、居場所とは何か。それは「他者や物・事との関係の中で「自分」という存在の位置をつかむ場所であり、そこから生きる方向性や存在意味をつかんでいく場所」（萩原 2018: 167）と定義される。つまり、ホームは自分が何者であるかを理解するための場所であると同時に、より良い未来に向かって人生を前に進めるためのプラットフォームのような場所でもあるのだ（Hage 1997）。

ホームは時間の経過や場所の移動によって柔軟に変化し、バーチャルな世界にも広がっている（額賀 2014a）。したがって、「祖国（ホームランド）」と「ホーム」は同じ場所にあるとは限らず、必ずしも対応しているわけはない（Tsuda 2009）。つまり、ホームは領土化された具体的な場所でもあり、脱領土化された象徴的な場所でもある。それゆえに、非常に不安定かつ複雑な特徴をもつ。

また、ホームは所与のものではなく、人々によって主体的に構築されるものである。それは、たとえ自らが社会的に排除され「よそ者」となるような場所であっても創造することができる（Tokunaga 2018）。ホーム概念の最大の特徴は、こうした移民の「ホームづくりの実践」に目を向け、かれらの主体性を強調することである。とりわけ、移民第二世代の帰還移住はホームづくりの実践と不可分な関係にある。帰還移住する移民第二世代は、国境を越える移動を繰り返しながら、それぞれのホームをつくり出していくという（Christou & King 2015）。かれらのホームは重層的かつ流動的であるため、その解明にあたっては個々のライフコースを詳細に追わなければならない（Lee 2018）。

以上を踏まえ、本書では、グアムと日本を行き来する新二世が、どのようなホームをいかにつくり出していくのかを明らかにする。分析にあたっては、ホームづくりを可能または困難にする背景要因に注目する。これらを通じて、構造的制約に直面しつつも、自分にとって居心地の良いホームを創造していく新二世の主体的側面を描き出すことができるだろう。

第四節　研究方法と調査概要

一　研究方法

グアムと日本を行き来する新二世の経験を捉えるために、本書では「エスノグラフィー」という研究方法を用いた。エスノグラフィーとは、対象となる人々の生活の場に入り込み、参与観察やインタビューを行いながら生活世界を描き出す方法である（藤田 2013）。

エスノグラフィーの手法は多岐にわたる。本書はインタビューに重心を置く「エスノグラフィック・インタビュー」（O'Reilly 2012）に依拠している。これは、参与観察の過程において現場の人々と関係を築きながら深い聞き取りを実施する方法である。現場の文脈から導き出されたトピックについてオープンエンドな質問を投げかけ、それをまた現場の文脈と照らし合わせながら解釈することが、この手法の特徴である。なお、ここでの「現場」には、ＳＮＳやブログといったバーチャルな場所も含まれる。このように対象者の語りをかれらが生きる社会的文脈とつき合わせて分析・解釈することで、当事者の生活世界を包括的に理解することが可能になる（Punch 2012）。

上記の方法論を踏まえ、私は二〇一二年から二〇二〇年にかけてグアムと日本で八年にわたる調査を行なってきた。本書は、調査で出会ったグアム育ちの新二世二一名とその親世代（新一世）三一名を対象とするエスノグラフィーである。私も対象者の移動にあわせてグアムと日本を行き来し、トランスナショナルな日常を生きる新二世のライフコースと日本をめぐる経験について詳細な分析を試みた。このように研究者自身が対象者の育った場所や帰還した場所を往来する調査は、移民の複雑な移動経験を理解するのに有効である（Lee 2018）。この長期的かつ越境的なエスノグラフィーは、本書の最大の特徴である。[22]

エスノグラフィーを記述する際、次の三点を意識した。第一に、個人的な経験にのみ焦点を当てるのではなく、それを基礎づけている社会構造を同時に捉える「二重の視線」（ハージ 2007）をもち、主体的側面と構造的側面の両方を同時に記述することである。なぜなら、人々の社会生活は個々の主体的実践とその背景にある社会構造との相互作用の結果として生起するからである（O'Reilly 2012）。

第二に、本質主義からの脱却やハイブリッド性の探究を自己目的化しないことである。なぜなら、対象者の文化や帰属意識を本質主義と構築主義の二項対立図式で捉えると、当事者の人生において重要な意味をもつ経験や実践を読み解くことができなくなるからである。そうした見方を固定化すると、例えば、本質主義的な文化やアイデンティティを拠り所にする人々に出会ったとき、身動きが取れなくなってしまう。[23]重要なのは、本質主義的なものであれハイブリッド性をもつものであれ、それらが生み出される複雑な過程や背景を丁寧に紐解き、理解していくことである。

第三に、本書で描き出される事柄は「絶対的真実」ではなく、あくまでも私が特定の関係性の中で特定の問題関心に基づいて記述した「部分的真実」（クリフォード 1996）だということである。どのような研究成果も、研究者が特定の視点から何らかの目的をもって導出した断片的な知でしかない。そもそも、対象者と深い関係を築きながら調査を行うエスノグラフィーの性質上、研究者が客観的に対象を記述することは不可能である。したがって、研究者も対象者の「リアリティ」の構築に関与する主体であることを自覚し、かれらの生活世界を詳細に記述することを心がける必要がある（O'Reilly 2012）。

二　調査の概要

先述したように、私は二〇一二年よりグアムと日本でインタビュー調査と参与観察を実施してきた。二〇一二年から二〇一四年まではグアムで、二〇一五年以降はグアムと日本で行なっている。グアムで

[22] こうした調査方法は、しばしば「マルチサイテッド・エスノグラフィー」（Marcus 1995）と呼ばれている。

[23] このような問題を乗り越えるために、本質主義の虚構性は認めつつも、マイノリティの抵抗の手段としての本質主義については暫定的に支持する戦略的本質主義という立場をとることがある。しかし、この立場に身を置く限り、当事者の文化やアイデンティティは、どこまでも歴史性や現実性を欠いた虚構的・暫定的なものとして表象されてしまう。さらに、たとえ当事者の主張が閉鎖性や排他性を内包していたとしても、それは抵抗の手段であるとして無条件に許容され、見過ごされてしまうだろう。こうした問題は、何を「戦略的」とするのかを研究者が決めていることに起因している。つまり、結局のところ、戦略的本質主義は研究者の政治的正しさを確保するための戦略でしかなく（小田 1997）、当事者のリアリティを理解するための戦略とはなり得ない。

インタビュー調査
第１フェーズ：新一世調査
・移住経験と教育戦略に関する調査
・ライフスタイル移住者 32 名にインタビュー
（母親 21 名，父親 11 名）
・駐在家庭の母親 15 名にインタビュー
第２フェーズ：新二世調査
・生活経験と帰属意識・進路選択に関する調査
・高校生 12 名，大学生・社会人 10 名にインタビュー
第３フェーズ：新二世追跡調査（継続中）
・第２フェーズの新二世６名のライフコース選択に関する追跡調査
・帰還移住した大学生３名に継続的に複数回インタビュー
・グアムに戻った・残った若者３名に継続的に複数回インタビュー
調査年
2012 年
2013 年
2014 年
2015 年
2016 年
2017 年
2018 年
2019 年
2020 年
調査地
グアム
グアム⇄日本
参与観察
①インフォーマルなイベント：サークルの集会，ビーチ・居酒屋・バー・ナイトクラブでの飲み会，サッカーの試合，マリンスポーツなどへの参加
②フォーマルなイベント：ビーチ清掃ボランティア，日本人会主催のイベントなどへの参加
③学校，職場，住居：現地校（4 校），在外教育施設（2 校），大学（日本 1 校，グアム 1 校），事務所・店舗（13 ヵ所），住居・アパート（7 軒）への訪問
④オンライン上：SNS やブログなどの閲覧
⑤街並み・風景：対象者が住む地域の街並み・風景の観察

図 0-4　調査概要

の調査は一〇日間から一ヶ月程度現地に滞在し、集中的に実施した。日本での調査は対象者と定期的にコンタクトをとり、居住している地域に出向いて行なった。図0－4は、本調査の概要をまとめたものである。以下では、各調査の内容について詳しく説明する。

(一) インタビュー調査の概要

インタビュー調査は新一世調査、新二世調査、新二世追跡調査の三つのフェーズに分かれている。新一世調査と新二世調査の対象者は完全に対応しているわけではない。親子関係にあるのは七組のみで、そのうち家族全員に聞き取りできたのは一組のみとなっている。これは各調査を異なる時期に異なる関心のもと異なるネットワークを通じて実施したことに起因する。こうした特徴を踏まえ、本書では、個別の親子やきょうだいを分析単位とするのではなく、新一世調査と新二世調査を互いに関連づけながら考察した。ただし、必要に応じて親子関係やきょうだい関係に着目して分析を行なった箇所もある。

聞き取りは、いずれも半構造化形式で一回あたり四五分から二時間半程度行い、学校や職場、ホテルやアパートのロビー、カフェやレストランなどで実施した。基本的に一対一の対面形式で行なったが、予期せぬ形でグループ・インタビューになった場合もあった（前触れなく友人やきょうだいが同席した、など）。

なお、プライバシー保護の観点より、人物に関する情報は一部改変している。また、個人や団体が極力特定されないよう、本論に支障をきたさない程度にインタビュー・データに加工を施した。

子ども	夫婦関係	新二世調査との対応
娘 14 歳，3 歳		
息子 7 歳，1 歳		
息子 13 歳，12 歳		
娘 5 歳	夫トモユキさん（P24）	
息子 19 歳，17 歳；娘 13 歳		息子リョウジさん（S12）
娘 11 歳，7 歳；息子 7 歳	妻ケイコさん（P7）	
娘 11 歳，7 歳；息子 7 歳	夫サトルさん（P6）	
娘 8 歳		
息子 16 歳，15 歳		息子コウマさん（S1），シュウさん（S4）
息子 9 歳		
息子 14 歳，1 歳		
息子 16 歳；娘 12 歳		
娘 6 歳		
息子 0 歳		
娘 15 歳；息子 12 歳		
息子 15 歳，13 歳		
息子 12 歳；娘 5 歳		
息子 15 歳，8 歳；娘 11 歳		
娘 16 歳；息子 14 歳	妻カナコさん（P23）	
息子 8 歳		
息子 15 歳，12 歳		
娘 14 歳；息子 8 歳		
娘 16 歳；息子 14 歳	夫タケゾウさん（P19）	
娘 5 歳	妻サヤノさん（P4）	
娘 25 歳，16 歳		
娘 16 歳		娘レオナさん（S9）
息子 16 歳；娘 11 歳		息子ケンさん（S5）
息子 20 歳，19 歳		
息子 20 歳，17 歳		息子シオンさん（S2）
息子 28 歳，26 歳	妻ノリカさん（P31）	息子カズさん（S20），タクトさん（S17）
息子 28 歳，26 歳	夫ノブさん（P30）	息子カズさん（S20），タクトさん（S17）
息子 30 歳，28 歳，20 歳		息子ツヨシさん（S22），ジョウさん（S21）

—は配偶者なしのことを示している。

表 0-2　新一世調査の対象者

No.	対象者（仮名）	年齢	性別	移住歴	職業	学歴（本人／配偶者）	永住権
P1	トモミさん	40代	女	8年	自営業	専門卒／高卒	
P2	アヤノさん	30代	女	10年	自営業	大卒／高卒	
P3	ナオトさん	50代	男	8年	現地採用	大卒／専門卒	○
P4	サヤノさん	30代	女	7年	現地採用	短大卒／高卒	
P5	サキさん	40代	女	16年	自営業	短大卒／高卒	○
P6	サトルさん	30代	男	2年	現地採用	専門卒／高卒	
P7	ケイコさん	30代	女	2年	現地採用	高卒／専門卒	
P8	リナさん	20代	女	2年	現地採用	専門卒／—	○
P9	カイさん	40代	男	10年	自営業	大卒／大卒	
P10	タカミさん	40代	女	1年	留学生	高卒／—	
P11	エリコさん	30代	女	4年	現地採用	高卒／—	
P12	ランさん	40代	女	17年	自営業	大卒／大卒	
P13	ショウコさん	40代	女	13年	現地採用	高卒／N.A.	
P14	マリエさん	30代	女	5年	現地採用	高卒／高卒	
P15	ツカサさん	40代	女	8年	現地採用	専門卒／高卒	
P16	ユキタカさん	40代	男	20年	自営業	大卒／大卒	
P17	ヨシカさん	40代	女	20年	現地採用	短大卒／N.A.	
P18	リンカさん	40代	女	13年	自営業	N.A.／N.A.	○
P19	タケゾウさん	50代	男	20年	自営業	高卒／高卒	○
P20	コウタロウさん	50代	男	22年	現地採用	高卒／N.A.	○
P21	ミホさん	40代	女	8年	現地採用	専門卒／—	○
P22	トクさん	40代	男	17年	現地採用	大卒／N.A.	
P23	カナコさん	50代	女	30年	自営業	高卒／高卒	○
P24	トモユキさん	40代	男	7年	現地採用	高卒／短大卒	
P25	リオさん	40代	女	19年	自営業	専門卒／—	
P26	セイコさん	40代	女	11年	自営業	N.A.／N.A.	○
P27	タケさん	40代	男	16年	現地採用	専門卒／高卒	○
P28	ヨシトモさん	50代	男	20年	自営業	高卒／高卒	○
P29	サクラさん	40代	女	20年	現地採用	高卒／大卒	○
P30	ノブさん	50代	男	32年	現地採用	高卒／短大卒	○
P31	ノリカさん	50代	女	30年	現地採用	短大卒／高卒	○
P32	アコさん	50代	女	27年	現地採用	高卒／高卒	○

※表内の情報は最初のインタビュー時のもの。「学歴（本人／配偶者）」における N.A. は情報なし，

①第一フェーズ――新一世調査

新一世調査は、グアムにて二〇一二年三月、二〇一三年二月、二〇一三年八-九月、二〇一五年三月の計四回実施し、子どもがいる二〇代から五〇代の日本人三三名（母親二一名、父親一二名）にインタビューを行なった。移住前から移住後の生活経験を語ってもらい、その中で家庭の教育方針、学校選択、希望進路を聞き取った。対象者へのアクセスは、日本人経営の飲食店や在外教育施設などで出会った人々とコンタクトをとり、その後、機縁法的に人数を増やした。また、本書では具体的に扱わないが、比較対象として駐在員（母親）一五名にもインタビューを行なった。対象者の詳細は表0-2のとおりである。

対象者全員が一九八〇年代後半以降に永住目的でグアムに移住している。半数以上がアメリカ国籍や永住権（グリーンカード）を取得しておらず、多くが永住と帰国の境界が曖昧な「永住型ソジョナー」（水上 1997）の立場にある。

約九割が二〇代から三〇代の比較的若い時期に移住しており、移住後に子をもつ親になっている。インタビュー当時、五名のひとり親家庭を除き、全て「ふたりの日本人の親と子ども」の家族に属していた。国際結婚者はいなかったが、インタビュー直後に現地のフィリピン系アメリカ人と結婚した者（母親）がいる。

メンバー全員が、小規模の自営業者か日系企業の現地採用者として就労している。高度専門職者、滞在が長期化した駐在員、駐在員から転身した現地採用者・自営業者といった高学歴・高収入の者は含まれていない。また、四大卒者が極端に少なくなっているのも特徴的である（本人と配偶者が両方とも四大卒者はわずか三名）。なお、自営業者はダイビングショップ、マリンツアー、雑貨屋などを経営しており、現地採用者は旅行会社の事務やガイド、ブライダル会社のスタッフ、ホテリエや料理人、免税店などの販売員として働いていた。非就労者はいなかった。

②第二フェーズ——新二世調査

新二世調査は、グアムにて二〇一三年八-九月、二〇一四年二月、二〇一五年三月の計三回実施し、一〇代後半から二〇代後半（高校生、短大・大学生、就労者）のグアム育ちの新二世二二名（男性一七名、女性五名）にインタビューを行なった。聞き取りでは、グアムでの生活経験を幼少期から振り返りながら、日本との関わり、帰属意識、進路選択について語ってもらった。基本的に日本語で実施したが、状況に合わせて英語で行うこともあった。対象者は親世代調査の対象者の子どもや、飲食店や商業施設で出会った若者を通じて機縁法的に増やした。対象者が男性に偏った理由は、女性にインタビューを断られることが多く、さらに交流をもつ機会も極端に少なかったためである。一方で、男性には積極的に調査を引き受けてもらうことができた。これには、私の男性というポジショナリティが大きく影響していると考えられる。

対象者の詳細は表0-3のとおりである。高校生が一二名、短大・大学生が二名、就労者が八名となっている。そのうち、きょうだいが四組含まれている。出生地は、グアム生まれが一一名、日本生まれが一一名となっている。後者は、一名をのぞき就学前から小学校低学年までにグアムに移住しており、日本で生活した経験や記憶はほぼないという。

かれらの親は一九八〇年代後半から一九九〇年代後半にかけてグアムに永住目的で移住した日本人で

本人		親		新一世調査および新二世調査との対応
全日制	補習校	親学歴（父／母）	親職業（父／母）	
○	○	大卒／大卒	自営／現地	父カイさん（P9），弟シュウさん（S4）
	○	大卒／高卒	現地／現地	母サクラさん（P29）
○		高卒／大卒（米）	現地／現地	弟タツさん（S8）
○	○	大卒／大卒	自営／現地	父カイさん（P9），兄コウマさん（S1）
○	○	専門卒／高卒	現地／現地	父タケさん（P27）
	○	大卒／大卒	現地／現地	
	○	大卒／大卒	自営／自営	
○	○	高卒／大卒（米）	現地／現地	兄ユキナリさん（S3）
○		N.A. ／ N.A.	自営／自営	母セイコさん（P26）
		高卒／高卒	現地／現地	
○		専門卒／専門卒	現地／現地	
	○	高卒／短大卒	自営／自営	母サキさん（P5）
○	○	N.A. ／大卒	自営／現地	
	○	高卒／高卒	現地／現地	
	○	高卒／高卒	現地／現地	
	○	N.A. ／高卒	現地／現地	
	○	高卒／短大卒	現地／現地	父ノブさん（P30），母ノリカさん（P31），兄カズさん（S20）
○		高卒／高卒	自営／自営	
	○	N.A. ／ N.A.	自営／現地	
	○	高卒／短大卒	現地／現地	父ノブさん（P30），母ノリカさん（P31），弟タクトさん（S17）
	○	高卒／高卒	現地／現地	母アコさん（P32），兄ツヨシさん（S22）
	○	高卒／高卒	現地／現地	母アコさん（P32），弟ジョウさん（S21）

表 0-3　新二世調査の対象者

No.	本人						
	対象者（仮名）	性別	出生地	年齢	移住歴	学年・職業	最終学歴
S1	コウマさん	男	日本	10 代後半	10 年	公立高 3 年	—
S2	シオンさん	男	グアム	10 代後半	—	私立高 3 年	—
S3	ユキナリさん	男	グアム	10 代後半	—	公立高 4 年	—
S4	シュウさん	男	日本	10 代後半	10 年	私立高 2 年	—
S5	ケンさん	男	日本	10 代後半	15 年	公立高 2 年	—
S6	レンさん	男	グアム	10 代後半	—	私立高 2 年	—
S7	タイさん	男	グアム	10 代後半	—	私立高 2 年	—
S8	タツさん	男	グアム	10 代後半	—	私立高 2 年	—
S9	レオナさん	女	グアム	10 代後半	—	私立高 3 年	—
S10	セイヤさん	男	日本	10 代後半	7 年	私立高 3 年	—
S11	ヨシさん	男	グアム	10 代後半	—	私立高 3 年	—
S12	リョウジさん	男	日本	10 代後半	11 年	私立高 4 年	—
S13	アスカさん	女	日本	20 代前半	17 年	CC2 年（グ）	大学中退（日）
S14	カツキさん	男	日本	20 代前半	19 年	大学 4 年（グ）	—
S15	ナツさん	女	日本	20 代前半	24 年	現地就労	CC 卒（米）
S16	ミクさん	女	グアム	20 代後半	—	現地就労	大卒（グ）
S17	タクトさん	男	グアム	20 代後半	—	現地就労	CC 中退（ハ）
S18	ヒカリさん	女	グアム	20 代後半	—	現地就労	CC 卒（グ）
S19	リュウさん	男	グアム	20 代後半	—	現地就労	大卒（米）
S20	カズさん	男	日本	20 代後半	24 年	現地就労	大卒（ハ）
S21	ジョウさん	男	日本	20 代後半	26 年	現地就労	高校中退（グ）
S22	ツヨシさん	男	日本	20 代後半	26 年	現地就労	高校中退（グ）

※表内の情報は最初のインタビュー時のもの。「最終学歴」における（グ）はグアム，（米）はアメリカ本土，（ハ）はハワイを示している。また，CC はコミュニティ・カレッジの略称。「自営」は自営業，「現地」は日系企業の現地採用のこと。

ある。国際結婚家庭は含まれていない。親の職業は日系企業の現地採用者や小規模の自営業者であり、多くが観光関連の仕事に就いている。また、四大卒の親をもつ者は少ない。こうした親の特徴は、新一世調査の対象者と共通している。

本人の学校歴をみると、高校生一二名のうち私立学校在籍者が九名、公立学校在籍者が三名となっている。短大生一名はグアムのコミュニティカレッジに、大学生一名はグアムの大学に通っている。就労者はアメリカ本土やハワイの大学・短大に進学した者が三名、グアムの大学・短大に進学した者が二名、グアムの私立高校を中退した者が二名となっている。卒業または中退後、アメリカ本土、ハワイ、日本などで就労した者もいるが、インタビュー時は全員がグアムの観光地で働いていた。なお、二二名中二一名がグアム日本人学校（以下、日本人学校）かグアム補習授業校（以下、補習校）で学んだ経験があり、日本語でのコミュニケーションに苦労する者はほとんどいなかった。また、日本人学校と現地校を行き来する者が多く（第二章参照）、高校に入るまでに現地校に通ったことがない者は五名だけである（表0－3の補習校欄に○がない者）。ただし、日本人学校と補習校には高等部がないため、高校段階では全員が現地校だけに通っている。

③第三フェーズ——新二世追跡調査

二〇一五年以降、新二世調査で特に深い関係を築くことができた高校生三名（S1コウマさん、S2シオンさん、S3ユキナリさん）と就労者三名（S20カズさん、S21ジョウさん、S22ツヨシさん）の追跡調査を実施している。本書では主に二〇二〇年までのデータを扱っている。ただし、一部二〇二一年のデータを使用している箇所もある。

高校生三名は最初のインタビューの後、全員が日本の大学に進学している。かれらの日本での適応過程やその背景要因を比較検討するために、グアムと日本を行き来しながら一人三－五回聞き取りを実施した。その中で、大学生活、学外の交友関係、家族や友人との関係、帰属意識の変化、就職や将来展望といったトピックについて自由に語ってもらった。

就労者三名は、最初のインタビューの後、一名が日本に移住し、二名はグアムで生活している。かれらの移動経験や帰属意識の変化を捉えるために、グアムと日本で一人三－八回インタビューを実施した。その中で、その時々の生活状況や将来展望などを自由に語ってもらった。

八年以上にわたる調査の過程で、私と対象者の関係性は大きく変化した。このような関係性の変容は、複数の現場で長期間実施するタイプの調査につきものである（額賀 2013b）。調査開始当初は「研究者－対象者」の関係であったが、現在は「仲の良い友人」のような関係になった。中には家族ぐるみの付き合いをする者もいる。こうした変化の中で聞き取りの質も変わっていった。回を重ねるごとにインタビューは自由度の高いものになり、対象者は筆者が何を聞きたがっているのかを理解して質問に答えるようになった。さらに、聞き取りや研究成果の内容は、対象者が自身の過去の選択、現在の立ち位置、未来の方向性を確認するのに役立っていた。こうして私の立場は「調査するわたし」から対象者と「相互行為するわたし」へと変化した（好井 2004）。このことは、調査の過程において「リアリティ」が再帰的かつ共同的につくられていることを意味している（O'Reilly 2012）。インタビューを分析・解釈する際は、自身の立場の変化やリアリティの再帰性・構築性に自覚的になるよう心がけた。

（二）参与観察の概要

私はインタビュー調査と同時並行で、グアムと日本において参与観察を行なってきた。これは、インタビューで語られたことの背景にある、対象者の日常生活の文脈を知るためである。具体的には、インフォーマルなイベント、フォーマルなイベント、学校・職場、住居・オンライン上、街並み・風景といった五つの「場」を観察した。そこで得られた情報をフィールドノーツに記録し、インタビューの分析・解釈に役立てた。このように多様な場を観察することで、対象者の語る複雑な感情やその変化の背景を読み取ることが可能となり（Lee 2018）、越境する若者の生活世界を多角的に理解することができる。

インフォーマルなイベントは、対象者が主催するサークルの集会、ビーチ、居酒屋、バー、ナイトクラブで開催される飲み会、サッカーの試合、マリンスポーツなどに参加した。一方で、ビーチ清掃のボランティアや日本人会の催し物など、対象者が関与するフォーマルなイベントにも定期的に参加した。また、対象者の学校、職場、家庭の背景を知るために、かれらが在籍していた／している学校（現地校四校、在外教育施設二校、グアムの大学、日本の大学一校）、就労している職場（事務所・店舗一三ヶ所）、生活している住居（アパート含む七ヶ所）を訪問した。現地校と在外教育施設では授業風景を観察したり、教員に日本人生徒の学習の様子や進路の状況などを聞き取ったりした。[24] さらに、対象者のＳＮＳやブログなどオンライン上の「場」も定期的に閲覧し、交友関係や文化活動に関する情報を得た。本人に使用を許可された写真や投稿については、プライバシーに十分配慮した上で本書に掲載している。これらに加え、対象者の生活環境を知るために、かれらが育った場所や帰還した場所に出向き、居住地域の街並みや風景を観察した。

第五節　グアムについて

次に、主な調査地であるグアムの特徴について、社会背景、日本との関係、教育状況の三つの側面から記述する。

一　社会背景

グアムは太平洋のマリアナ諸島南端に位置する小さな島（淡路島ほどの面積）であり、アメリカの未編入領土として位置づけられている[25]。未編入領土とは、独自の法体系のもと住民の自治が認められる地域のことである。住民には市民権（アメリカ国籍）が付与され、ハワイやアメリカ本土への渡航や就職に制約はないが、国政への参加は制限されている[26]。公用語は英語と先住民族の言語のチャモロ語であるが、社会生活においては英語が主流である。

かつてグアムは先住民族のチャモロ人（約五割）と白人（約四割）で占められていたが、一九八〇年頃よ

[24] 在外教育施設（日本人学校・補習校）については、二〇一二年より継続的に調査を実施している。これまで、教員や保護者にも聞き取り調査や質問紙調査を行なってきた（芝野 2014, 2015, 2018a, 2018b、芝野・敷田 2014）。それらは、親世代の教育戦略と子世代の学校経験及び進路選択を理解する上で重要なデータとなっている。

[25] 未編入領土の「「未（まだ）」には編入される状態への途上という意味合いが含まれ」（長島 2015: 3）るため、「非編入領土」という言葉を用いる場合もある（長島 2015）。

[26] 住民には大統領選の投票権はない。ただし、ハワイやアメリカ本土に移住すれば投票権は与えられる。

りフィリピンやミクロネシア諸国からの移民が急増し、現在は多様な背景をもつ人々が居住するようになっている（長島 2015）。[27] 米国国勢調査（U.S. Census Bureau 2013）によると、現在は人口約一六万人のうちチャモロ人が三七・三％、フィリピン人が二六・三％、ミクロネシア系が一二・一％、白人が七・一％、フィリピン人以外のアジア系が五・九％、その他が二・〇％であり、さらに二つ以上の民族的出自をもつ者が九・四％となっている。[28] また、グアム以外の場所で出生した者は四七・三％、家庭で英語以外の言葉を話すものは五六・四％にのぼる。

グアムはスペイン、アメリカ、日本に植民地支配されてきた歴史がある。第二次世界大戦以降はアメリカによる軍事植民地化と向き合ってきた。現在、グアムの約三割の面積を米軍基地が占めており、島の経済も基地に大きく依存している。二〇〇〇年代以降は、米軍再編計画が本格化する中で支配体制が強化されている（長島 2016）。これに加え、戦後よりメディアや教育を通じてアメリカや米軍の肯定的なイメージが浸透し、グアム社会がアメリカ化されてきたことも重要な事実である（松島 2007）。

また、グアムでは一九六〇年代から大規模な観光開発が展開されている（山口 2007）。日本の業者によって観光開発が主導され、グアムに日本人向けの観光地がつくられた。現在もグアムは日本におけるメジャーな観光地となっている。この観光開発は米軍基地への経済的依存を軽減させた。しかし、その代償として観光業による日本の経済的な支配が生じている（松島 2007）。

一方で、一九七〇年代以降、チャモロ人の自決権を求める脱植民地運動が展開される中で、「チャモロ・ナショナリズム」が高まりをみせている（長島 2015）。[29] こうした運動は、チャモロ文化の復興運動に発展し、教育現場にも大きな影響を与えてきた。しかし、基地や観光業に関わる仕事に従事している住民が圧倒的に多いため、グアムの脱植民地化は困難な課題となっている（松島 2007）。

先に述べたように、グアム経済は基地と観光に依存している。しかし、いずれも外部要因によって変動しやすいため、島の経済基盤は極めて脆弱である。二〇〇〇年以降だけでも、アメリカ同時多発テロ、日本の経済不況、イラク戦争、北朝鮮ミサイル問題、新型コロナウイルスの流行によってグアム経済は大きく揺れ動かされた。また、これと関連して、グアムはミクロネシアからの移民を中心とする深刻な貧困問題を抱えている。島内の貧困率は二二・九％、失業者率は八・二％となっているが、ミクロネシア

［27］フィリピンからの移民増加の背景には、軍のインフラ整備や観光開発に係る労働需要がある。一方で、ミクロネシア諸国からの移民増大には、一九八六年にアメリカとミクロネシア諸国との自由連合協定が締結されたことが影響している。自由連合協定とは政治・安全保障・経済協力に関する協定である。アメリカがミクロネシア諸国の軍事権を獲得する代わりに、ミクロネシア諸国はアメリカから財政支援などを受ける。この協定にはアメリカ及びその領土にほぼ無条件で移住・就労することができる権利が含まれている。その受け入れ先となっているのが、近隣にあるグアムである（井上 2015）。

［28］二〇一〇年米国国勢調査では、ミクロネシアなどグアム周辺の島嶼部からの人々を、ミクロネシア連邦のチューク人（Chuukese）とその他ハワイ先住民及び太平洋諸島民（Other Native Hawaiian and Other Pacific Islanders）に分けて集計されている（U.S. Census Bureau 2013）。本書では、それらを合わせて「ミクロネシア系」とした。また、アジア系はフィリピン人（Filipino）、コリアン（Korean）、その他アジア系（Other Asian）に分けて集計されている（日本人は、その他アジア系に含まれている）。本書では人口が圧倒的に多い「フィリピン人」と「それ以外のアジア系」（コリアンとその他アジア系の合計）に分けて表記した。

［29］チャモロの先住民運動を主導してきたのが「チャモル・ネーション（Nasion Chamoru）」という民間団体である。当団体は、国際法で補償された先住民族の権利を拠り所にしながら自決権運動を展開している（松島 2007）。なお、アメリカのグアムに対する植民地主義とチャモロの自決権運動の関係については長島（2015）を参照のこと。

系については前者が五三・八％、後者が一八・〇％と突出して高い（U.S. Census Bureau 2013）。

二　日本との関係[30]

グアムには戦前より日本人が移住しており、現在も多くの子孫が居住している。Guam Nikkei Association は、日本人が初めて上陸した一八六八年から一九一〇年ごろまでに移住した五三名の日本人を、グアムにおける日系「一世（*Issei*）」としている（中山 2018）。

一九四一年から一九四四年までグアムは日本の統治下にあり、「大宮島」と呼ばれていた。大宮島時代、日本人はチャモロ人を宗教弾圧および日本語教育・皇民化教育によって徹底的に管理した（Higuchi 2013）。さらに戦況が悪化すると、チャモロ人を強制収容、拷問、虐殺した（中山・ラグァニャ 2010）。この日本統治時の悲惨な出来事は、今もなおグアム社会に深く刻まれている。[31]なお、グアムの政府や民間団体は被害を受けたチャモロ人に対する賠償を日本に求めてきたが、未だ認められていない（松島 2007、長島 2015）。

前項で記したように、戦後は、グアムと日本は観光を通じて強いつながりをもつようになった。毎年多くの日本人観光客が来島しており、かつて戦争の激戦地であったグアムは「日本人の楽園」（山口 2007）と化している。二〇一九年の日本人観光客は六八万八千人で、グアムの総観光客の四一・四％を占めている（Guam BSP 2021）。ここ数年は、韓国や中国からの観光客が急増し、日本人観光客の割合は相対的に減少している。しかし、それまでは日本からの年間観光客数が一〇〇万人を超え、全体の八-九割を占める時期もあった。

二〇一九年現在、グアムに住む日本人は約三千二百人となっており、その七四・四％が永住者である

(外務省 2020)。永住者が増加し始めたのは一九八〇年代後半からである(図0－5参照)。このことから、一九八〇年代後半から一九九〇年代後半にかけてグアムに移住した/グアムで出生した本書の対象者は、戦後グアムにおける最初期の新二世および新一世であることがわかる。

グアムに住む日本人は日常的に日本と関わりをもちながら生活している。かれらの多くは観光地で日

[30] なお、グアムにおける日本人に関する研究は皆無に等しい。例えば、グアムの移民研究には、フィリピンからの移民の帰属意識や文化適応に関する研究(Yap 2015)、台湾からの移民やその子孫のグアムでの移住経験や帰属意識に関する研究(Stephenson et al. 2010)、ミクロネシア連邦チューク州からの移民の子どもの生活実態や学校教育に関する研究(Spencer 2012, 2019, Walter et al. 2011)、アメリカ本土など島外に移住するチャモロ・ディアスポラに関する研究(Perez 2002, 2004)がある。しかし、日本人移民を対象とした研究はない。一方で、グアムと日本の関係を捉える研究についても、戦前の日本統治時代(Higuchi 2013, カマチョ 2016)や戦後の賠償問題(松島 2007)及び観光開発(山口 2007)をテーマとするものが多く、近年のグアムを生きる日本人を取り上げたものはない。もっとも、グアムの新一世や新二世が例外なく観光関連の労働市場に組み込まれていること、かれらがグアムで経験する差別や排除が日本統治時代の植民地支配の歴史と無関係ではないこと、学校や社会で多様な移民背景をもつ人々と生活を送っていることなどを踏まえると、本書はこれらの先行研究の延長線上にあるといえる。

[31] グアムの解放記念日(七月二一日)は、日本の占領からの「解放」を祝う日とされている。また、現地校の歴史教育や現地の博物館では、日本統治時代に旧日本軍が行なった残虐な行為が克明に描かれている。例えば、グアム政府が運営するグアム博物館(Guam Museum)では「チャモロ」の目線から、アメリカ政府が運営する太平洋戦争国立歴史博物館(War in the National Historical Museum)では「アメリカ」の目線から、日本統治時代の日本人や日本軍の残虐さが強調されている。一方で、アメリカはチャモロに解放をもたらした救世主として表象されている。こうした展示の数々に、チャモロ・ナショナリズムとアメリカ・ナショナリズムが日本の植民地主義の歴史を介して複雑に交差する状況を読み取ることができる。

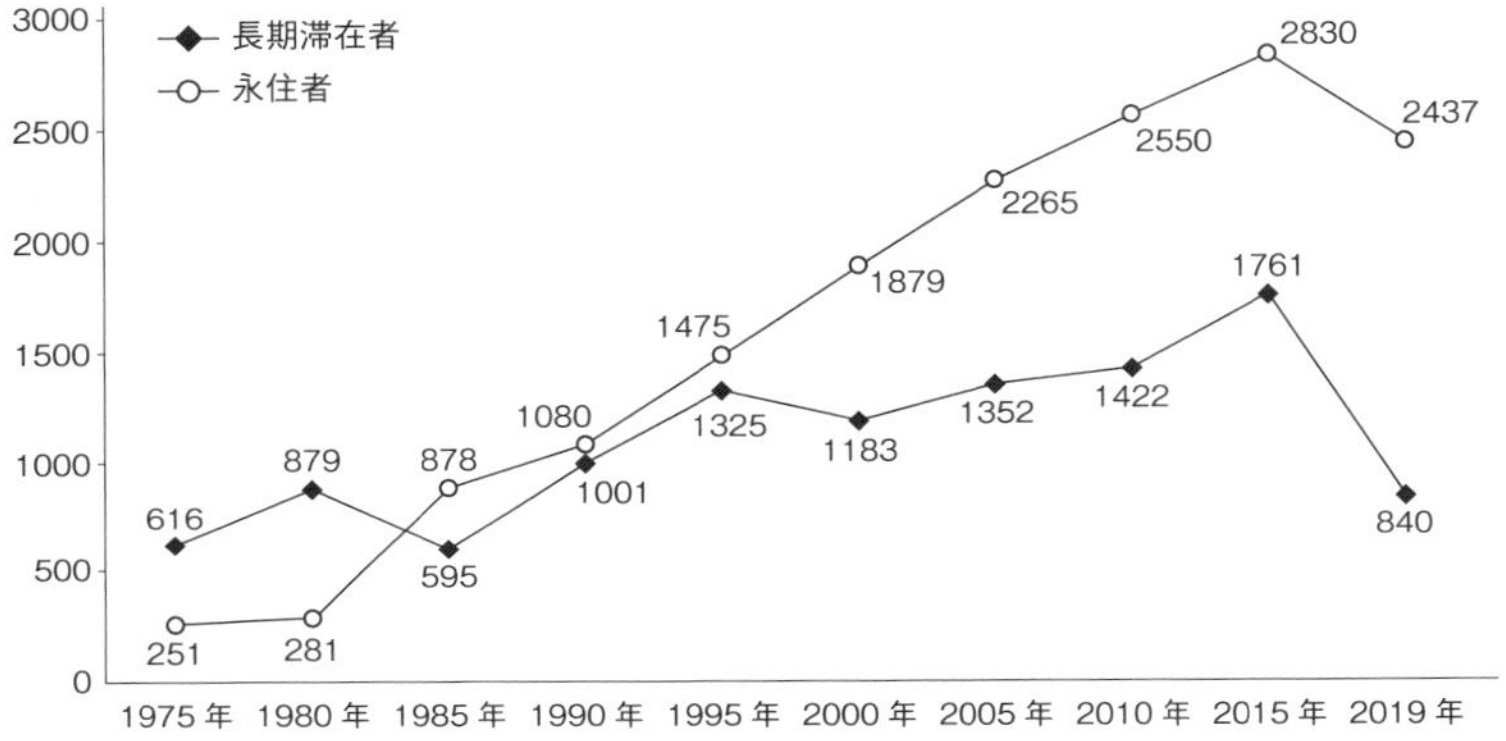

図 0-5　グアムにおける日本人数の推移

（外務省「海外在留邦人数調査統計」より筆者が作成）

本人相手に日本語を使って働き、その職場の近くに集住している。日本人会、在外教育施設、日本人向けの不動産、病院、スーパーなども完備されている。また、三時間半のフライトで日本に行けるため、「里帰り」をする者も多い。

グアムにおいて日本人の社会経済的地位は比較的高い。明確に区分できるわけではないが、駐在員はアッパー・ミドルクラス、本書の対象者のような日系企業の現地採用者や小規模の自営業者はロワー・ミドルクラスに位置しているといえる。第一章で詳述するが、後者の立場にある日本人は、アメリカおよびグアム政府から経済的・政治的緊急性のない移民として扱われており、福祉の対象から外れている。また、駐在員のように日本の政府や企業からも庇護を受けていない。それゆえに、経済的に不安定な状況にある者も少なくない。

三　教育状況

グアムの公教育は「グアム教育省（Guam Department of Education）」が管轄している。義務教育は K-5（幼稚園）から Grade12（高校四年生）までであり、正規の在留資格があれば誰でも無償で公立学校に就学できる。

戦後におけるグアムの教育は、アメリカ化・軍事化とチャモロ・ナショナリズムの影響を受けている。教育現場では、英語イデオロギーやアメリカ・ナショナリズムを反映した教育が展開されてきた（長島 2015）。また、高校には「ジュニア予備役将校訓練課程（JROTC）」があり、日常的に軍事教育に親しむ機会が設けられている。[32] 一方、チャモロ・ナショナリズムが高まりをみせる中で、チャモロ文化の継承教育が展開されてきた（長島 2015）。公立学校では、チャモロの歴史、言語、文化を学ぶ「チャモロ学習（Chamorro Studies）」[33]が必修化されている。こうした背景により、学校現場ではチャモロ・アイデンティティの育成を優先する風潮が強まっているという（中山 2015）。[34]

グアムの公立学校在籍率は小・中学生が八二・一％、高校生が八六・一％となっている（U. S. Census Bureau 2013）。ただし、教育水準が比較的高い東アジアからの移民や教育熱心なミドルクラスの多くは公立学校を選択しない傾向にある。フィリピン人を除くアジア系の公立学校在籍率は小・中学生四四・五％、高校生四三・四％であり、六割近くが私立学校など公立学校以外を選択している。その理由

［32］JROTC は部活のような位置づけになっており、それゆえに人気が高く、生徒を入隊に導く役割を果たしている（長島 2016）。本書の対象者の中にも JROTC 履修者がいた。

［33］チャモロ学習の目標は、チャモロ語と文化を蘇らせ、維持し、永続させる効果的な言語及び文化教育を支援すること、そして、チャモロ語及び文化の日常的活用を守り、促進・実践することである（中山・ラグァニャ 2010）。授業では、チャモロ語教育、チャモロの伝統音楽、チャモロ舞踊、工芸品体験などを行う。幼稚園から小学校低学年は一日二〇分、小学校高学年は一日三〇分、中学校は一日四〇分、高校は一日五〇分の授業が義務づけられている。高校はグアム史と一年間のチャモロ語学習を履修しなければ卒業できない。

として、学力レベルの低さや学校現場の「荒れ」など、公立学校における教育環境の厳しさがあげられる。近年は改善傾向にあるというが、教育水準は全米の平均よりも下回っている（Guam DOE 2019）。これには、深刻な子どもの貧困問題が関係している。グアムの一八歳以下の子どもの貧困率は三一・一％となっており、中でもミクロネシア系の子どもの貧困率は六三・九％と突出している（U. S. Census Bureau 2013）。[35]

他方、私立学校の教育レベルは公立学校と比べて高い。その大半が厳格なキリスト教主義教育を展開するカトリック系の学校である。大学進学率が九〇％を越える学校もあり、生徒は主にアメリカ本土やハワイに進学している。私が訪問した私立学校では、生徒の約九五％がアメリカ本土やハワイに進学しており、残りの約五％がグアムや日本の大学（日本に進学する者は例外なく日本人とのこと）に進学していた（フィールドノーツ／二〇一三年九月五日）。なお、公立・私立ともに日本への進学希望者のための進路指導システムはない。また、先行研究の多くが対象とするロサンゼルスのように（額賀 2013 など）、日本への進学をサポートする学校外の組織やネットワークが充実しているわけではない。したがって、グアムから日本に進学する場合、生徒が独自に進学準備を行う必要がある。

これら現地校に加え、グアムには在外教育施設の「グアム日本人学校・補習授業校」が設置されている。[36]グアム教育省からは私立学校として認可されている。両校は同じ校舎を使用しており、いずれも幼稚部、小学部、中学部が置かれている。グアムに住む日本人は、ほぼ例外なくいずれかに子どもを通学させている。[37]ただし、高等部は設置されていないため、グアムで高校に進学する者は現地校のみに通うことになる。

第六節　本書の構成

本書の構成は次のとおりである。

第Ⅰ部「トランスナショナルな育ちの過程」では、新二世のグアムでの生活経験を、親世代である新

［34］私がある公立小学校でチャモロ学習を見学したときは、音楽を通してチャモロ語やチャモロ文化を学ぶ授業が行われていた（フィールドノーツ／二〇一九年三月四日）。そこで歌われていたのは、北マリアナ諸島自治領歌（The Territorial Anthem of the Commonwealth of Northern Mariana Islands）の *Gi Talo Gi Halom Tasi* と、アメリカ国歌の *The Star-Spangled Banner* のチャモロ語版であった。子どもたちは左胸に手を当て、大きな声で合唱していた。その学校のチャモロ学習の専門教員は、チャモロ学習のテーマがグアムの独立ではなくマリアナ諸島の統一（*Manhita Marianas*: Together We are Marianas）であることを教えてくれた。歴史的・政治的理由により、現在グアムはアメリカとなっているが、元々は「チャモロ」をルーツとするマリアナ諸島の一部である。そのことを理解した上で、一五あるマリアナ諸島の（再）統一をはかる教育的取り組みがチャモロ学習なのだという。とはいうものの、生徒たちが歌う「チャモロ語版アメリカ国歌」を聴きながら、マリアナ諸島としてのチャモロの統一を強調しつつアメリカ植民地主義・愛国主義を認めるようなチャモロ学習のあり方に、グアムが歴史的に有する複雑性や混淆性を感じずにはいられなかった。

［35］ミクロネシア系の子どもの多くはグアムに移住するまで学校に通ったことがなく、学校への適応や学力に大きな問題を抱えているという（Spencer 2019）。

［36］在外教育施設については本章の注16を参照のこと。

［37］現在、グアムの在外教育施設は永住家庭と国際結婚家庭の子どもが構成員の六–七割を占めている（芝野 2015, 2018a）。しかし、本書の対象者が通っていた一九九〇年代から二〇〇〇年代前半は、駐在員の子どもが大半を占める時期もあった。

一世の移住経験および子育て実践と関連づけて検討する。

第一章では、親世代（新一世）の移住経験を、移住動機、移住経路、移住後の生活にわけて記述する。より良い生き方を追求してグアムに移住した親世代の特徴として、個人化された移住を展開していること、社会経済的に不安定な立場にある若年ノンエリートとして移住してきたこと、移住後も日本や現地の日本人社会とつながりを保持しつづけていることが明らかになる。

第二章では、そうした移住経験をもつ親世代が、どのように子世代（新二世）を育てているのかを、言語使用・文化伝達、学校選択、進路希望の三つの側面から分析する。自身の移住経験を踏まえ、子どもに「やりたいことを見つけてグアムから出る」ことを望み、グアムへの同化を回避しながら日本語・日本文化の修得を徹底する様子が描かれる。

第三章では、そのような親世代のもと、子世代である新二世がどのようにグアムで育つのかを記述する。まず、かれらが日本と日常的・非日常的に接しながらグアムで生活する姿が明らかになる。次に、そうしたトランスナショナルな育ちの過程で、グアムにおける限定的なライフチャンスや周辺化された立場に否定的な感情を抱き、一方で親の教育戦略などの影響を受けながら日本に対して憧憬や望郷の念をもつようになる様子が描かれる。そして、ライフスタイルの追求やルーツの確認を目的に「グアムを出て日本に帰る」という進路を選択することが示される。

第Ⅱ部「帰還移住をめぐる経験」では、大学進学を通じて日本に帰る新二世と就職を通じて日本に帰る新二世を取り上げ、それぞれの移住過程を比較検討する。また、帰還移住に関心のない者にも言及し、新二世の間にみられる日本との距離の取り方の多様性を示す。

第四章では、日本の大学を目指す高校生に焦点を当て、進学ルートを通る帰還移住の特徴を検討する。具体的には、かれらがなぜ、どのように日本への進学を選択したのかを明らかにする。進路選択をめぐって様々な問題を抱えつつも、帰国生入試を巧みに利用することで「グローバル人材予備軍」として日本に接続される新二世の姿が描かれる。

第五章では、日本での就職を目指す若者に焦点を当て、就労ルートを通る帰還移住の特徴を検討する。具体的には、労働者として帰還を試みる新二世が、どのように日本に接続されていくのかを明らかにする。日本とグアムの双方の構造的・制度的制約の中で、日本から排除されグアムに引き戻される「グローバル・ノンエリート」の新二世の姿が描かれる。

第六章では、帰還移住に関心を示さない新二世に焦点を当て、かれらが日本から距離を置く背景を「ディアスポラ性」という概念を手がかりに分析する。トランスナショナルな生活経験が日本に対する親和性を弱める場合があること、そして、日本との距離の取り方が様々なライフイベントに影響を受けながら変化することが明らかになる。

第Ⅲ部「ホームづくりの実践」では、グアムと日本を行き来する新二世が、自分にとって居心地の良いホームをどのように創造していくのかを検討する。

第七章では、日本の大学に進学した新二世を取り上げ、かれらが帰還移住後、どのように日本でホームをつくり出していくのかを明らかにする。そこでは、日本とグアムにおけるネットワークの質と量や、進学先や居住地域の背景の違いが、日本でホームを持てるかどうかを左右することが示される。

第八章では、日本での就職を目指したがグアムに引き戻されてしまった新二世を取り上げ、かれらのホームの創造過程を明らかにする。複数の社会における歴史的文脈や構造的制約と交渉する中で、新たな価値観や社会関係を創造しながら居心地の悪いアウェーをホームに変えていく姿が描かれる。

終章では、本書の知見を踏まえつつ、日本人の海外移住の多様化・大衆化がもたらした帰結について議論する。さらに、残された課題と今後の展望について述べる。

第Ⅰ部

トランスナショナルな育ちの過程

【写真】日本人学校・補習校の中庭に掲揚される旗（右からグアム旗、日本国旗、アメリカ合衆国旗）。「グアム育ちの日本人」のトランスナショナルな日常を象徴しているようだ。（撮影者：筆者）

第一章　新一世の移住経験

――グアムにライフスタイル移住した親世代

第一節　はじめに

ヤストさん：みんな濃いよ、ここ（グアム）の人たち。みんないっぱいしゃべってくれるでしょ、苦労話（笑）。
筆者：そうですね、結構話してくださいます（笑）。
ヤストさん：向こう（日本）を抜け出して、みんなばらばらの場所から、なんかの縁でここ（グアム）にたどり着いて。タンポポみたいに、ふらふら飛んできて、どっかに落ちて、そこで根を張って一生懸命生きてる。だからじゃないかな。

［ヤストさん／フィールドノーツ／二〇一三年八月三一日］

ヤストさんはグアムに移住して約八年になる。日本の仕事中心のライフスタイルや競争主義的な文化に馴染めず、生活の拠点を日本から海外に移したのだという。アメリカ本土とハワイで暮らした後、グアムにやってきた。客室乗務員の職に就くかたわら、小さな雑貨屋をひらき、日本人観光客を相手に商売を始めた。グアムで最低限の生活ができればよいと、マイペースに店を切り盛りしている。決して生活に余裕があるわけではないが、日本で生活していたときよりも前向きに生きることができているという。ヤストさんには子どもがいないため、本書の研究対象にはなっていない。それでも冒頭で彼の語りを取り上げたのは、「日本を抜け出して、ばらばらの場所から飛んできて、グアムにたどり着いて、根を張って生きる」というタンポポのメタファーを使った説明が、本書で取り上げる新二世の親世代（新一世）の移住経験を見事に言い表していたからである。

本書の新二世の親世代は、ヤストさんと同じように、より良い生き方を追求するためにグアムに「ライフスタイル移住」（長友 2013）した新一世である。かれらはなぜ、どのようにグアムに移住したのだろうか。また、グアムに移住した後、どのような生活を送ってきたのだろうか。こうした問いを踏まえ、本章では、親世代である新一世の移住経験を明らかにする。

本章の構成は次のとおりである。以降の節では、親世代のグアムへの移住動機（二節）と移住経路（三節）、移住後の生活経験（四節）を記述する。その上で、五節にて、新一世の移住にみられる特徴を整理する。

第二節　移住動機——より良い生き方の追求

本節では、親世代が日本から移住を試みた動機を明らかにする。親世代の移住動機は大きく二つに分類できる。ひとつは「海外生活への憧れ」であり、いまひとつは「海外でのやり直し」である。

一　海外生活に対する憧れ

親世代のインタビューにおいて最も多く聞かれた移住動機は、「海外で生活してみたかった」という海外生活に対する素朴な憧れであった。例えば、エリコさんは次のように語っている。

> ずっと、なんとなく南国で働きたいなっていうのがあって。海外に行きたいっていう話を結構いろんな人に触れ回っていたんですよね。そしたら、たまたまグアムにある美容関係の会社から来ませんか？っていうオファーを受けたので。ビザも取れて、なんやかんやで、今ここにいるって感じですね。
>
> ［エリコさん（P11）／インタビュー／二〇一三年二月八日］

彼女が語るような海外生活に対する肯定的なイメージは、メディアや海外旅行などを通じて創造されたものであることが多い（長友 2013）。エリコさんも、それらに影響を受けることで漠然とした「南国」生活への憧れを抱くようになったと語っている。この他にも、ワーキングホリデーや留学（多くが短期留学）などで外国に長期滞在した経験が、海外生活に対する憧れに結びつくケースがみられた。

他方で、明確な目的意識とともに海外生活に対する憧れが語られることもあった。例えば、「海外の日本料理屋で働きたい」という夢を追うために家族でグアムに移住したサトルさん・ケイコさん夫妻は、海外移住を決断した経緯を次のように話す。

ケイコさん：5年、とりあえずやってみようということで、私たちは（グアムに）来ました。ずっと居ようとか、まだそこまでは漠然と、仕事も実際、長く続くかどうかも、彼自身がやりたい仕事とは違うというか、やっていけるか分からないし。ただ5年、とりあえず5年という期間でやってみるのは、それで駄目なら戻るし、でもやらないでモヤモヤしたままいても、ただフラストレーションが溜まって、きっとまた別の仕事の話で海外に行きたい話をたぶんもってくると思うから（笑）。

サトルさん：それで、前の（日本の）料理屋をやめて、彼女（妻）と子どもも呼んで、ここで（グアム）でやらせてもらってます。

［ケイコさん（P7）、サトルさん（P6）／インタビュー／二〇一二年二月一五日］

妻のケイコさんは、海外移住に係るリスクを承知の上で、夫のサトルさんの夢を叶えるために幼い子ども三人とグアムに移住したと語っている。現在は、夫婦そろって知り合いの飲食店で働きながら生計を立てている。しかし、今後の見通しは全く立っておらず、「夢に挑戦している」という感覚だけが現在の厳しい生活の支えになっているという。この事例のように、夫の夢の実現のために家族でグアムに移住してきたケースは珍しくない。ただし、そのような家族の場合、安定した生活を送るために多大な時間と労力を費やす必要があり、生活の厳しさから日本に帰国することも多い。ケイコさんとサトルさんも、日本への帰国可能性を想定しながらグアムで生活を送っているという。

二　海外でのやり直し

次に、「海外でのやり直し」に関する移住動機をみていく。インタビューでは、ポジティブな移住動機だけでなく、ネガティブな状況を打開するために「新しい生活や自己実現へと逃れること」（O'Reilly & Benson 2009: 3）を移住動機とするケースもみられた。いくつか典型的な事例をあげてみよう。

コウタロウさんは高校卒業後、情報システムを管理する会社に就職し、仕事漬けの毎日を送っていた。その甲斐あって、満足のいく給料をもらうことができたが、次第に成果主義的な日本の企業や社会の風潮に嫌気がさすようになったという。そのような生活から逃れるために彼が選択したのは、日本から脱出してグアムに移住することであった。彼は当時の心境を次のように語っている。

コウタロウさん：俺の場合は、日本の国そのものは嫌いじゃないんだけど、当時の政府とかね、政治家とか、夢が持てなかったからね、働いてもね。夢がなかったね。
筆者：バブルの時も。
コウタロウさん：うん。バブルはじけてからもね。漠然と夢がなかったね。働いて、働いて。（日本から）出たくてしょうがなかったね。もう、自分の好きなことやろうって。

［コウタロウさん（P20）／インタビュー／二〇一三年二月二二日］

次に紹介するのは、人生をやり直すためにグアムに移住したカイさんの事例である。日本で仕事とプライベートの両方に行き詰まっていた彼は、「海外で仕事と家族をやり直す」という妻の提案をきっかけに、勢いのまま家族とともにグアムに移住した。カイさんは、「リセット」という言葉を用いながら、次のように移住経緯を説明している。

カイさん：海外に来た理由は、自分のなかで、このままこんな事ずっとしとっていいのかと思って。
筆者：もっと家族のために？
カイさん：そう、もっと言ったら、妻が「あなたと一緒に生活できない」というので。要は、今の生活から脱しようとしてた。仕事仕事、店店、で家族のことはお構い無しな、そんな生活を。
筆者：そういうことがあったんですね。
カイさん：で、その時、ちょうど、日本の飲食業も衰退して、仕事もポシャったというか、1回自分の会社を売った形になったんで。そういうこともあって、彼女（妻）が最後のチャンスだ、海外で新しい家族生活を続けるんなら、一緒にもう1回やろう、生活したいっていてという話で。日本で自分の会社がリセットしたのも一つですし、自分が人生をリセットした。

［カイさん（P9）／インタビュー／二〇一三年二月七日］

一方で、女性の場合、日本社会のジェンダー規範から逃れることを動機とするケースがみられた。例えば、シングルマザーで来島したトモミさんは、移住動機を次のように語っている。

日本に住んでる時に離婚したんですね。母子家庭になってしまって、そういうので周りからつめたい目で見られたりするじゃないですか。それが（子どもにとって）かわいそうだなっていうのがあって。（住んでいた所が）私立の小学校当たり前みたいに、そういう会話が飛び交う。そういうのも全て離婚で、スパーンと飛んで。それどころじゃ。で、娘と（グアムに）来たんですよ、お疲れ旅行で。そしたら、みんな寛大だし、すごくのびのびしてて、いいなと。

［トモミさん（P1）／インタビュー／二〇一二年二月九日］

高学歴の専業主婦の母親が多く暮らす地域で生活していたトモミさんは、離婚したことやバーで働いていたことが原因で、周囲から「良くない母親」としてまなざされていたのだという[1]。彼女が最も危惧していたのは、その周囲のつめたい視線によって我が子が生きづらくなってしまうことであった。海外移住を決意したのは、そのような状況から逃れるためであった。

以上、親世代の移住動機を明らかにしてきた。長年の夢を叶えるためであれ、ネガティブな状況を打

［1］先行研究でも、若い日本人女性が日本社会におけるジェンダー規範を切り抜けるために海外移住を試みるケースが報告されている（酒井 1998, 2003、コバヤシ 2003 など）。しかし、グアムで特徴的だったのは、トモミさんのように「母親」としてのジェンダー規範から解放されることを望むケースが散見されたことである。詳しくは芝野（2016）を参照のこと。

開するためであれ、「より良い生き方の追求」という個人的なモチベーションが親世代の海外移住の原動力となっていたことがわかる。しかし、日本から海外に移住する動機（＝プッシュ要因）を検討するだけでは、かれらがなぜグアムという特定の場所に移住したのかを説明できない。次節では、親世代がどのようにグアムに水路づけられたのか（＝プル要因）を明らかにする。

第三節　移住経路——観光産業からの誘引

興味深いことに、本調査ではグアムに対する強い愛着が移住の決め手となったケースはみられなかった。移住するまで一度もグアムに滞在したことがなかった者もいた。ホテリエや料理人としてグアムに滞在していた経験が移住につながるケースもあったが、それもごくわずかであった。では、かれらの移住先は、なぜ「グアム」なのだろうか。その答えは、グアムがメジャーな日本人向けの観光地であり、そのため日本人の労働需要が高くなっているからである[2]。

序章で述べたように、グアムは総生産の約七割が観光業とその関連産業によって構成されており、リゾート・ホテルや商業施設などの観光施設の多くが日系資本によって支えられている。また、グアムは戦後より「日本人の楽園」と呼ばれるほど家族旅行やリゾート婚の聖地となっており、来島者の約半分を日本人観光客が占めている。このような背景により、日本人はグアムの観光産業の主な担い手と消費者となっていることから、観光地における日本人労働者の需要は非常に高くなっている。したがって、日本語が話せることや日本のマナーを熟知している日本人は、比較的容易に観光関連の職を見つけることができる。親世代は、こうした労働市場に引っ張られるようにしてグアムに移住していた。次のマリエさんの語りは、そのようなグアムの労働市場の状況を象徴するものである。

ここ（グアム）は、日本人ばっかじゃないですか、観光客も。その、日本語が喋れればどこでも働けるんで。日本人で仕事出来る人、めちゃくちゃ探してますよ、どこも。ローカルの人も、日本語しゃべれればお金が良いし職があるし、日本語必死に覚えている人もいるくらい。
［マリエさん（Ｐ14）／インタビュー／二〇一三年二月一二日］

また、グアムでは日本人観光客向けのビジネスチャンスが多いため、起業を目指すケースも多い。ただし、来島してすぐに起業することはできないため、まずは日系企業の現地採用者や留学生としてグアムに滞在しながらビジネスチャンスをうかがうパターンが一般的である。

一方で、マスツーリズムがつくりあげたグアムのリゾート・イメージも、親世代のグアム移住に大きな影響を与えている。次のカイさんとアコさんは、その典型例である。[3]

［2］このツーリズムと海外移住の結びつきは、ライフスタイル移住に関する先行研究で頻繁に議論されている（Benson & O'Reilly 2009 など）。
［3］こうした「日本から近い南の楽園」イメージは、戦後日本のマスツーリズムの発展とともに構築されたものであり（山口 2007）、グアムの歴史的文脈やローカル社会のリアリティとはかけ離れたものである。

カイさん：グアム暖かそうで近いしいいじゃんっていうのと、たまたま、ここ（飲食店）がオーナー募集っていう形で載ってたんで。
筆者：募集というのは、どういうところで？
カイさん：海外求人ってよくあるじゃないですか。ここのオーナーも奥さんと２人でやってたんですけど、この店を売って自分は新しい事をしたいと。そうのがたまたま。（中略）ただ、何もわからない状況だったんで。グアムの状況も。蓋を開けて見なきゃ実はわからなかったわけです。旅行でも来たことなくて。（グアムの）名前は知ってましたけど。
［カイさん（Ｐ９）／インタビュー／二〇一三年二月七日］

どうしても彼（夫）はやっぱり海外に出たいと、南国に出たいと、海外っていうか。もうそのとき彼はウィンドサーフィンのフリークだったから。それでもう、じゃあっていうので、あるレストランが、グアムで店大きくするからもっと日本人のシェフを募集しているって、ひょんなところから聞いたの。

［アコさん（Ｐ32）／インタビュー／二〇一五年三月八日］

こうした親世代のグアムの観光関連業（ウェディングや飲食店なども含む）への参入は、各種メディアや個人的な交友関係などを通じて、個人および核家族単位で実践されていた。特に、上述したカイさんの語りにもあるように、ＳＮＳなどのインターネットを通じてグアムから発信される日本人向けの求人情報は、かれらの移住に大きな役割を果たしていた（例えば、グアム新聞社が運営するオンライン新聞の「グアム求人情報」など)。また、次のタケさんのように個人的な交友関係が移住のきっかけとなる場合もあった。

グアムに来るきっかけはですね、私の友だちですね。今のこの(自分が働いている)会社の社長なんですけども、私の同級生なんですけども、ある日突然(ウェディングの映像作成の会社の)グアム支店をつくるから手伝って欲しいというので悩んだんですけどね、非常に。でもそれがきっかけですよ。友だちが非常に困ってたから、じゃあいいよということで受けて。

［タケさん(Ｐ27)／インタビュー／二〇一三年八月二七日］

これらのことから、親世代は国境を越える集団的・組織的なネットワークに依存せず、個人あるいは個々の家族単位で移動する「個人化された移住経路」(南川 2005)をたどってグアムの観光関連業に参入し、移住を達成していたのである。

第四節　移住後の生活――理想と現実のギャップとその調整

ここまで、親世代の移住動機と移住経路についてみてきた。本節では、グアム移住後にどのような生活を送っているのかを記述する。親世代に共通して語られたのは、移住後に経験した理想と現実のギャップであった。その内容を整理すると、「不安定な生活基盤」、「日本人社会における格差」、「ローカル社会との対峙」の三つに分類できる。

一　不安定な生活基盤

まず、親世代がグアム移住後に直面するのが、生活基盤の脆弱性をめぐる問題である。次のトクさんの語りを見てみよう。

日本にいる時に、とにかく忙しかった。自然のなかで暮らせたらいいなというのがあった。でも、実際はそうもいかなくて、生活するにあたって。やっぱりどこへ行っても同じですよ。お金稼ぎするのは。だから、グアムに、海外に暮らしたいって言って、結構夢をぶち壊された人っていっぱいいるんじゃないですか。そんなに簡単じゃないよって。ただ青い空と青い海があって、グアムへ行けばうまくいくんだというのは間違い。大変ですよ。またそこに子どもたちの教育があるから、日本にいるよりも厳しいと思います。

［トクさん（P22）／インタビュー／二〇一三年二月二五日］

トクさんは、仕事に忙殺される日々から逃れるために、家族とともに日本からグアムにやってきた。移住後、日系資本のホテルで現地採用の職を得た。しかし、待ち受けていたのは、想像を超えるような厳しい労働環境であった。また、異国の地で子育てをすることの負担は、グアム生活をさらに困難なものにした。彼が語るように、グアムのリゾート・イメージに引っ張られて移住してきた日本人が、過酷な日々に耐え切れず日本に帰国するケースは後を絶たない。

また、シングルマザーで移住した者は、より厳しい生活を強いられていた。例えば、幼い一人娘と来島したトモミさんは、安定した生活基盤を築くまでの壮絶な経験を次のように話している。

トモミさん：お店の裏に倉庫があるんですけど、当時はベッドを置いて、娘がほら、家で1人で待ってられないじゃないですか。上のお姉ちゃんね。店の横にある倉庫にテレビ置いて、ベッド置いて、そこで寝かせてた。学校、お迎えかなんか行って、こっち戻ってきて、夕方からお店やって、その間は倉庫の中に。

筆者：倉庫暮らしって言ったらおかしいですけど……。

トモミさん：そうなんですよ。私も仕事終わって疲れちゃうと彼女を起こして、抱っこして帰るのも面倒くさいから、そのまま倉庫で寝ちゃったりとか。で、朝帰るみたいな。

筆者：すごいですね。学校って送り迎えありますよね。

トモミさん：スクールバスポイントまで送り迎え。朝、起きてそこまで行って。

［トモミさん（P1）／インタビュー／二〇一二年二月九日］

飲食店を立ち上げたばかりのトモミさんは、周りに頼れる人がおらず、一人で店の運営と子育てを担っていたという。グアムでの生活が安定するまで「何が何だかわからない地獄のような日々」が続いたそうだ。

ただし、親世代の多くは、苦しい生活を送らなければならないことをある程度予測してグアムに移住している。例えば、「海外で自分の店をもつ」という夢を叶えるためにグアムに移住したサキさんやセイコさんは、移住当初のことを次のように振り返っている。

やっぱり若いってすごいですよね、今考えると。なんにも考えてなかったし、なんにも準備もしなかったし、とりあえず段ボール10個ぐらいで引っ越して来て、とにかく、日本から出るんだって。だから、かなり苦労しましたね。うちみたいなタイプっていうのは、そんなに給料もいいわけじゃないし、待遇もいいわけじゃないんですよね。

［サキさん（P5）／インタビュー／二〇一二年二月一四日］

グアムで一番貧乏な日本人と思って暮らそうと言ってやったぐらい、本当に大変でした。（子どもは半分ほったらかし状態でしたね。休みもゼロだったので、店に娘も連れて行ったりとか。

［セイコさん（P26）／インタビュー／二〇一三年二月二七日］

こうした苦労話は、ほぼ全てのインタビューで聞くことができた。親世代が不安定な生活状況を強いられる背景には、かれらの「移民」としてのステータスが関連している。本書の対象者のように自発的かつ個人的に移住する日本人は、駐在員のように企業から手厚いサポートを受けることができない。さらに、かれらは現地社会からも緊急性を問われることのない「ミドルクラス移民」とみなされているため、福祉的な恩恵を受けることができない（松谷 2014）。また、永住権やアメリカ国籍をもっていない者は、グアム（アメリカ）社会にも保護されていない。このような背景から、かれらは経済的に自立した生活を余儀なくされている。リンカさんは、こうした状況を次のように語っている。

中途半端な人が一番大変な島、ここは。小金持ちが一番苦しい島。ここはいっそなんにもないほうが、福祉が充実しているっていうか。上のほうにいけば上のほうにいったで、それなりのいい生活ができるじゃないですか。でも中間っていうのがやっぱり一番きつい。全部自己負担で。「自己負担、自己負担」って感じで。健康保険も全部自己負担だし、もちろんハウジングも自己負担だし、車から何から自己負担になるし。ほんと、息するだけでいったい毎月何千ドルかかるのって感じで。

［リンカさん（P18）／インタビュー／二〇一三年二月一八日］

リンカさんが「自己負担」を連呼するように、グアム社会において中間層に位置する親世代たちは、移住後に直面する諸々の問題を個人の力で解決しなければならない状況に置かれている。また、親世代の多くが国内外の政治経済の動向に左右されやすい観光業に従事していることも、生活基盤が不安定になる要因となっている。

こうした生活基盤の脆弱性は、親世代の居住スタンスと関連している。かれらは、その経済的な不安定さから、万が一の帰国に備えながらグアムで生活している。それゆえに、「仮住まい」と「本住まい」の境界は非常に曖昧である。序章で確認したように、本書の対象者は、全員が帰化せず日本国籍を保持したままグアムに居住している。

二　日本人社会における格差

親世代の多くは日系企業やその関連会社に就職しているため、グアムに居ながらも「日本人社会」で生活している。その中で、親世代はグアムの日本人社会において生じる駐在員との社会経済的な格差を経験している。特に日系企業の現地採用者は、インタビューにおいて駐在員との格差に言及することが多かった。例えば、アコさんは駐在員との格差について以下のように話す。

筆者：結構皆さん言うのは、駐在員との差とか、かなりきついみたいなんですが。
アコさん：すごいあるよね。仕事ができる、できないじゃないから。日本からの出向の人が、仕事ができようができまいが偉い。給料もいい。だからみんなすごく口をそろえて言うんだと思う。仕事ができるんだったら、みんな仕方がないって思うよ。すんごいよ、格差。
［アコさん（P32）／インタビュー／二〇一五年三月八日］

一般的に、「同じ進出日系企業で働く日本人社員でも、日本から派遣された駐在員と現地で採用された社員とでは給与などの待遇や昇進などの身分にきわめて大きな格差がある」（町村 1999: 245）といわれている。現地採用者の給与は駐在員の四分の一以下であるとされている（大石・森山・五十嵐・駒井 2015）。また、駐在員と現地採用者の仕事量や内容はほとんど同じであるにもかかわらず、現地採用者の業績はキャリアアップに結びつかないことが多くの地域で指摘されている（藤岡 2017、神谷・丹羽 2018、古沢 2020など）。アコさんの語りは、グアムの日本人社会においても、駐在員と現地採用者の間に乗り越え難い格差が存在することを示している。

他方、自営業者であっても、駐在員との格差に敏感にならざるを得ない状況に置かれている。飲食店を営むカイさんは次のように話している。

基本的に、企業の出向組（駐在員）とかは保障されてますよね。家から学費まで。物価に関係なく生活が保障されている。ただ、僕らみたいに、身体ひとつで来てる人間っていうのは、移り住んだ場所の経済とか物価にものすごい左右されるわけですよ。[4] もちろんアメリカは手厚い生活保護ありますよ。ただ、それは僕らみたいなビザの人間が受けれるかって言うとそうじゃない。そういう人間は移住できないだろうし。だからはじめはすごい大変でしたね、正直（店の）売り上げが今の10分の1ぐらいでね。

［カイさん（P9）／インタビュー／二〇一三年二月七日］

カイさんいわく、自営業者は独立しているがゆえに、日系企業の現地採用者よりもセーフティネットが敷かれていない。それゆえに、グアムで直面する問題を個人の力で乗り切っていかなければならない。カイさんの語りから、日本の企業からも現地社会からも庇護を受けない「ミドルクラス移民」としての

［4］例えば、フィールド調査期間中にも、二〇一七年に北朝鮮が発信したグアムに対するミサイル攻撃計画や、二〇二〇年以降の新型コロナウィルス感染症拡大による政府の長期ロックダウン施策が観光客の激減をまねき、日本人を含む観光関連業に関与する労働者に大きなダメージを与えた。

脆弱な立場を読み取ることができる。

こうした格差は、日本人社会の分断を生み出している。長友（2013）は、日本人コミュニティ内部の分断を象徴する事柄として、現地の日本人移住者の間で「○○組」という用語が頻繁に使用されることを指摘している。本インタビューにおいても、「出向組・駐在組」や「永住組」といった言葉が頻繁に聞かれ、グアムに住む日本人が互いに線引きし合う様子がうかがえた。

その一方で、同じような境遇にある者同士は、強い紐帯を形成する傾向にあった。そうしたつながりは、個人化された移住経路をたどって来島した親世代にとってセーフティネットのような機能を果たしていた。また、日本の家族や友人とも定期的に連絡を取ったり、日本に里帰りしたりすることで、移住後に直面する困難を乗り越えようとする者もいた。

三　ローカル社会との対峙

親世代はグアムのローカル社会とも日常的に接している。観光業には、グアム周辺の島嶼地域からの移住者や、フィリピンを始めとする東南アジア系の移住者も多く従事している（山口 2010）。したがって、職場の同僚や従業員に多様な背景をもつ人々がいることは珍しくない。また、自営業者については、ローカルの人々を従業員として雇っていることが多い。

こうした生活を送る中で、かれらは移住前に描いていたグアムのリゾート・イメージとのギャップを経験することになる。序章で見たように、グアムでは島嶼部地域からの移民を中心とした貧困問題が生じており、全米の中でも貧困率が高い。電気や水道などのインフラも、島全域に整備が行き渡っていない状況がある（山口 2007）。親世代は、移住後にこうした現実と対峙することになる。日本の殺伐とした生活を逃れ、リゾート・イメージを頼りにグアムにやってきた親世代にとって、このようなグアムのローカル社会の現実は非常にショッキングなものに映ったという。

こうした中で、かれらは次第にグアムのローカル社会に生きる人々を他者化し、積極的な接触を回避するようになる。サキさんは、その様子を次のように語っている。

サキさん：グアムの場合ですよ、どうしても日本人って、上から目線になっちゃうの、かなっていう感じがしちゃうんですよね。
筆者：チャモロの人とかフィリピンの人とかと比べてっていうことですか？
サキさん：うん。日本人は、比較的生活水準が高いからとかかな、なんでしょうね。
筆者：どっかでちょっと優越感が……
サキさん：あるんじゃないかなっていう。私は日本人よ、みたいな感じが。

［サキさん（P5）／インタビュー／二〇一二年二月一四日］

こうした傾向は、親世代の置かれている複雑なポジションが関係している。かれらは日本人社会では相対的に低い地位をあてがわれている一方で、グアム社会全体でみると比較的高い地位に位置している。駐在員をグアム社会における「アッパー・ミドルクラス」とすると、親世代は「ロワー・ミドルクラス」の範疇に入る。このような微妙な立場が、グアムのローカル社会の人々や駐在員との差異に敏感にならざるを得ない状況をつくり出している。こうした背景から、親世代の多くはグアムに居ながらも同じ背景をもつ日本人のネットワークの中で生活している。それゆえに、強い日本人意識を保持する様子がうかがえる。ただし、ローカル社会に対するポジティブな側面を語る親世代もいる。例えば、セイコさんは次のようにグアムを評価している。

セイコさん：人種差別は裏ではあるんでしょうけど、でも、みんな優しいですよね、基本的にね。外国人の集まりじゃないけど、他の島とかからも来るじゃないですか、ヤップ島からとかからも。
筆者：ああ、元々結構いろんな人が集まってる所。
セイコさん：そう、だから英語が第二カ国語（第二言語）になってる人達の集まりなので、親切な英語で喋ってくれたりするし、へんてこりんな英語使ってても嫌な顔しないで聞いてくれる人多いですね。

［セイコさん（P26）／インタビュー／二〇一三年二月二七日］

彼女のように、グアムの「フレンドリーさ」を肯定的に評価する者は少なくない。また、インタビューにおいてローカル社会の人々から直接的に差別や排除を受けた経験を語る者はほとんどいなかった。これは、現地校（特にローカル色の強い公立学校）で差別や排除を経験したことを語っていた子世代（新二世）とは対照的である（第三章参照）。

四　移住経験の意味づけ直し

他方で、グアムで生活基盤を築くことができた移住歴の長い親世代は、グアムで直面した困難やそれらを克服した経験をポジティブに語る傾向がみられた。理想の生き方を追求して海外移住した者は、移住後に様々な困難に直面する中で移住前の生活イメージと実際の経験とのギャップを埋め合わせていくという（Benson 2010）。グアムに移住した親世代の場合、「困難に立ち向かったこと」それ自体を「より良い生き方」であると意味づけることで、移住前の理想の生活と移住後の厳しい現実の間にあるギャップを埋め合わせる様子がみられた。例えば、タケゾウさんは、移住後に経験した苦労や困難を次のように語る。

タケゾウさん：やっぱり、若いときからこうやってぶつかるのを怖がっていたら、前に進めないと思うのね。だって、グアムなんか日本と法律とか全然違うしさ。役所関係の書類は全部英語じゃない。だから、そういうのを乗り越えなきゃなんないとか、そういうのもあるし。そういう、保健所とか、消防署とか、そういう大事なことも全然日本とは違うし。もう、結構いじめられてるからね。でも、生きていかなきゃいけないからさ。俺ほとんど英語なんてできないよ、未だに。20年こっちにいるけど、もともと英語自体ちゃんと勉強してないから、ちゃんとしたビジネスの話とか、そういうのはさ、あんまりできない。

筆者：それでも……

タケゾウさん：生きていかなきゃいけない。やっぱり、自分の生き様だからね。死ぬときにさ、後悔して死ぬか、いろんなことやってきたなって、納得して死ねるか、そのどっちかじゃない。

［タケゾウさん（Ｐ19）／インタビュー／二〇一三年二月二一日］

さらに、「日本に帰国しなかった」ということが、グアムで直面する困難を乗り越えた「証」として語られる場合もある。

サキさん：生活基盤築くのに２年ぐらい。とにかく帰っちゃうとだめだと思ったのかな。
筆者：それはなんでですか？
サキさん：なんでだろう。甘えちゃうからじゃないかな、グアムに帰りたくないなって思っちゃうのかなとか思って。
筆者：もう今帰ったら、ずっとまだ日本に。
サキさん：多分くじけちゃうなって思ったのもあるし、お金もなかったたっていうのもあるし。日本ってやっぱいい場所だったなって、やっぱり思うから。

［サキさん（Ｐ5）／インタビュー／二〇一二年二月一四日］

この語りからは、サキさんが日本への帰国を「甘え」や「くじけ」とし、母国を懐かしみながら異国の地で生きることをある種の美学として捉えていることがわかる。他の対象者からも、「帰ったら負けだと思っていた」や「グアムで生き残った」といった言葉を聞くことができた。

このように、移住歴の長い親世代は、思っていたよりも苦しい状況に直面したというネガティブな経験を、それに立ち向かったり乗り越えたりしたというポジティブな経験へと意味づけ直していた。ただし、「困難に立ち向かった／を乗り越えた経験」を美化して語ることは、自身が置かれている不安定な状況を不可視化してしまう危険性を孕んでいることを忘れてはならない（南川 2005）。

第五節　新一世の移住の特徴

ここまで、親世代の移住経験を、移住動機、移住経路、移住後の生活の順に記述した。本章の知見をまとめると次の三点になる。第一に、かれらは「海外生活への憧れ」や「海外でのやり直し」など、「より良い生き方の追求」を動機として海外移住を試みていた。第二に、移住先をグアムに決めた背景には、観光産業における労働需要とマスツーリズムによって喚起されたリゾート・イメージがあった。また、移住の際は、越境的な集団や組織を介するのではなく、個人的にグアムにアクセスしていた。第三に、グアムに移住した後、移住前に抱いていた理想の生活と移住後の厳しい現実のギャップに直面していた。具体的には、不安的な生活基盤、日本人社会における格差、ローカル社会のリアリティとの対峙などである。しかし、移住歴が長い者については、そうした経験を「困難に立ち向かった／を乗り越えた経験」としてポジティブに意味づけし直す様子がみられた。

無論、こうした親世代の移住経験は、日本人が有利になるような観光労働市場、観光関連産業に依存した経済基盤、島嶼部地域や東南アジアからの移民の貧困問題といった、グアム特有の社会的文脈と密接に関係している。また、日本の中間層をめぐる労働環境の悪化、ライフスタイル価値観の個人化、ライフコース選択の柔軟性の増大、日本人の海外志向の高まりなど、近年の日本社会の構造的変容にも影響を受けている（長友 2013）。

以上を踏まえ、最後に、グアムに移住した新一世としての親世代にみられる特徴を三点にわけて整理する。第一に、「個人化された移住」である。かれらは、個々のより良い生き方を追求するために自発的に移住を選択していた。さらに、個人的にグアムの観光関連の労働市場に参入していた。つまり、新一世は企業の仲介業者が国境を越えて大量の労働力を移動させる「市場媒介型の移住システム」にも、家族や親族ネットワークを利用して連鎖的な集団移住を展開する「相互扶助型の移住システム」にも関与せず（梶田・丹野・樋口 2005）、移住を展開していたのである。このような、移住の選択、移住先へのアクセス、そして移住後の生活基盤づくりを個人あるいは核家族単位で行う移住は、「個人化された移住」であるといえる。こうした背景をもつ親世代は、移住において直面する諸々の困難を自己責任のもと対処しなければならない状況に置かれていた。

第二に、「グローバル・ノンエリート」という立場である。親世代はグアムに比較的若い時期に移住した後、日系企業の現地採用日本人か自営業者として働いていた。それゆえに、国境を越える日本の雇用・労働システムにおいて周縁化され、グアム経済や日本人観光客の動向に左右される浮き沈みの激しい生活を送っていた。さらに、駐在員との間に生じる乗り越えがたい格差を経験していた。また、かれらは日本でも高階層に位置づいていたわけではなく、中には日本の職場での排除や事業の失敗などを理由に移住してきた者もいた。こうした親世代の立場は、まさに序章で言及したような「グローバル・ノンエリート」であるといえる。

第三に、「日本とのつながりの維持」である。親世代はグアムに居ながらも就労を通して現地の日本人社会に参入したり、同じ境遇にある日本人同士と頻繁に接触したり、日本とのネットワークを維持したりしながら、日常的に日本に関与していた。こうした背景には、かれらがグアム社会との交流に消極的であることや、帰国と隣り合わせの生活を送っていることがあげられる。親世代がグアムで日本とつながりつづけることは、グアムを「仮住まい」とするでも「本住まい」とするでもない曖昧かつ不安定な居住スタンスの裏返しである。一方で、グアムの日本人社会や日本とのつながりは、個人化された移住を展開する親世代にとってセーフティネットとしての役割を果たしていた。

それでは、このような移住経験を有する親世代は、グアムでどのような子育てを展開するのだろうか。次章では、新一世の「教育戦略」を検討する。

第二章　新一世の教育戦略
――グアムからの移動を見据えた子育て実践

第一節　はじめに

ノリカさん：やはりここ（グアム）で子どもを育てた親御さんが口をそろえて言うのは、狭いグアムで育てたので外の世界を見て欲しいと。だから高校を卒業したらいったんは外に出したいという気持ちはみんな、どの親も強いですね。

筆者：その外はどこでも？

ノリカさん：どこでもいいんです、グアム以外だったら。日本でも、ハワイでもステイツ（アメリカ本土）でもどこでもいいんです。やはり狭い環境で育っていますので、もっと世界は広いんだよということを体験してもらいたい。

［ノリカさん（P31）／インタビュー／二〇一五年三月七日］

私が聞き取りを進める中で驚いたのは、ノリカさんが語るように、ほとんどの親が子どもに対して将来グアムから出てほしいと望んでいたことである。かれらは子どもがグアム社会に同化することを避け、日本語や日本文化を積極的に身につけさせようとしていた。その目標を達成するために、在外教育施設と現地校を巧みに使い分ける様子がみられた。前章でみたように、親世代は自らの意思で日本からグアムに移住してきた。それにもかかわらず、子どもがグアムに根づくことを望まず、むしろグアムから移動してほしいと願うのである。

一体なぜ、親世代は自らの移住経緯と「逆向」するような子育てを展開するのだろうか。本章では、こうした問いを念頭に置き、親世代が展開する子育て実践の様相を「教育戦略」という枠組みを用いて明らかにする。教育戦略とは、「個々の家族の親が、望ましいと考える人間形成上の価値や将来像を子どもに実現させるべく、利用しうる資源の選択などを含みながら、意図的ないし無意図的に選びとる諸活動のこと」（児島 2006: 73）である。移民家族の教育戦略に関する研究では、親が家庭内でどのような言語使用や文化伝達を行なっているのか、どのような学校を選択するのか、どのような進路希望をもっているのかを移住経験と関連づけながら分析・考察してきた[1]。

以上を踏まえ、本章では、グアムに移住した親世代の教育戦略を「言語使用・文化伝達」、「学校選択」、「進路希望」の三つの側面から分析し、それらが前章でみた移住経験とどのように関連しているのかを考察する。その際、各家族の個別具体的な教育戦略を取り上げるのではなく、親世代にある程度共通するパターンを抽出する。

本章の構成は次のとおりである。次節以降では、親世代の教育戦略を言語使用・文化伝達（二節）、学校選択（三節）、進路希望（四節）の順に記述していく。最後に五節では、これらの知見をまとめ、かれらの移住経験と教育戦略を関係性について考察する。

第二節　言語使用・文化伝達——同化回避のための日本語・日本文化

まず、本節では、親世代がいかなる方針のもと、どのような言語や文化の獲得・維持を目指しているのかを明らかにする。

一　日本語・日本文化の徹底

親世代の言語に関する教育方針で特徴的なのが、日本語能力の獲得・維持を重視していたことである。多くの親が、親子間の会話で日本語を徹底し、「家では英語禁止」としていた。もっとも、かれらは子どもの英語力の獲得を否定しているわけではなく、むしろ日本語と英語のどちらも使いこなせるようにさせたいと願っていた。英語力は現地で生活していくなかで自然に獲得されるものであると見なされてお

［1］具体的には、志水・清水（2001）、児島（2006）、額賀（2013）、志水ほか（2013）、三浦（2015）などがある。例えば、日本におけるニューカマー外国人家庭の教育戦略を明らかにした志水・清水（2001）は、かれらが日本で生活を送る中で移住経験を意味づける「家族の物語」を生成しており、その物語を通じて教育戦略が生み出されることを指摘している。このことは、国境を超えて移動する家族の教育戦略を、かれらの「いま、この場所」にたどり着くまでの移住経験とともに分析・考察する必要があることを示している。

り、日本語は言語的特殊性や環境的要因により獲得が困難であるために親が積極的に介入して獲得させる必要があると認識されていた。

文化伝達についても、立ち振る舞いなどに現れる「日本文化」の修得を目指していた。かれらはグアムの牧歌的な雰囲気や時間を厳守しない文化に子どもが染まることを危惧しており、敬語や礼儀作法といった「日本人としての常識」を積極的に身につけさせようとしていた。そのために、日本人が指導する習い事を選択したり、グアムが夏休みに入る六月から七月の間に、里帰りついでに日本の公立学校に体験入学させたりするケースもあった。さらに、前章でみたような、親が所属するグアムの日本人コミュニティにも積極的に参加させ、同じ境遇にある日本人と交流を深めながら日本語や日本のマナーを「自然に」体得させようとする様子もうかがえた。ロサンゼルスの新日系コミュニティを調査した山田（2019）は、現地の日本人ネットワークが子どもの日本語獲得や日本の文化的アイデンティティの保持にプラスに作用していることを指摘しているが、グアムでも同じような事例が見られた。

こうした日本語の使用や日本文化の伝達を徹底する子育ての方針は、グアム社会への同化を回避するための戦略と言い換えることができる。現地に長期滞在・永住する対象者らは、子どもをバイリンガル・バイカルチュラルに育てるために、現地社会に染まりすぎるのを避けながら、日本語・日本文化の獲得に傾倒した子育てを展開していたのである。

しかし、自らの意思でグアムを選択して移住してきたにもかかわらず、なぜグアム社会から一定の距離を取り、日本語や日本文化の伝達を徹底するのだろうか。その理由は、「アイデンティティの確保」、「労働市場における切り札」、「帰国可能性の想定」の三つに分類できる。以下、それぞれについて詳しくみていく。

二　日本人アイデンティティの確保

まず、日本人アイデンティティの確保に関する理由である。例えば、ケイコさんは、子どもに日本語や日本人らしさを身につけさせることの意義を次のように語っている。

筆者：あまりグアムというか、アメリカというか、染まっていってほしくはない感じですか？
ケイコさん：そうですね、結局彼女たちは日本人には変わりないわけですから、日本人という根本をちゃんと大事にして、礼儀とかそういうの。たぶんどこにいても、海外にいても、日本人に見られちゃうと思うんですよね。それは日本人が「日本人だね」って見るのではなくて、外国の人から見ても日本人だから「日本人」で見ると思うんです。結局は、よくも悪くも、そう見られちゃうから。

〔ケイコさん（Ｐ７）／インタビュー／二〇一二年二月一五日〕

彼女は、子どもの日本人アイデンティティの形成に日本語や日本人らしさの獲得が不可欠であると語っている。ここで重要なのは、彼女自身が子どもに「日本人であること」を切望しているわけではないことである。子どもが異国の地で生きていく上で、他者から「日本人」としての役割（こなれた日本語を使える、「日本のマナー」を身につけているなど）を期待されることは避けられない。それゆえに日本語や日本人らしい振る舞いを身につけることが必要であると彼女は考えている。ここで重視されているのは、子ども自身にどのようなアイデンティティをもってほしいかではなく、他者からの期待にいかに応答できるかである。そして、日本語や日本文化は、日本人としての役割を演じるために不可欠なツールとして考えられているのである。

他方、法制度の観点から日本人としての役割を付与される場面を想定し、日本語や日本文化を重要視する親もいた。次のカイさんの語りは、その象徴的な事例である。

日本語ができないと日本人じゃないですから、読み書きも含めてですね。僕のところはアメリカシティズンでもないし。まだグリーンカードでもないんですよ。その部分ではかれら（息子）もまだ本当の日本人なんですよね、海外に住んでいるだけで。

［カイさん（P9）／インタビュー／二〇一三年二月七日］

インタビュー当時、永住権もアメリカ国籍も保持していなかったカイさん一家は、日本国籍のみを有する「移民」としてグアムで生活しており、彼の二人の息子も法制度上「日本人」と見なされていた。日本語の読み書き能力は、そのような状況に置かれている子どもたちにとって「本当の日本人」であることを証明する重要な「根拠」であると考えられているのである。このことは、かれらが「日本人」というカテゴリーから逃れられない生活を送っていることを示している。

三　労働市場における切り札

次に、日本語や日本らしい振る舞いが職業選択に役立つという理由である。後述するが、親たちは子どもに対して、将来どの国や地域に住むことになったとしても、自分の力で生きていけるようになってほしいと願っていた。そのために最も重要なのが、「職を見つける」ことであると考えていた。「手に職をつけてほしい」や「やりたい職業に就くための選択肢の幅を広げてあげたい」などの語りは、多くの親から聞かれた。

特に興味深いのが、日本人としての役割期待に応えられない日本人は、労働市場において不利な立場に陥ってしまうと考えられていたことである。例えば、ナオトさんは次のように語っている。

日本人の顔をしていて読み書きできないのは苦労するのよ、就職しても。だからそれだけは、ちゃんとしたほうがいいというのは言っている。ハワイなんかでも本当にピュアなジャパニーズなわけよ、お父さんお母さんは日本人で、子どももピュアだよね。だけど、早くから移り住んじゃっていて、仕事なんかし始めても、日本語がうまくできるけど読み書きができないというのは、結構、仕事なんかで苦労するパターンもあるのでね。そうした場合に、本当に日本語が堪能なんだけど、実際問題やっぱり読み書きとか、ちょっとこれといった時に、「僕は日本語喋れるんですけど、読めないんですよね、書けないんですよね」というのを、そういう場面に出くわしていると、やっぱりちょっと……って思うわけ。

［ナオトさん（P３）／インタビュー／二〇一二年二月一一日］

彼は自身の移住経験や職業経験を踏まえ、「ピュアなジャパニーズ」である自分の子どもたちが、将来、日本語の読み書きができないために就職活動や職場の業務において苦労してしまうことを危惧している。これは海外の日系企業に限ったことではない。当然ながら、日本で就職する場合であっても「日本人の顔をした日本語の読み書きのできない者」は、労働市場から排除される確率は高くなる。

一方で、アコさんのように、日本語というオプションをもっていれば異国の地での差別的な処遇を乗り越えることができ、さらに職業選択の幅も広がると考える者もいる。

アコさん：日本に行きたかったら日本、もしアメリカに行きたかったらアメリカ。でもアメリカで日本語しゃべれる、だって見た目結局日本人なんだから、アメリカなんか行ったらまだまだあれがあるでしょ。

筆者：差別的な。

アコさん：差別的なそういうのが。でもなんだ、見た目は東洋人で、でも英語しゃべれる、でもみんなもっとすごい英語しゃべれる。だけど英語もしゃべれるけど日本語もしゃべれるってなったら、尊敬じゃないけど、ハイヤー（雇用）しようかっていうふうにもなるだろうし、選択肢が広がるから、絶対に。

［アコさん（P32）／インタビュー／二〇一五年三月八日］

このように、日本語や日本文化は、日本人移住者である子どもたちが労働市場において職を獲得するため、あるいは仕事で苦労しないための切り札として位置づけられていたのである。こうした戦略が取られる背景には、海外の労働市場において日本語や日本文化といった「日本的文化資本」（Befu 2001）を元手に職を得てきた親世代の就労経験があると考えられる。

四　帰国可能性の想定

最後は、日本への帰国可能性と関連するものである。これは、グアムでの居住歴が短い親に当てはまる。かれらはグアムに生活基盤がなく、企業の後ろ盾もない。さらに、永住権やアメリカ国籍もなく、大きな自己負担を強いられている。それゆえに、就労や経営がうまくいかなかった場合、日本に帰る選択を取らざるを得ない状況に置かれている。例えば、トモミさんは、移住当初のことを次のように語っている。

筆者：娘さん、（移住）当時はグアムで育っていくと考えていたんですか？
トモミさん：当時、何も考えられなかったと思います。
筆者：日本語が書けないとか読めないとか思ったのは？
トモミさん：いずれは帰ることがあるかもしれないっていうのがありましたね。日本人として読み書きとか、礼儀ぐらいは身につけてあげないとかわいそうだなって。
［トモミさん（P1）／インタビュー／二〇一二年二月九日］

シングルマザーで来島し、留学ビザで滞在しながら現地で就職先を探していたトモミさんは、帰国と隣り合わせの生活を送っていた。また、飲食店を経営し始めてからも、いつ店を閉じてもおかしくない不安定な状態が続いていた。そのため、日本にいつ帰国してもいいように、娘に日本語の読み書きやマナーを身につけさせようとしていたという。このように、「万が一の帰国に備えて子どもの教育を考える」というスタンスは、前章でみたような、親世代の移民としての立場や生活基盤の脆弱性と密接に関係している。

第三節　学校選択——教育機関の戦略的スイッチング

学校は、親が望む言語使用や文化伝達を具現化する上で重要な役割を果たす場所である。本節では、在外教育施設と現地校に焦点を当て、対象者がどのような学校選択を行なっているかを検討する。

一　在外教育施設の戦略的利用

一般的に海外に住む日本人の学校選択は、「日本人学校に通う」か「現地校やインターナショナルスクールに行きながら補習校に通う」かの二つのパターンがあるが、本書の対象者もいずれかを選択していた。本事例で特徴的だったのは、日本語と英語の修得度合いや、日本の文化と現地社会の文化の馴染み具合を見極めながら、複数の学校システムを行き来していたことである。例えば、トモミさんは、現地の私立学校から日本人学校にスイッチした理由を次のように語っている。

トモミさん：（小学校）２年から１年間私立に入れて、３年生ぐらいになった時に、日本語がちょっとまずくなってきた。プラス、私立は宗教絡みですよね。絶対に宗教が絡んでるので、エーメンとか言いだして。「そんなことしたらデビルが来るよ」とか言いだして、なんか違うなと。公立は宗教色ないんですけど、公立に行かすのも良くないし。

筆者：それはなぜですか。

トモミさん：日本語の読み書き。ずっと補習校に入れてたんですけど、思ったより伸びず。で、（全日制日本人学校の）校長先生に相談した時に、すごく先生たちがいい方なので、じゃあもう（全日制）日本人学校でいいやと。英語は彼女（娘）ペラペラだし。

［トモミさん（Ｐ１）／インタビュー／二〇一二年二月九日］

トモミさんは、娘の日本語力を回復させるため、そして私立学校で伝達される宗教文化との接触を避けるために、現地校から日本人学校に転校させたという。このことは、現地社会に過度に同化させないために、日本人学校へ子どもを「避難」させていると解釈できる。この事例以外にも、「日本人学校→現地校＋補習校→日本人学校」や、「現地校＋補習校→日本人学校→現地校＋補習校」といったパターンがみられた。ただし、全体的には、子どもの年齢が低い時期に日本人学校に入れ、学年が上がるにつれて徐々に現地校に子どもを転校させるケースが多数であった。その理由のひとつに、グアムには高校段階の在外教育施設がないことがあげられる。子どもを現地校にスムーズに接続させるために、中学校一、二年生あたりから現地校に転校させる親が一般的であった。

これまで現地化志向をもつ長期滞在・永住者は在外教育施設から距離を置く傾向があるとされてきたが（江淵 1994）、本事例からは、対象者がグアム社会と慎重に距離を取りながら複雑な学校選択を展開する様子がうかがえた。なお、このような在外教育施設の戦略的利用が可能となっているのは、グアムに日本人学校と補習校の二つが併設されていることが大きい。親たちは、この教育環境を巧みに活用し、子どもに二つの言語や文化をほどよく身につけさせようとしていたのである。

二　現地校の戦略的選択

次に、現地校の選択についてみていく。序章で記したように、日本人移住者が現地の公立学校に通わせることは非常に稀である。その理由として、公立学校はグアム周辺の島嶼部からの移民を中心とした貧困層の子どもが多く、教育レベルが低いと認識されていることがあげられる。次のコウタロウさんの語りは、その典型である。

現地校でも私立と公立だと、公立のほうが設備的にはいいわけ。ただね、生徒の質が良くないから、うちの子なんて引きずられちゃうタイプだから、とりあえずは私立でね。こっち（グアム）はものすごく貧富の差も激しいからね。いまだにトタン屋根のうちで、エアコンもないようなとこで暮らしてる子っていっぱいいるからさ、公立になったらそういう子がいっぱいいるからね。アイランダーっていって、ミクロネシアとかから来てる子なんかもそう。

［コウタロウさん（P20）／インタビュー／二〇一三年二月二二日］

コウタロウさんは、公立学校で見た、日本では考えられないような子どもの生活実態や学校の状況に驚き、我が子がそのような環境で育つことに不安を抱いていた。そのため、子どもに高い教育達成を望んでいるわけではないが、仕方なく現地の私立学校に通わせているという。他の親からも、公立学校は「子どもの手癖がわるい」、「よく物を盗まれる」、「モラルが低い」といったネガティブな言葉で表現されていた。また、チャモロ優位の教育に対して疑問を呈する親もいた。このような認識のもと、本書の対象者は、現地社会のリアリティを色濃く反映する公立学校から子どもを「避難」させるため、現地の私立学校や日本人学校を選択していた。

もっとも、来島したばかりの家庭の中には経済的な理由から公立学校に通わせているケースもあった。しかし、その場合もいずれは現地の私立学校や日本人学校に転校させることを見据えていた。例えば、サトルさんのようなパターンがそれにあたる。

筆者：日本人学校、プライベート、パブリックかというのは、あまり迷わなかった？
サトルさん：料金。お金ですね。
筆者：日本人学校の選択肢とかあったりするんですか？
サトルさん：ゆくゆくはそっちに戻したい、日本人学校に。英語をパブリックでマスターさせたあとに、一応行かせるという。日本に帰るかもしれないし。

［サトルさん（Ｐ６）／インタビュー／二〇一二年二月一五日］

ただし、先のトモミさんの事例にあったように、現地の私立学校も日本人から見れば過度な宗教主義的（キリスト教主義的）な教育を行なっていたり、軍事ナショナリズムの強い学校があったりするため、子どもの教育の場として微妙な反応を示す親もいる。ちなみに、上述のコウタロウさんは、このインタビューの後、子どもを宗教色の強い私立学校から日本人学校に転校させている。

三　スイッチングのリスク

ここまで見てきた教育機関のスイッチングは、一見合理的な戦略のように思えるが、リスクをともなっていることも付け加えておきたい。

まず、「学費がかかる」というリスクである。ほとんどの親は小学校から高校まで私立学校に子どもを通わせている。現地の私立学校についても四〇〇－一、〇〇〇ドルの月謝がかかる。日本人学校も現地では私立扱いとなるため、約四〇〇ドルの月謝が発生する。前章でみたように、かれらは駐在家庭のように日本の企業の後ろ盾があるわけではなく、生活基盤が安定しているとはいえない。そのような背景から、学費で家計が逼迫していると語る親は少なくなかった。カイさんは次のように話す。

例えば、僕のところ教育熱心でもないのに、普通に私立の小中学校に入れてることになるでしょ、日本人学校も現地校も。日本じゃ行かさないですもん、私学なんて。ましてや小学校から。だから、やっぱり年間でかなり費用がかかるわけですよね。それが保障されている人はいいけども、僕らみたいな人は大きな負担。

〔カイさん（Ｐ９）／インタビュー／二〇一三年二月七日〕

次に、子どもが複数の教育機関を行き来することのリスクである。具体的には、転校を繰り返すなかで子どもを戸惑わせ、どちらの文化にも馴染めない「中途半端な存在」になってしまうなどの問題が生じることである。多くの親が、インタビューにおいて転校のタイミングの難しさを語っていた。例えば、リオさんは、娘が複数の学校システムを移動するなかで苦労していたことを思い返し、学校をスイッチするタイミングの難しさを語っている。

下の娘もここ（グアム）で生まれてるんですけど、日本人学校行っちゃって、日本語だけで小っちゃい時から育ってるので、その後やっと現地の学校行って、慣れたかなと思ったら、また日本人学校に逆に移されて、今度またそこで戸惑って、ようやく慣れた頃にまた高校（現地校）に行って戸惑ってっていう。すごく中途半端なんですよ。

〔リオさん（Ｐ25）／インタビュー／二〇一三年二月七日〕

いずれは現地の高校に進学しなければならないことを認識しつつも、日本人学校に馴染んでしまった子どもを簡単に転校させることはできない。しかし、言語、人間関係、学校文化が異なる現地の高校へ進学した際に子どもが直面する困難を想像すると、すぐにでも学校をスイッチしたほうがよい。親たちは、こうしたジレンマを抱えながら、より良い学校選択のあり方を模索していた。

第四節　進路希望――「やりたいこと」を見つけてグアムを出る

ここまで、親世代が子どもに対して、グアムへの同化を回避するために日本語・日本文化の伝達を重視し、それを具現化するために複数の教育機関を戦略的に利用する姿をみてきた。このような言語使用・文化伝達や学校選択を実践する親たちは、子どもに対してどのような進路を希望しているのだろうか。

一　「やりたいこと」の探究

興味深いことに、対象者の中に子どもの教育達成や地位達成を強く望んでいた者は少なく、特に大学進学に関しては漠然としたプランしか語られないことが多かった。一方で、全ての親に共通して語られたのは、「やりたいことを見つけ、自分の道を切り開いてほしい」という将来展望であった。以下のタケさんの語りは、そのことを象徴するものである。

（大学進学に対する願望は）別にないですね。いま自分の目標が大学にあって、こういうことを学びたいんだっていう目標があるならいいですけど。ただ単に大学にいって就職のために学ぶっていうのは、やりたいのかやりたくないような、わかんないことを学んでたんじゃ、なんにもならないじゃないですか。それだったら専門学校とか自分がやりたいことの教育を受けた方が、自分の身にもつくし、専門的なことを覚えた方が就職にも役立つと思うんですよね。

［タケさん（Ｐ27）／インタビュー／二〇一三年八月二七日］

日本の大学、こんなんで行けるの？　帰国子女枠？　みたいなのあるんですよ。だから、大学なんて別に僕はチョイスに入ってない。行かなくてもいいよって。費用対効果を考えた時に自分の人生をさらに縮めるわけじゃないですか、大学行く事によって。（中略）そういうことを逆算して考えていかないと、本当に大学行くのが良いのか、大学で何をするのが良いのか。逆に言ったら、それはやっぱり自分がどこで生活するんだっていうことまで考えろよって。

［カイさん（Ｐ９）／インタビュー／二〇一三年二月七日］

このように、かれらにとって教育達成や地位達成はあくまでも自己実現を達成するためのオプションとして位置づけられていることがわかる。つまり、「大学から職業への移行」というキャリアパスは、必ずしも通過しなければならない道ではないと考えられているのである。こうした進路希望は、より良い生き方を追求して海外移住を展開してきた親世代の価値観を如実に反映している。

無論、教育達成に重きを置かない将来展望が語られたことと、本書の対象者に非大卒者や経済的余裕のない家庭が多いことは、無関係ではないだろう。実際、「お金がかかるので無理に大学に行かせる必要はない」や「裕福ではないから明確な目的がなければ進学させない」など、進学の際にかかる経済的コストを危惧する親もいた。また、子どもを大学に進学させた親であっても、進学のための渡航費や予備校の授業料、大学進学後の学費や生活費を捻出するのに苦労する様子がみられた。息子二人を日本の大学に進学させたサクラさんの語りは、それを象徴するものである。

私、そんなに裕福な家庭じゃないので、息子は（日本で）予備校行きながらバイトをしてたんですよ。帰国生なのにバイトをしてて、予備校の先生は、まさかそんな子がいるって思わなかったんですよね、予備校で。直ちに辞めさせて下さいって言われたんです。直ちに辞めさせて下さいって。無理ですよね。

［サクラさん（Ｐ29）／インタビュー／二〇一三年九月一日］

日本では海外帰国生は特権的な地位にあるエリート層の子どもというイメージが定着しているため（グッドマン 2013）、その中にノンエリート型の海外移住者の子どもが含まれていることは想定されにくい。海外から単身で日本にやってきてバイトをしながら授業料や生活費を捻出する高校生など、予備校の講師は知る由もなかっただろう。このエピソードからは、ノンエリート型の海外移住者の親や子どもが大学進学する際に直面する困難を読み取ることができる。

二　グアムからの脱出

「より良い生き方の追求」と合わせて多くの親に共通して語られたのが、本章の冒頭でも紹介した「一度はグアム以外の場所で生活してほしい」というグアムからの移動を見据えた将来展望であった。

自分たちはグアムに自発的に移住してきたにもかかわらず、子どもたちにはグアムからの脱出を望むという親の願いは、一見矛盾しているようにみえる。しかし、より良い生き方を追求するために他の国や地域に移動することを重要視するという点において、両者に一貫性をみることができる。具体的には、かれらは「競争が少なく厳しさを経験することができない」あるいは「限られた情報と社会関係のなかでなんとなく生きていける」グアムに埋もれてしまうことを危惧し、グアムからの脱出を子どもに望んでいた。[2] 例えば、リンカさんやタケさんは次のように説明している。

悪い島じゃないと思うんですよね。けど、あまりにも情報が無いので、もっと厳しい社会が外にあるんですけど、レイドバックな中にいると……。なんか、井の中の蛙になっちゃうじゃないですか。これくらいで満足しちゃうっていうか、とりあえず食べて住めてそれしたらいいやっていう、ここ（グアム）の人たち皆さん。そういう人たちを目の当たりにしているから、それでいいのかなって思っちゃうんじゃないかなって思って。楽をしようと思ったらいくらでも楽できる島、だから、どこでこの子は将来生活するんだろう、アメリカなのかな日本なのかなグアムなのかなって。まあ、

[2] グアムからの脱出は、階層的背景や移住形態に関係なく、グアムに住む日本人（国際結婚家庭や滞在が長期化している駐在家庭）に共有された進路希望でもあると考えられる。私が二〇一三年度に補習校で実施した保護者アンケート（六九世帯回収）において「将来グアムに住んでほしい」と答える保護者が0名だったことは、それを象徴している（芝野・敷田 2014）。また、「子どもを島外へ」という進路希望はハワイの日本人移住者（補習校に通わせる保護者）の事例でも明らかになっている（額賀 2014b）。このことは、移動を見据えた教育戦略が、「本土」から周辺的な位置にあり、さらにライフチャンスが少ない島嶼部に住む人々に共通するものであることを示唆している。

どこでも出来るようにとりあえず、子育てやっているような気がする。

［リンカさん（Ｐ18）／インタビュー／二〇一三年二月一八日］

筆者：お子さんは、ずっとグアムの予定ですか？
タケさん：グアムからは何らかのかたちで出すつもりです。
筆者：その理由は何ですか？
タケさん：グアムでは競争がないから、あまりいい大人にはならないからです。言い方は悪いですけど。
筆者：やっぱり荒波にもまれたほうがいいみたいな。
タケさん：もちろん。いろいろな世界を見て欲しいですし。このグアムの狭い世界でいれば仕事はありますし、観光もたくさんありますし。でも、やっぱりそれじゃ駄目なので、もう強制的に出します。

［タケさん（Ｐ27）／インタビュー／二〇一三年八月二七日］

前章で述べたように、日本人向けの観光業が発達しているグアムでは日本人労働者の需要が高く、「日本語ができる日本人」であれば職に困ることはない。逆に言うと、グアムにおける子世代（新二世）のライフチャンスは限定されている。そこに甘んじてしまうことは、移民として苦労してきた親世代にとって理想の生き方とはいえない。「楽をしようと思ったらいくらでも楽できる島」に埋もれて生きて行くのではなく、グアム以外の場所で荒波にもまれながら多様な経験を積むことこそが、ライフスタイル移住を試みた親世代が考える「より良い生き方」なのである。

また、グアム社会からの脱出を、グアムの日本人社会における格差からの脱出と重ね合わせる親もいた。特に、駐在員との待遇格差に悩まされてきた現地採用者として働く親たちは、そのことが子どもの将来展望を考える上で大きな不安材料となっていた。例えば、ノリカさんは次のように語る。

ノリカさん：ここ（グアム）に住んでる人は、みんな現地採用じゃないですか。一応会社は大きいけれども、息子はよほど能力がない限りは日本に引っ張られるということはないわけ。ここの給料というのはマネージャークラスになったとしても、もう……。

筆者：やはり日本から赴任されている人の方が優遇されるんですよね。

ノリカさん：比べたら全然、お給料の差がすごいんですよ。だけどここで生活するには全然問題はないんです。ここの島のなかだけだったらそのお給料で十分やって行ける。ただ日本の駐在員の方からのお給料に比べたら、格段の差です。

筆者：かなりの差があるんですね。

ノリカさん：はい。ここでいくら頑張ってもやはり日本から来た人には頭が上がらない。日本から来た人にこれをしなさいと言われたら、従わざるを得ない。だからここでいくらキャリアを積んだとしても、もう先が見えている。

筆者：キャリアアップができない構造に……

ノリカさん：なっています。それが息子は物足りないんじゃないかなって。

［ノリカさん（P31）／インタビュー／二〇一五年三月七日］

注目すべきは、彼女は自らの就労経験だけではなく、日系企業の現地採用者として働く息子が自分たちと同じ困難に直面していることを話していることである。グアムで育つ子世代は、日本語と英語を使いこなすことができ、グアムと日本の文化を熟知している（第三章参照）。しかし、グアムの日系企業に就職した場合、現地採用者として雇用されるため、親世代が経験したのと同じように、キャリアアップを実現することは非常に厳しい（第五章参照）。グアムで育ってきた日本人よりも、グアムのことを知らず英語も十分に話せない日本から来た駐在員のほうが高いステータスを得ているのが現実である。

そのようなグアムの日本人社会において「それなりにやっていける給料」で生活していくことは、グアムで育つ新二世のライフコース選択のひとつなのかもしれない。しかし、グアムの日本人社会に生じる格差を経験してきた親たちが、その選択を積極的に支持することは難しいだろう。

第五節　より良い生き方の追求をめぐる教育戦略——継承される移住経験

本章では、グアムに移住した親世代の教育戦略を「言語使用・文化伝達」、「学校選択」、「進路希望」の三つの側面より明らかにした。本章の知見をまとめると次の三点になる。

第一に、親世代はグアム社会への同化を回避し、日本語・日本文化の使用・伝達を徹底することで、子どもをバイリンガル・バイカルチュラルに育てようとしていた。その背景には、日本人アイデンティティの確保、労働市場における切り札、帰国可能性の想定という目的が存在していた。第二に、こうした言語使用・文化伝達をめぐる戦略を具現化するために、在外教育施設と現地校をスイッチングする学校選択を行なっていた。第三に、進路希望については、教育達成や地位達成を重要視する者はほとんどいなかった。一方で、いずれはグアムを出て「やりたいこと」を見つけてほしいという、島外への移動を見据えた将来展望をもっていた。

親世代がグアムへの過度な同化を避けて日本語・日本文化を徹底的に学ばせたり、将来的にグアムから出てほしいと願ったりする背景には、かれらの置かれている立場（脆弱な生活基盤や「ミドルクラス移民」という社会経済的地位）や生活環境（ローカル社会の貧困状況や、日本人社会における格差）の影響をみることができる。つまり、「自らの意思でグアムに移住してきたのに、子どもには将来グアムから出てほしいと望む」というパラドキシカルな教育方針は、自身の移住経験を如実に反映したものだといえる。かれらは自分たちと同じように、慣れ親しんだ場所（子どもにとってはグアム）とは異なる環境に身を置き、人生を切り開いて欲しいと願っていた。そのために、子どもがグアムに同化することを避けながら、労働市場において役立つバイリンガル・バイカルチュラルな能力を身につけさせようとしていたのである。このことは、親世代の移住経験が教育や子育てを通じて次世代へと継承されることを示唆している。

これまで新一世のような長期滞在・永住する日本人移住者は、徐々に現地化していくとされてきた（江淵 1994）。しかし、本事例では、過剰な現地化を避けつつ日本とのつながりを維持したり、在外教育施設を巧みに利用したりする長期滞在・永住者の姿が明らかになった。そのような、現地と日本の両方に依拠した新一世の教育戦略は、トランスナショナルなものだといえる。しかし、それはエリート層の駐在員が取るようなメリトクラシーに焚きつけられた帰国戦略でもなく（額賀 2013a）、現地化志向の強い日系移民に対して日本語・日本文化を継承するためのストラテジーでもない（山田 2019）。本書の親たちのトランスナショナルな子育て実践は、自身の移住経験に下支えされた、より良い生き方の追求をめぐる教育戦略であるといえる[3]。

　では、このような教育戦略を展開する親世代のもとで、子世代である新二世たちはどのようにグアムで育っていくのだろうか。次章では、新二世の生活経験を明らかにする。

[3] なお、今回はグアムの新一世に共通する教育戦略のパターンを抽出することが目的であったため、多様性を十分に考慮した分析はできなかった。より多角的に新一世の教育戦略を明らかにするには、ジェンダーによる教育戦略の違い（藤浪 2020）や、ひとり親家庭とそうでない家庭の間にある差異などに着目した分析が必要になるだろう。

第三章　新二世のトランスナショナルな日常生活
――グアムで日本と育つ子世代

第一節　はじめに

筆者：高校から大学へ行くときにグアムに残るという選択肢はなかった？
カズさん：あった。だけどやっぱりね、せっかくならまず出なきゃなっていう気持ちはあった。グアムを出たいなっていう気持ちはあった、とりあえず。グアムにずっといたら腐るって。
ジョウさん：腐っちゃうよな。
カズさん：一回はみんな出とかないと駄目。
ジョウさん：洗礼を受けなきゃいけないんでしょ、どんだけグアムが小っちゃいかっつう。
［カズさん（S20）、ジョウさん（S21）／インタビュー／二〇一三年九月三日］

カズさんとジョウさんは、いずれも日本で生まれ、幼少期に永住目的の両親とともにグアムにやってきた。カズさんは、グアムの高校を卒業後、ハワイの大学に進学した。大学卒業後、日本で三年間生活した後、グアムに戻り日系企業の現地採用者として観光業に従事している。ジョウさんは、グアムの高校を中退した後、日本で一年ほどの期間を過ごし、グアムに戻った。その後、再び日本に渡航し、東京でしばらく働いた後、現在は沖縄で生活している[1]。

二人が話すように、グアムの新二世は青年期になると「グアムを出るか、グアムに残るか」を選択する。グアムに残る者もいるが、多くの場合、カズさんやジョウさんのようにグアムから出ることを選択する。島外への移動は、新二世の重要なライフイベントとなっているのである。

この「グアムを出る」という進路選択は、子どもたちに「グアムから出てほしい」と期待する親世代の願望と共鳴している（第二章参照）。島外への移動は、家族に共有されたストーリーであるといえる。ちなみに、「グアムにずっといたら腐る」と語るカズさんは、前章の冒頭で「狭いグアムで育てたので外の世界を見て欲しい」と語っていたノリカさんの息子であり、親子の見解は驚くほど一致している。また、「小っちゃい」グアムを出て他の場所で「洗礼を受ける」ことを善とするジョウさんの語りも、第一章でみた異国の地で困難に立ち向かう／を乗り越える生き方を善とする親世代のストーリーと共鳴していることがわかる。親世代の移住経験や教育戦略は、子世代である新二世の進路選択に大きな影響を与えているのである。

本書で特に注目するのは、グアムを出て、日本に帰還しようとする新二世の存在である。冒頭で紹介したように、カズさんとジョウさんも日本に帰還移住した経験がある。本章では、新二世たちのトランスナショナルな日常生活に着目し、「グアムを出て日本に帰る」という進路がどのように選択されるのかを考察する。

本章の構成は次のとおりである。二節と三節では、新二世が幼少期よりグアムと日本の両方に深く関与しながら育つ様子を詳細に記述する。四節では、そうしたトランスナショナルな育ちが「グアムを出て日本に帰る」という進路選択に結びついていることを、親の教育戦略との関係や帰還移住の特徴とともに論じる。また、日本への帰還に関心を示さない新二世についても言及する。

第二節　グアムとの関わり

本節では、新二世がいかにグアムと関わりながら生活しているのかを、「現地校」と「ローカル社会」の二つの場における経験に注目して記述する。

一　現地校における経験

幼少期からグアムで育つ新二世が、最初に現地社会と出会う場所は現地校である。グアムの新二世の多くは、東アジア系の生徒の比率が高く、学力レベルも比較的高い私立学校に通っている。一方で、公立学校に通う日本人は少ない。こうした学校選択の背景には、前章でみたような、親の教育戦略が影響している。以下では、私立学校経験者と公立学校経験者にわけて記述する。

［1］カズさんとジョウさんについては、第五章と第八章で詳しく取り上げる。

まず、私立学校経験者についてみていこう。インタビューにおいて最も印象的だったのが、差別やいじめの経験がほとんど語られなかったことである。その理由として、在籍者の大半が東アジア系の児童生徒であり日本人がマジョリティ側に属していたことや、「チャモロ」や「白人」など絶対的なマジョリティが少なく特定の集団の周辺化が生じにくかったことがあげられた。例えば、リュウさんは、自身の学校でのポジションについて次のように振り返る。

うちの学校は結構、韓国人とか中国人とか多くて。そいつらもこっち（グアム）生まれだったりするから、そういう人が結構多くて、両親は韓国人だけどこっち生まれでとか。だから、似たようなやつらばっかりだった。俺ら一緒だなみたいな。特に、そんなの（差別やいじめ）なかったね。アジア系が仕切っていた、うちの学校はアジア系が仕切ってたから。

［リュウさん（S19）／インタビュー／二〇一三年八月二九日］

かれらの中には、英語が話せないためにいじめられたことや、教員と上手く意志疎通がとれなかったことを話す者もいたが、それは時間の経過とともに解消されたという。

しかし、その一方で、私立学校のキリスト教主義的な教育方針に違和感を抱いていたことを話している。聖書の授業、信仰告白や聖書の拝読、賛美歌の合唱や説教への傾聴などを当然のように受け入れる教員やクラスメートに疑問を抱かずにはいられなかったのだという。次のケンさんの語りは、その典型的なエピソードである。

例えば悪いことしちゃったりしたら、必ず神にお祈りをしたりとかして、授業中とかも神のことばっかで、自分の宗教じゃないから別に関係ねえやと思っているけど、それを受けなくちゃいけないから面倒くさくなる。

［ケンさん（S5）／インタビュー／二〇一三年八月二七日］

他方で、公立学校経験者は、私立学校とは異なる「ゆるい」文化や、ひどい「荒れ」に関するエピソードをコミカルに語ることが多かった。また、ローカル色の強い公立学校のコミュニティに埋め込まれていたことに対してポジティブな感想を述べる者もいた。しかし、公立学校の構成員の大半がチャモロ系やフィリピン系の生徒で占められているため、自らのマイノリティ性を日常的に自覚しなければならなかったことを語る者もいた。特に「日本人」であることが差別やいじめにつながった経験はよく聞かれた。例えば、ツヨシさんは、次のように振り返っている。

やっぱ人種差別があって、グアムの当時は九割ぐらい観光客が日本人だったから、「コンニチハ」とか平気で言ってくるし、完全にばかにしてるし日本人のこと。お前ら誰の金で生活成り立ってると思ってんだみたいな。でも、完全にばかにしているから、日本人のこと。だからそれに負けないようにみんな育ってきているし、学校でこういうふうにいじめじゃないけど、ばかにされても周りにはかばってくれるやつなんて一人もいないから、日本人がいないから。

［ツヨシさん（S22）／インタビュー／二〇一三年八月二七日］

ツヨシさんの語りからは、日本人差別に一人で立ち向かわなければならない過酷な学校経験を読み取ることができる。また、ジョウさんのように、日本統治時代の残虐な歴史と関連づけられた差別経験を話す者もいた。

田舎の方の学校に行ったら、こっちの人しかいないんで。そこに行った時期があって、お前たちに俺のおじいちゃんはいじめられたんだよとか、殺されたんだよとか、たまに言われたりして。
［ジョウさん（S21）／インタビュー／二〇一三年八月二九日］

こうしたエピソードは、新二世たちがグアムに対する日本の軍事的・経済的植民地主義の歴史を背負いながら生きていることを示している。これは、グアムのローカル社会との接触が少ない親世代にはみられない経験である。

こうした公立学校での経験に、グアムの教育現場における「チャモロ・ナショナリズム」の高まりの影響をみることができる（長島 2015、中山 2015）。中山（2015）は、多文化化が進むグアムの学校において、チャモロ優位とも取れる教育が展開されることの矛盾を指摘している。公立学校に通う新二世のネガティブな学校経験は、そのようなグアムの公教育の状況と無関係ではないだろう。

以上に加え、私立・公立にかかわらず、国家斉唱や「忠誠の誓い」唱和を義務づけられていた経験や、JROTC（ジュニア予備役将校訓練課程）を履修していた経験が語られた。このことから、新二世たちが軍事教育を通じたアメリカ・ナショナリズムにも日常的に接しながら育っている様子がうかがえる。

二　ローカル社会における経験

新二世は学校だけでなく、それ以外のローカル社会においてもグアムを経験している。多くの者が、現地の人々のフランクさや陽気さをグアムのポジティブな側面として語っていた。また、多様な住民が「Guamanian（グアムに住む人の意味）」[2]としてゆるやかに統合されていることを肯定的に評価する者もいた。コウマさんは、次のように説明している。

こっち（グアム）なんか一応アメリカの国内になってるけど、アメリカ人なんか多くないし、完全なアメリカ人は。そう言えばアメリカ（本土）だったら、周りの人みんなアメリカ人でも、日本人が一人いたら、多分日本人の感覚のままだけど、こっちだといろんな人種がみんなグアムの感覚になっていて、結局自分もグアムの感覚になって、流されるじゃないけどアジャストするっていう。

［コウマさん（S1）／インタビュー／二〇一三年八月二六日］

一方で、グアム社会に否定的なまなざしを向ける者もいる。現地の人々の生活スタイルや就労態度に対する不満は、しばしば聞かれた。次の会話は、リョウジさんとシオンさんが私に現地の人々の様子を

［2］Guamanian は、もともとグアムのチャモロ人を指す言葉であり、マリアナ諸島のチャモロ人と区別するために用いられていたが、一九八〇年代以降、グアム住民あるいは非チャモロ人のグアム定住者を意味するようになった。その背景には、チャモロの文化復興運動（チャモロ・ルネサンス）が広がる中で、グアムのチャモロ人がチャモロ人としてのアイデンティティを強調するようになったことがあげられる（長島 2015）。

説明しているシーンである。

リョウジさん：サービスって、タダじゃないですか。こっち（グアム）の人はお金がかかんないと、やんないっすから。
シオンさん：動かないですよ。
リョウジさん：サービスっていうもの知らないんですよ、こっちの人。だから何かがないとやらないみたいな感じなんですよ。
シオンさん：あと、こっちの警察使えねえな（笑）。
リョウジさん：こっちの警察使えねえよ！（笑）
シオンさん：まだ銀行強盗、捕まってないし。
リョウジさん：取り調べとかしても、ただ事情聞くだけで、なんも動かないんですよ。

［リョウジさん（S12）、シオンさん（S2）／インタビュー／二〇一四年二月二三日］

かれらは、日本と比べて店員にサービス精神がないことや、近所で発生した銀行強盗がなかなか捕まらないことを例に出しながら、現地の人々がいかに怠惰であるかを説明している。このようにグアムの人々を「働かない」とか「怠けている」などと表象する新二世は多い。

グアムで就労している新二世は、現地の人々に対するネガティブな評価を、より迫力のある形で語っていた。[3] かれらは「グアムを支える日本人／恩恵にあぐらをかいて働かないローカル」という二項対立的な認識を強調していた[4]。その背景には、グアム経済を支える観光業の担い手が日本人であるという事実と、それにもかかわらず現地の人々のようにアメリカやグアムから庇護を受けることができないという現実がある。こうした状況に対する不満が、ローカル社会への否定的なまなざしに結びついている。もっとも、先住民のチャモロ人や自由連合協定によるミクロネシア島嶼地域からの移民が、アメリカやグアムから公的扶助を受けていることは事実である（長島 2015、井上 2015）。しかし、それらはアメリカや日本の軍事的・経済的な植民地支配と密接に関係しており、単なる「恩恵」ではないことは明らかである。だが、そのような認識をもつ新二世はほとんどいなかった。

ただし、かれらは観光地で働くことに必ずしもやりがいを感じているわけではない。多くの新二世がリゾート地で生活することの退屈さや物足りなさを語っていた。例えば、ナツさんは、日本と比較しながらグアムでの生活の退屈さを次のように説明する。

筆者：こっち（グアム）の生活は楽しいですか？
ナツさん：そうですね。飽きますね、でも。することなくなるんで。
筆者：することなくなるっていうのは？

［3］グアムで就労する新二世のローカル社会へのまなざしについては、第五章、第六章、第八章で議論する。
［4］この「グアムを支えているのは日本人」という認識は新二世に限らず、親世代を含めグアムに住む日本人に広く共有されている。

ナツさん：やっぱり飲むか、仕事してるか、海に行くかとかしかないんで。夜することが飲むか映画見るか。日本だったらやっぱりどっか行ったりとか、色々。なにもかもがないんで、やっぱり限られちゃうんですよ、できることが、グアム。旅行にはいいかもしれない。住むのは自分が育った場所だからオッケーみたいな。

［ナツさん（S15）／インタビュー／二〇一四年二月二二日］

彼女の語りからは、新二世が新一世である親世代や日本人観光客とは異なる現実を生きていることがわかる。O'Reilly（2009）は、ライフスタイル移民の親とともにリゾート地に移住したイギリス系の第二世代が、低賃金の観光業に従事しながら平凡に暮らすこと以外に将来展望をもつことができず苦悩する姿を報告している。ナツさんの事例からは、グアムの新二世もそれと同じような葛藤を抱えていることが読み取れる。

以上、新二世の現地校とローカル社会での経験を記述した。無論、かれらのグアムに対する認識や表象は、グアムに根強く残る人種、エスニシティ、階級などに基づく差別や不平等の正当化と共振する部分があることは否めない。本節の内容は、あくまでも本調査の対象となった新二世が語る「グアム」であり、実際にグアムが退屈な場所なのか、現地の人々が怠けているのか、学校で差別や排除があるのかを示すものではない。重要なのは、グアム社会を生きる新二世がグアムをどのように経験し、イメージしているのかを理解することである。

第三節　日本との関わり

ここからは、グアムで日常的・非日常的に日本と関わりながら生活する新二世の様子を、「家庭生活」、「在外教育施設と習い事」、「日本への短期訪問とグアムの観光地」における経験に注目して記述する。

一　家庭生活における経験

本項では、家庭生活において新二世が日常的に日本と接触している様子をみていく。まず、日本語を基調とした家庭内でのコミュニケーションである。本書の対象となった新二世の親は日本語しか話せない者が多く、家庭内でのコミュニケーションは基本的に日本語で行われていた（きょうだい間では、英語と日本語をスイッチングしながら話す様子がみられた）。ほとんどが、次のツヨシさんのように、幼少期に家庭内で英語の使用を禁止されていた経験を述べていた。

親が二人とも日本語しかしゃべれなくて、基本的に親の前では英語禁止。日本語忘れないためにもってのもあるし。（中略）だから俺はラッキーだったかな、親がそうしてくれたから。兄弟としゃべるときは混ぜてしゃべったりとか、日によって英語が多かったり日本語が多かったりしてる。

［ツヨシさん（S22）／インタビュー／二〇一三年八月二七日］

また、かれらは日本のテレビ、本・漫画、ビデオなどを通して日本語や日本のサブカルチャーに親しんできたという。ナツさんは幼少期の家庭環境を次のように振り返っている。

家のなかはほんとに、アニメとかも。ケーブル（インターネットテレビ）が入ってなかった当時、ビデオ屋さんがあったんです、昔。それを借りてきてて、アニメとかばっかり見てました。クレヨンしんちゃん、ドラえもんとか。マンガとかも、お母さんがマンガ好きとか小説好きだったんで、私もほんとマンガとか小説とかすごい読んでて。

［ナツさん（S15）／インタビュー／二〇一四年二月二二日］

サブカルチャーは移民第二世代の祖国に対する帰属意識の形成に多大な影響を与えるというが（Wessendorf 2013）、グアムの新二世もそれを通じて日本に対する肯定的なイメージを形成していた。また、現在ではインターネットの普及やスマートフォンなどの携帯端末の発達により、以前よりも手軽に日本のメディアにアクセスできる。こうした国境を越えるメディアの存在は新二世の日本との関わりに重要な役割を果たしていることが指摘されるが（藤田 2012）、グアムの新二世も同じような状況にあるといえる。

以上のような家庭環境の背景に、前章でみた日本語・日本文化を徹底する親世代の教育戦略の影響をみることができる。子どもたちがグアムに過度に同化しないために、日常的に日本語や日本文化に触れさせようとする親世代の子育て実践が反映されているのである。

他方で、家族間のつながりを通じて日本と接触していたことにも注目したい。新二世は、親世代が形成するネットワークの中で日本人同士の交流を深めていた。例えば、ケンさんは次のように話す。

日本人の同い年と言っても、グアムにずっと住んでいて、友だちがいて、そのコネクションもすごいから、友だちの家族とかもみんな仲いいから、全員が家族みたいで。他の僕の友だちとかの親も僕の家族みたいなものだから、日本の高校生とか、日本の同い年とか、そういうのないかなとは。例えば、困っていた時とかあったらその人たちが「大丈夫？」って「じゃあ家に送ってあげるよ」って。あと、たまにご飯とかおごったりしてくれたり。

［ケンさん（S5）／インタビュー／二〇一三年八月二七日］

ケンさんが「全員が家族みたい」と語るように、日本人同士の共助的なネットワークは非常に強い絆で結ばれている（第一章参照）。そこでの人間関係の構築や情報の交換は、グアムに居ながら日本との関係を維持する上で欠かせないものとなっていた。

二　在外教育施設と習い事における経験

次に、在外教育施設と習い事における経験をみていく。本書の対象者は全員、日本人学校か補習校のいずれかに通ったことがある。日本に住んだことのない新二世にとって、日本語・日本文化や「日本から来た日本人」（駐在家庭の子どもや日本からの派遣教員）と接することができる在外教育施設は、リアルな日本を体験できる重要な場所となっていた。

インタビューにおいて最も聞かれたのは、日本人学校であっても補習校であっても、日本語や日本の歴史を学んだことで自身のスキルアップに繋がったというエピソードである。

筆者：補習校はけっこう厳しかった？
ナツさん：そうですね、けっこう厳しかったですね。日記とかもけっこう、小学生まではキッチリ書かされてたし、毎回行くたびに、１週間に１回は漢字テストもちゃんとあったり。（中略）中学校からの方がやっぱり厳しかったんで、日本の歴史は大事とか言われて。
［ナツさん（S15）／インタビュー／二〇一四年二月二三日］

筆者：（全日制の）日本人学校行ってて、これは良かった、これは悪かったとかある？
ユキナリさん：メリットはやっぱり小学校から現地行ってたら、日本語とかあやふやになってたし、将来が狭まってく。やっぱり両方しゃべれた方が仕事とか、大学とかそういうの得になるんで。（デメリットは）やっぱり、高校から現地入ったんで、最初は英語の問題とかありましたけど、ある程度慣れてきた。
［ユキナリさん（S3）／インタビュー／二〇一四年二月二三日］

苦労して日本の国語や歴史などを学び抜いた新二世の多くは、バイリンガル・バイカルチュラルに成長している。ほとんどの新二世が、「日本の新聞が読めるようになった」、「漢字を使い的確な文章が書けるようになった」、「流暢で癖のない日本語で会話できるようになった」など、在外教育施設での経験をポジティブに評価していた。ただし、在外教育施設での教育が現地校と比べて厳しかったと振り返る新二世も少なくない。漢字の読み書きや国語の内容が難しくなるため、学年が上がるにつれて授業を理解することや宿題をこなすことが大変になったことが語られた。また、そのような厳しさゆえに、在外教育施設に積極的に関与しなかった者もいた。そのために日本語を十分にマスターすることができず、後悔する者もいた。

在外教育施設に対する肯定的な評価は、言語や文化の修得に関することだけではない。同じような境遇にある新二世が集う在外教育施設は、日本人同士の交友関係を深める重要な場所となっていたという。

すごく仲良かったです、補習校内はすごくみんな、違う学年でも結構仲良かったり。小さいクラスなんです。一学年10人ぐらい。だから、そのわけもあったと思うんですけど。日本人学校と言っても、日本人学校の仲間が同じサッカー仲間だったんで、両方通じてもっと仲良かったと思います。

［タクトさん（S17）／インタビュー／二〇一三年八月二〇日］

他方、学校外活動においても日本と関わりをもつ機会がある。対象者全員が、サッカー、スイミング、日本舞踊、合気道などの習い事に通った経験がある。いずれのスクールも指導者が日本人であり、さらに所属メンバーのほとんどが日本人で占められている。こうした習い事は日本の部活動のような機能を果たしていた。そこでは、日本人の指導者や先輩とのつながりを通じて、サブカルチャーから高校や大学の進学のことまで、日本に関するありとあらゆる情報が日常的に交換されていた。シオンさんは、自身が通っているスイミング・スクールの指導者の存在を次のように説明する。

シオンさん：コーチ、僕の監督がなんかすごい、色々知ってて、結構教えてくれたり。先生みたいなもんですよ。日本の本当に、日本の学校に行ってるみたいな感じで色々教えてくれたり。とにかく（日本で）ついて行けるようにって。

筆者：もういろんな面で日本に行くための準備段階。

シオンさん：そうですね。

［シオンさん（S2）／インタビュー／二〇一三年九月五日］

ちなみに、前頁のタクトさんが言及していたように、在外教育施設と習い事における交友関係にはある程度連続性がある。このことから、新二世は日常生活の多くの場面において同じような境遇の日本人とつながりを形成していることがわかる。

三　日本への短期訪問及びグアムの観光地における経験

ここまで、新二世がグアムで育ちながらも家庭生活や在外教育施設・習い事において日本と日常的に関与する様子を記述してきた。一方で、非日常的な日本との接触も見逃してはならない。例えば、現地の日本人会などが主催する各種イベント（特にグアムのローカル社会にも開放されている「祭り」などのエスニック・イベント）では、「盆踊り」、「よさこい」、「神輿」、「屋台」といった催し物がある。新二世はそうしたイベントにおいて日本的なものと出会っている。

他方で、親の里帰り、習い事の遠征、在外教育施設の修学旅行などで日本に頻繁に渡航している。そのような短期訪問を通じて非日常的に体験される日本は、新二世のトランスナショナルな生活経験を理解する上で重要である。かれらは、日本への渡航を通じて日本の消費文化や利便性の良さに触れたり、祖父母や親戚の訪問を通じて自らのルーツを確認・発見したりする中で、日本に対するポジティブな感情を醸成させていた。その一方で、日本で生まれ育った日本人から「外国人」として扱われたり、日本で生まれ育った日本人と自分との間にある文化的差異に気づかされたりすることで、自らの帰属意識が揺らぐ者もいた。例えば、リョウジさんとシオンさんは、日本に「戻った」ときに経験する違和感について次のように話す。

リョウジさん：日本に戻った時ってアイデンティティが、俺日本人なんだけど、この人たちと一緒ではないなみたいなの。自分はこっち（グアム）にいると、日本人としてのアイデンティティが高いけど、日本に戻ると、なんかちょっと……。

シオンさん：外人って感じがする？

リョウジさん：そうだね、それはある。なんか扱い方も外人扱いされるような気がする。

［リョウジさん（S12）、シオンさん（S2）／インタビュー／二〇一四年二月二三日］

二人が語るように、日本への渡航を通じて、グアムでは疑うこともなかった「日本人であること」に違和感をもつようになる新二世は珍しくない。

これらに加え、かれらは幼少期よりグアムの観光地で日本人観光客と毎日のように接触している。また、グアムで働く新二世は例外なく日本人向けの観光関連業に従事するため、職場において日本人と日常的に接している。その多くが親世代と同じように観光関連の日系企業の現地採用者として就労しており、駐在員との乗り越えがたい格差を経験していた。

さらに、新二世の中には進学のためにアメリカ本土やハワイで生活した経験がある者がいるが（序章参照）、そのような場所でも様々な形で日本と接触することとなっていた。例えば、第五章と第六章でみるように、ハワイに進学したカズさんやタクトさんは、現地の日系人との出会いが自身の日本人意識に大きな影響を与えたことを語っている。

以上、新二世が日常的・非日常的に日本と関わりながら生活している様子を、家庭生活、在外教育施設・習い事、日本への短期訪問に分けて記述した。かれらはグアムで生活しつつも日本との関係を維持することで、日本語・日本文化の修得や日本に対する帰属意識の醸成を可能にしていたのである。

第四節　日本を目指す新二世たち――帰還移住という進路

ここまで、新二世のトランスナショナルな日常生活を明らかにしてきた。本節では、日本とグアムを同時に生きる新二世がいかに「グアムを出て日本に帰る」という進路を選択するのかを説明し、第Ⅱ部以降の内容とのつながりを示す。

一　「グアムを出て日本に帰る」というライフコース

二節と三節で確認したように、グアムで育つ新二世は幼少期よりグアムと日本の両方に関与しながら生活している。現地校やローカル社会での生活を通じてグアムの社会や文化と接触する一方で、家庭生活、在外教育施設・習い事、エスニックなイベント、メディア、日本への頻繁な渡航などを通じて日本とも深いつながりを保持していた。このようなトランスナショナルな生活を送る中で、多くの新二世がバイリンガル・バイカルチュラルに育っていた。こうした傾向は、アメリカ本土の新二世に関する研究においても報告されている（Tsuda 2016, 山田 2019 など）。

第一章でみたように、親世代はグアム社会への関与を極力避け、どちらかというと日本人社会の中で生活する傾向があった。一方で、新二世は両方の社会に深く関与する様子がみられた。中には、グアムに対する日本の植民地主義の歴史を背負うなど、親世代が経験することのない困難に直面するケースもみられた。興味深いのが、こうした「グアムで日本と育つ」というトランスナショナルな生活経験が、進学や就職を機に「グアムを出て日本に帰る」というライフコース選択に結びついていたことである。

グアムの新二世が日本に帰還する動機は大きく二つに分類できる。それらは、より良いライフスタイルの追求を目的とするものと、ルーツの確認や発見を目的とするものである。Tsuda（2009）が述べるように、より良い生き方の追求とルーツの確認・発見は切り離せるものではなく、複雑に絡み合いながら新二世の帰還移住を促していた。

新二世は日本に日常的・非日常的に関与することで、一度も／ほとんど住んだことのない日本に愛着や憧れを抱くようになり、それが帰還移住の動機につながっていた。幼少期から蓄積された祖国に対する記憶や経験は移民第二世代の帰還移住の願望に大きな影響を与えるというが（Lee 2018）、グアムの新二世についても同じことがいえる。その一方で、島の限定的な教育環境や労働市場、牧歌的で刺激のない日常生活、アメリカの同化主義的な側面やグアム政府に対する不満、幼少期から経験する日本人に対する差別や周辺化、グアムの日本人社会に生じる乗り越えがたい格差など、かれらを取り巻くグアムのネガティブな現実も、慣れ親しんだグアムを離れるモチベーションとなっていた。これらに加えて、学校生活の中で日本人意識が醸成されていたことも帰還移住を促す要因となっていた。公立学校出身者はチャモロ及びアメリカ・ナショナリズムへの対抗として、アジア系の多い私立学校の出身者はマジョリティの象徴として、日本に対する強い帰属意識をもつようになっていた。

序章でも述べたように、移民第二世代の帰還移住は、多かれ少なかれ自己の帰属を探求するために実践される。つまり、帰還移住は複数の社会を同時に生きる移民第二世代の「存在論的プロジェクト」(Christou & King 2015) なのである。グアムの新二世についても、日本への帰還を通じて自分が何者なのかを確認し、帰属意識を獲得していく様子がみられた[5]。

もっとも、「グアムを出るか、グアムに残るか」という進路選択は、日本人に限らずグアムの若者たちが直面する共通の問題でもある。その背景には、グアムが抱える脆弱な経済状況や教育環境の不整備の問題がある[6]。このような環境で育つ新二世は、現地校の生徒との交友関係や教員からの進路指導などを通じて、「グアムを出る」という進路を「あり得る選択」として受け入れていた。生まれ育った場所から離れることが当然視されている集団に身を置く子どもは、国境を越える移動のタイミングをイメージしやすくなるというが (Coe 2012)、グアムの新二世も同様の傾向がみられた。もちろん、現地校において主流となっているのはアメリカ本土やハワイへの進路であるため、それらの場所に進学した者もいる。

また、日本への帰還を選択した者も、アメリカ本土やハワイに行くことも視野に入れていたと話している。

二　親世代の教育戦略との関係

新二世が日本と関わりをもちやすい背景には、日本とのつながりを重視する親の教育戦略、日本人コミュニティや在外教育施設の完備、日本との物理的距離の近さ、グアムにおける日本のマスツーリズムの発達、グアム社会の多文化状況などがあった。特に、親の教育戦略は、新二世のトランスナショナルな育ちの過程に大きな影響を与えていた。

前章で見たように、親世代は自身の移住経験を踏まえ、グアムからの移動を見据えた教育戦略を展開していた。かれらは子どもたちに「より良い生き方を求めてグアムを出て欲しい」と願っていたが、その期待に応えるかのように、新二世はより良い生き方やルーツの確認・発見を目的にグアムを出るという将来展望をもつようになっていた。とりわけ、親世代の日本語・日本文化志向は日本への帰還を促す要因となっていた。例えば、リョウジさんは、自らの日本への帰還願望の背景に、家庭環境の影響を見出している。

［5］これについては、第七章と第八章で取り上げる。

［6］アメリカ本土やハワイに移動するグアムの若者の姿は、様々なエスニック集団において報告されている（Perez 2002, 2004, 山口 2007, Stephenson et al. 2010 など）。

俺は、やっぱ家では、ほんと日本人の生活なんです。英語とかしゃべんない。なので、(日本に行きたいのは) その影響かもしれない。

［リョウジさん（S12）／インタビュー／二〇一四年二月二三日］

こうした親世代の教育戦略の影響は、当事者以外からも聞くことができた。例えば、現地の私立高校で一〇年以上に渡って日本人生徒の進路指導を担当してきたフローレン先生（日本人女性）は、次のように話す。

グアムは日本に近いから、わりとグアムに住んでいても日本に行ったり来たりしてるし、日本語をキープしてる子どもが多いので、やっぱり日本に帰りたいかなと思う親の気持ちが伝わるのかな、子どもに。

［フローレン先生／インタビュー／二〇一三年九月五日］

彼女の語りから、家庭内において「帰還のイデオロギー」（Christou 2006）が伝達されていることを読み取ることができる。一方で、グアムを出るという選択が、親世代の移住経験に対する尊敬から生み出されることもある。次のジョウさんの語りは、それを象徴している。

ジョウ：自分たちの親の世代は、ちょうどバブルの終わりの方の頃だと思うけど、みんなどっかおかしいか、気合いが入ってるか、どっちかじゃない（笑）。

筆者：あー（笑）

ジョウ：自分たちの親の世代って、結構みんなそうじゃない。（自分の親は）ファンキーな親っていうか、元々島好きで、バブルのいい時にかれらはサイパンに住んでて。もったいないって思っちゃうくらいの。苦しい思いをしながら、サイパンに二人で住んでたみたいで。で、その後グアムに。すごいよね。

［ジョウさん（S21）／インタビュー／二〇一三年八月二九日］

グアムで困難に立ち向かい、それらを乗り越えた経験を両親から聞いて育ってきたジョウさんは、親世代の歩んできた人生をリスペクトしていた。ジョウさんに限らず、グアムで「移民」として生きる親の姿を肯定的にまなざす新二世は多い。そうした親への尊敬が、ジョウさんのようにグアムを出ることへの憧れにつながるケースもある。つまり、親世代のグアム移住と自身の日本への帰還移住を重ね合わせながら、「グアムを出て日本に帰る」ことを選択するのである。

三　帰還移住の経路と形態

グアムの新二世の帰還移住には、「進学」と「就労」の二つの経路がある。進学ルートには、中学卒業後に日本の高校に進学するケースと、高校卒業後に日本の大学に進学するパターンがあり、後者を選択する者が多い。その理由として、日本の高校に進学すると大学進学時に帰国生入試を利用することができなくなることや、子どもの発達や成長を考えて高校までは家族のもとで生活させる親が多いことがあげられる。本書（第四章、第七章）で取り上げるのも、高校卒業後に日本の大学に進学する新二世である。かれらは現地校と在外教育施設で培ったバイリンガル・バイカルチュラルな能力を活かし、帰国生入試を巧みに利用して日本に進学する。そして、日本での就職・定住を見据えて進学先を選択する。ほとんどの場合、「グローバル人材予備軍」（額賀 2016）として日本に受け入れられるが、不適応やアクシデントが原因でグアムに戻るケースもみられる。

一方で、就労ルートは、日本の労働市場に参入することを通じて帰還移住するパターンである。就労ルートには、二つのタイプがある。グアムで進学・就職した後に日本に帰還移住するタイプと、アメリカ本土やハワイに進学後、日本に帰還移住するタイプである。本書（第五章、第八章）では、両方について取り上げる。かれらは進学ルートで帰還する新二世とは異なり、移住過程において日本の労働市場などから排除され、グアムに引き戻されてしまう様子がみられた。ただし、何度も帰還移住に挑戦する中で、日本に定住していく新二世もいた。

次に、帰還移住の形態である。繰り返すが、新二世は現地で（生まれ）育っているため、日本で一度も／ほとんど生活したことがない。それゆえに、日本に帰還移住する新二世は、日本にほぼ初めて移り住むことになる。また、家族の生活拠点はグアムにあるため、単身で日本に渡るケースが多い。つまり、かれらは「個人化された帰還移住」を展開するのである。それゆえに、日本への移住過程や移住後の生活で直面する諸々の困難を、個人の力で乗り越えなければならない状況に置かれている。また、新二世のような海外育ちの日本人は日本社会において知られていないため、かれらが抱える問題を的確に把握し、サポートしてくれる人や組織とめぐり合うことは非常に難しい。

第Ⅱ部と第Ⅲ部では、こうした帰還移住の経路と形態の特徴を踏まえた上で、新二世の帰還移住をめぐる経験やホームづくりの実践について検討する。

四　日本から距離を置く新二世たち

ただし、全ての新二世がもれなく日本に帰還することを希望しているわけではない。当然ながら、日本での生活に興味を示さない者もいる。もちろん、かれらも幼少期よりトランスナショナルな生活を送ってきた新二世である。しかし、そうした日常経験が日本に対するネガティブなイメージとグアムに対する強い愛着を生み出し、日本から距離を置くようになっていた。中には、日本への帰還移住の経験を経て、日本と距離を置くようになった者もいた。このことは、「日本に帰らない」という選択もまた、トランスナショナルな生活を送っているからこそ生じることを示している。つまり、同じ民族的・社会経済的背景をもつ移民第二世代でも、トランスナショナルな日常生活の経験のされ方によって、祖国との関与の仕方や度合は異なるのである（Wessendorf 2013）。

第六章では、こうしたタイプの新二世が、なぜ、どのように日本から距離を置くようになったのかを明らかにする。

第Ⅱ部

帰還移住をめぐる経験

【写真】グアム国際空港に向かう道。この坂をのぼりきると空港がある。「グアム育ちの日本人」たちの日本への旅は、ここから始まる。（撮影者：バンバン）

第四章　日本の大学を目指す
――進学ルートの帰還移住

第一節　はじめに

筆者：こっち（グアム）にいる日本人の子って、日本にちょっとした憧れみたいなの……

シオンさん：ありますすね。

筆者：あれは、なんで？

シオンさん：なんででしょうね。日本に行くだけで幸せみたいな。旅行で行くじゃないですか、「ああ、もう幸せ」みたいな感じなんですよ。

筆者：全然住んだことないのに、行ったらなんかそういう……

シオンさん：空気吸ってるだけで、「ああ、いいねえ」って感じなんですよ、僕は。それぐらい好き、みたいな感じですよ。

［シオンさん（S2）／インタビュー／二〇一三年九月五日］

シオンさんは、現地の私立高校に通う新二世である。インタビュー当時、日本の大学進学を目指し、進学先の選定と受験の準備を行なっていた。彼が親元を離れて日本に進学することを決意した背景には、幼少期から抱き続けてきた日本に対する強い憧れがあった。前章でみたように、こうした日本に対する親和的な態度は、グアムでトランスナショナルな生活を送ってきた新二世にある程度共通してみられるものである。

グアムに生活拠点をもつ新二世にとって、日本に進学することは海外に移住することを意味する。それは単なる海外移住ではなく、親の出身国であり自らのルーツでもある日本への帰還移住である。したがって、かれらの進路選択は、教育を通じた帰還移住の実践として捉える必要がある。

新二世たちは、なぜ、どのように日本に進学しようとするのか。また、そうした進路選択には、どのような問題があるのだろうか。本章では、これらの問いを、日本の大学に進学を希望する一〇名の高校生（迷っている者も含む）を事例に明らかにする。[1]

本章の構成は次のとおりである。次節（二節）では、日本への進路選択のプロセスを分析し、なぜ新二世が日本の大学進学を希望するのかを明らかにする。続く三節では、帰国生入試の機能に着目し、新二世がどのように日本に進学しようとするのかを検討する。さらに四節では、進学先の選定に困難を抱える新二世を取り上げ、かれらが直面する問題を提示する。最後に五節では、本章の知見を踏まえ、教育を通じた帰還移住の特徴について考察する。

第二節　なぜ、日本の大学を目指すのか――帰還移住の動機

日本への進学理由を記述する前に、なぜ日本以外の場所を選択しなかったのかを確認しておきたい。グアムに住む日本人の場合、高校卒業後の進路選択は大きく三つのパターンがある：①日本の大学・専門学校に進学する、②グアムの大学かコミュニティ・カレッジに進学する、③アメリカやハワイの大学かコミュニティ・カレッジに進学する。本章の対象者は①を選択した高校生であるが、なぜ②と③を選択しなかったのだろうか。まず、②を選択しない理由として、グアムの高等教育機関が限られており選択肢が少ないこと、そして「とにかくグアムから出たい」という願望があることの二つがあげられる。③を選択しなかった者の多くは特に理由はないと話していたが、中には学費の高さや学業レベルの高さなどを理由にあげる者もいた。

しかし、これらは日本の大学を選択する積極的な理由ではなく、むしろ補足的に語られたものである。また、「〇〇を学びたい」といったアカデミックな動機を日本への大学進学の第一目的として述べる者もいなかった。一方で、進路選択の主な動機となっていたのは、「憧れの日本に住む」という希望や「日本人になる」ことへの憧れであった。

［1］本章の対象者の高校生は、次のとおりである：コウマさん（S1）、シオンさん（S2）、ユキナリさん（S3）、シユウさん（S4）、タイさん（S7）、タツさん（S8）、レオナさん（S9）、セイヤさん（S10）、ヨシさん（S11）、リョウジさん（S12）。なお、高校生のケンさん（S5）とレンさん（S6）は、日本の大学への進学を希望していなかったため、本章の対象から外した。

一　憧れの日本に住みたい

前章で見たように、対象となった高校生は、グアムで育ちながらも家庭内、在外教育施設、メディアなどを通じて日常的に日本と接触していた。また、日本への里帰りや旅行を通じて非日常的に日本と関わりをもっていた。かれらはこうした生活環境の中で日本に対して強い愛着や憧れを抱き、それが日本の大学に進学するモチベーションとなっていた。例えば、親の反対を押し切って日本への進学を決意したレオナさんは、次のように語る。

筆者：（アメリカ）本土の大学とか、他の選択肢はなかったの？
レオナさん：ないです。親にはかなり勧められたんですけど。けど、やっぱ昔から日本への憧れが強いから日本に行ってみたいというのが強いです。日本人学校に行ってたのも大きいし、多分私が思うに、両親が二人とも日本人で、年に一、二回日本に帰るんですよ。日本の方が買い物とか食べ物とかグアムより全然良いから、そういう憧れが強い。グアムは遊ぶ所もないし何も無いし。

［レオナさん（S9）／インタビュー／二〇一三年八月二九日］

レオナさんは、日本で触れた消費文化を通じて日本に強い愛着と憧れを抱いたという。注目したいのが、日本の「良さ」を語るために自分が生まれ育ったグアムの「何も無さ」を引き合いに出していることである。グアムは「観光地」と「田舎」に二極化しているため、年頃の若者が楽しめるような娯楽施設や商業施設がない。そのような環境で育った高校生にとって、消費文化が溢れかえる日本が夢のような場所であることは想像に難くない。一方で、日本を経験したかれらの目には、グアムは退屈な場所として映ってしまう。こうした場所のイメージの生成が、日本への帰還移住の願望に結びつくのである。退屈なグアムから脱出したいという感情は、消費文化を通じて生まれるだけではない。タイさんは、日本とグアムを行き来するなかで、次のような考えをもつようになったという。

グアムにいるときは日本っていいなって思うんですけど、いざ日本に行くとグアムの方が気楽でいいなみたいな。ただ、毎回思うのは、グアムにずっといるともったいないってこと。ここにいるまんまだと何も変わらない気がするから。だから日本でやってみたい。別にグアム悪くはないんですけど、やることもないし、日本だと押される感じの雰囲気があるんですど。

［タイさん（S7）／インタビュー／二〇一三年九月三日］

このように、日本に渡航した経験のあるタイさんは、グアムよりも忙しなく競争主義的な日本に刺激を受けたことで、だんだんとグアムが退屈な場所であると感じるようになったと話す。そして、「気楽」で「やることもない」グアムに甘んじている自分を反省する中で、グアムに住み続けることに意義を見出せなくなったのだという。そんな彼にとって、大学進学を機に日本で生活することは、退屈で刺激のないグアムで育った自分の「もったいない」人生を変えてくれるかもしれないチャンスなのである。

また、シオンさんも、グアムと日本の間の移動を繰り返す中でグアムの「平凡さ」に物足りなさを感じるようになったことを語っている。彼は、グアムの「ダラダラ」した環境に身を置くことの億劫さに堪え兼ね、生活環境を変えるために日本の大学を目指すようになったと話す。

将来、ずっとこっちにいてもどうせダラダラ時間が過ぎて、将来のことは全然考えても何か、ライフスタイルが同じなので、考えが変わっていかないと思ったので、ちょっと環境が変わったとこに行きたいかなと思ったんですけど。

［シオンさん（S2）／インタビュー／二〇一三年九月五日］

このように、新二世の高校生たちは、トランスナショナルな生活を送る中で「脱出すべき退屈な場所」としてのグアムと、「魅力的で刺激的な場所」としての日本という二つの場所のイメージをつくりあげていた。こうしたイメージが帰還移住の願望に結びつき、それを叶える手段として大学進学を選択していたのだった。

二　日本に帰って日本人になりたい

日本への進学を選択した高校生の中には、自らのルーツの探求を目的とする者もいた。以下では、「日本人になること」への希求と日本への進学を関連づける新二世を紹介する。

コウマさんは、現地校の教員にアメリカ本土への大学進学を強く勧められていたが、自分の意思で日本の大学に進学することを決めた。その理由を次のように説明する。

日本を選んだ一番の理由は、やっぱり日本人として将来日本に住みたいなって。日本で就職したい。とりあえず、自分がいま日本語と英語をしゃべれるっていう立場に置かれた時に、アメリカにいてそう意味がないじゃないですか、実際の話、今、日本では僕みたいな日本人が必要とされてるし、やっぱり日本がいいのかなって。

［コウマさん（S1）／インタビュー／二〇一三年八月二六日］

彼は日本とアメリカのコンテクストを比べ、アメリカよりも日本のほうがバイリンガルの強みを生かすことができると判断し、日本の大学への進学を選択したと話す。ここで注目したいのが、彼の語りの中に「日本人として」や「僕みたいな日本人」という言葉が登場することである。彼にとって、自身の能力を活かして日本で活躍することは、グアムで育ってきた「僕みたいな日本人」が「日本人として」日本社会で認められるための重要なタスクとなっているのである。

また、コウマさんは、日本への進学意欲が高まった要因として、予備校に通うために日本に渡航した経験をあげている。彼はインタビューにおいて、予備校に海外在住歴が長い者がおらず、クラスメートが予想以上に「日本人っぽかった」ことを興奮気味に話していた。例えば、同世代の若者のスラング（ネット用語）を理解することができず、歯がゆい思いをしたエピソードを次のように説明する。

例えばネット用語とかあるじゃないですか。ネット用語何言ってるか分からない時あるじゃないですか、（予備校の生徒と）話してたりとかすると。その時に、やっぱりこの人たち日本人なんだなって思いましたね。それは日本人だったら知ってて当たり前のことを、友だちとしゃべってて分からないから、勉強してようやく最近分かってきただけで。何言ってるのかなって思っちゃうんですよね。とてつもなく多分くだらない意味なんだろうなと思うんですけど。ただ、この人たちは何か分かるんですよね、そういう言葉が使えるようになってるんですよ。

［コウマさん（S1）／インタビュー／二〇一三年八月二六日］

コウマさんは日本滞在中に、「日本人だったら知ってて当たり前」の言葉をわざわざ「勉強」して身につければならないことに気がつき、「ふつうの日本人」と「グアム育ちの日本人」の境界線を発見したのだった。このエピソードの他にも、クラスの「帰国生」とカラオケに行った時に流行の曲を知らないせいで「浮いてしまった」ことや、常夏のグアムでTシャツと短パンしか着たことがなかったために「オシャレして」街に繰り出すことができなかったことなどを話していた。彼はこうした経験を通じて、「ふつうの日本人」になるために日本で生活したいと考えるようになったのだという。

他方、現地校での日本人をめぐる差別や排除の経験が、日本への進学希望に結びつくケースもある。次のユキナリさんは、その典型的な例である。

筆者：なんでそこまで日本に行きたいの？

ユキナリさん：日本語の方が自分に（とって）楽というか、言葉とかそういうのでは、日本の方がいいですかね。

筆者：でも日本には住んだことないんやんね？
ユキナリさん：住んだことないですね。
（中略）
筆者：将来的に、日本で働きたい？
ユキナリさん：ですね。日本に住みたいですね。
筆者：それはなんで？
ユキナリさん：それは、やっぱり高校でも日本の話題になると、なんか悪口っていうか、そっち（グアム）側からみた日本の視点とかで。ちょっと違ったこと言うとなんかムカッと。そういうことでもやっぱり日本人だなって。
［ユキナリさん（S3）／インタビュー／二〇一四年二月二二日］

前章で述べたように、グアムの公立学校に在籍する日本人生徒は非常に少ない。チャモロの生徒が多く通う学校に通っていたユキナリさんは、日本人であることのマイノリティ性を自覚せざるを得ない状況に置かれていた。特に、日本統治時代のグアムの歴史を学ぶ時間では、日本の植民地支配の残虐さを理解する中で、クラスにおいて非難の対象となってしまうことに苦痛を感じていた。こうした複雑な経験を通じて、ユキナリさんは強い日本人意識をもつようになった。そして、グアムから離れ日本で生活することに憧れを抱くようになったのだという。

リョウジさんの場合も、日本に対する強い帰属意識が日本の大学を目指す要因となっていた。彼は日本人の指導者が運営する水泳クラブにおいて日本の部活動のような指導を受けたことで、日本の厳しい上下関係や礼儀正しさに憧れをもつようになった。また、水泳の遠征時に日本の高校生や大学生と触れ合う機会が多く、いつか本場の「部活文化」を体験したいと思うようになったという。

リョウジさん：日本の上下関係とか、ずっと憧れてますね。大学では絶対にそういう環境で水泳するんだって思ってましたね。一番厳しそうな大学選びましたし。
筆者：へー。じゃあ結構もう、日本人だっていう意識が強い？
リョウジさん：やっぱりこっちにいると、日本人としての意識は高いですね。
筆者：やっぱり現地の子たちとは違うの？
リョウジさん：ていうか、俺はお前らと一緒じゃないんだよ、みたいな（笑）。
筆者：何が違う？
リョウジさん：やっぱ上下関係がないところとかですね。（年）下の連中が生意気な言葉で話しかけると、カチンときたりとかありますね。あと、ウェイトレスとかが気つかわないとか、日本じゃあり得ない。まあ、フレンドリーっていう点では良いんですけどね（笑）。違和感ありますよ。

［リョウジさん（S12）／インタビュー／二〇一四年二月二三日］

リョウジさんの語りで興味深いのは、彼の日本への帰属意識や日本人としてのアイデンティティが、グアムの人々との差異化を通じて構築されていることである。「俺はお前らと一緒じゃないんだよ」という語りからは、グアムの人々（お前ら）と日本人（俺ら）の境界線を引くことで強い日本人意識がつくられる様子がうかがえる。彼にとって日本に進学することは、違和感を禁じ得ないグアムの人々から離れ、自らの「日本人であること」を確認するための手段なのである。

次に紹介するシオンさんも、リョウジさんと同じ水泳クラブに所属している。彼は「日本人になりたい」という願望を叶えるために日本の大学に進学したいと語っている。

シオンさん：僕なんか、グアムで生まれて、こっちに馴染んじゃってるんですけど、日本の文化っていうか、日本の体育会系みたいなのにすごい憧れがあるっていうか。だからすごく日本に帰りたいですね。こっちに住んでる日本人とはすごい違うと思うんです、僕は。ただ（日本が）好きとかじゃなくて、プライドっていうか。

筆者：日本人としての誇りみたいな。

シオンさん：はい。でも、自分が（水泳の）練習で日本に行っても、自分的に「ああ俺、外人だな」って思っちゃうんですよ、日本人なのに。すごい自分に目線が、なんか感じてるなーと思っちゃうんです。なんでだろうって。なので、「日本人になりたい」っていう気持ちはすごいあります。

［シオンさん（S2）／インタビュー／二〇一三年九月五日］

シオンさんの場合、現地に住む日本人との差異（「ただ日本が好きな日本人」）を強調しながら、自身の日本人としてのプライドを主張している。この強烈な日本に対する帰属意識は、日本にいる日本人から「外人」としてまなざされたことによって、弱まるどころかさらに強くなっていることがわかる。グアムで生まれ育ち、一度も日本で生活したことのないシオンさんにとって、日本への進学は自身のルーツを確認するための手段なのである。

ここまで見てきたように、新二世の高校生たちは、グアムと日本を物理的・心理的に行き来する中で、「日本人であること」を希求するようになっていた。そのような経験を通じて、かれらは「本当の日本人になれる場所」としての日本と「本当の日本人になれない場所」としてのグアムという二つの場所のイメージをつくりあげていた。そうしたイメージを通じて、日本の大学に進学することを選択していた。

以上、新二世が日本の大学に進学を希望する背景を明らかにした。移民第二世代は、トランスナショナルな生活を送る中で、居住国と祖国を比較しながら自己の立場を評価するという（Louie 2006）。本章の高校生も、トランスナショナルな育ちの過程でグアムと日本を比較しながら、自身の置かれている立場を評価していた。そして、「魅力的で刺激的な場所」あるいは「日本人になれる場所」としての日本と、「退屈で脱出すべき場所」あるいは「本当の日本人になれない場所」としてのグアムという二つの場所のイメージを構築していた。[2] そうした場所のイメージは、「グアムを出て日本に帰る」という進路選択に重要な影響を与えていた。

第三節　どのように日本に帰還するのか――帰国生入試が果たす役割

一　ルーツに帰るためのルート

では、なぜ大学進学を機に日本に帰還しようとするのか。高校進学時や就職時など、大学進学以外にも日本に帰還するタイミングはある。この問いを解く鍵となるのが、「帰国生入試」という特別な入試制度の存在である。[3] 現地校で日本語指導と進路指導を担当するフローレン先生（日本人女性）は、新二世が日本の大学を希望する理由を帰国生入試と関連づけて次のように説明している。

日本に行きたいかなと、一度は住みたいなと思う時に、帰国子女枠（帰国生入試）使って大学入るってのがやっぱりいいチャンスなんでしょうね。大学進学以外で日本に戻る機会ないんですよね、逆に。日本は狭いでしょ、受け入れがが。まず高卒じゃあ、働き口ないですよね。で、アメリカですごい大学を出ましたと言ったところで、日本語がやっぱりできないと駄目だしね。だから王道で（日本に）行かないとだめ。

［2］かれらはグアムに対して否定的な感情のみを抱いていたわけではない。対象者全員がグアムに何がしかの愛着があることを語っていた。

［3］海外に住む日本人が日本の大学に入学する場合、帰国生入試だけでなくＡＯ入試やＩＢ（国際バカロレア資格）などかれらが比較的有利になるような入試制度が様々に設置されている。本書の対象者には帰国生入試以外の制度を利用した者はいなかった。

［フローレン先生／インタビュー／二〇一三年九月五日］

帰国生入試は一般入試よりも受験のハードルが低く、また利用者のほとんどが一部の有名私大や国公立大学に集中することが知られている（中村 1997、佐藤 2005 など）。フローレン先生の語りで重要なのは、帰国生入試を利用し、できるだけ負担の少ない形で有名な大学に進学するという「王道」を通らなければ、日本に定住することが難しくなるという指摘である。家族がグアムにいる新二世が日本で生活するには、自力で働き口を見つけなければならない。当然ながら、日本の労働市場においては、大卒資格がないと安定した職に就くことは難しく、日本に住み続けることも困難になる。「帰国生入試→有名大学→安定した職」という「王道」は、個人化された帰還移住を試みる新二世にとって重要なルートなのである。

本章の高校生も、帰国生入試が自分たちの帰還移住に有利に働くことを自覚し、それを戦略的に活用しようと考えていた。例えば、シオンさんは次のように話す。

シオンさん：日本の高校も考えたんですよ。でも大学受験あるじゃないですか。高校から行っても日本語レベルが無理かなと思って。普通に受験したら落ちるって。
筆者：高校行って大学は帰国子女（帰国生入試）か何かでと。
シオンさん：はい。多分落ちると思ったので、我慢して高校に。[4]

［シオンさん（S2）／インタビュー／二〇一三年九月五日］

このように、帰国生入試を利用した大学進学は、新二世の「ルーツへ帰るためのルート」となっていた。そして、新二世たちが帰国生入試を利用して大学に進学する背景には、帰還移住後に安定した生活を送るための大卒資格獲得という目的があった。

二　意図せざる結果？――世代間学歴移動

さて、こうした進路希望をもつ新二世たちは、その後、どのような進路をたどったのだろうか。表4-1は、二〇一九年時点で私が把握している進路状況をまとめたものである。なお、この表には、本人から直接報告があったものだけでなく、他の対象者から伝え聞いたものやＳＮＳなどで報告されていた情報も含まれている。

表を見ると、聞き取り当時に日本への大学進学を希望していた対象者全員が、日本の私立大学や国立大学に進学していることがわかる。具体的な大学名は記すことができないが、ほとんどの対象者が首都圏にある有名・難関大学に進学しており、学校のランクやブランド力が高い大学に入学している[5]。

本章の対象者が努力の末に受験を突破したことを否定するつもりはない。日本の大学受験をサポート

［4］大学によって「帰国生」の定義は多様であり出願資格や評価基準等も様々であるが（井田 2015）、基本的に大学進学の際に帰国生入試を利用できるのは、海外で高校生活を二年以上送り、なおかつ帰国してから一年から二年未満の学生に限られる。

［5］ただし、ユキナリさんのように地方の中堅ランク以下の私立大学に進学するケースもある。この進学先の違いは、帰還移住後の日本での適応に大きな影響を与えることになる。これについては第七章で詳しく取り上げる。

表 4-1　新二世の高校生の進学先と世代間学歴移動

対象者	親学歴（父／母）	進路	学歴移動（父／母）
タイさん	大卒／大卒	国立大学（首都圏）	維持／維持
コウマさん	大卒／大卒	国立大学（首都圏）	維持／維持
レオナさん	N.A.／N.A.	国立大学（首都圏）	―
セイヤさん	高卒／高卒	私立大学（首都圏）	上昇／上昇
ヨシさん	専門卒／専門卒	私立大学（首都圏）	上昇／上昇
シオンさん	大卒／高卒	私立大学（首都圏）	維持／上昇
ユキナリさん	高卒／大卒	私立大学（近畿地方）	上昇／維持
リョウジさん	高卒／短大卒	私立大学（首都圏）	上昇／上昇
シュウさん	大卒／大卒	私立大学（首都圏）	維持／維持
タツさん	高卒／大卒	私立大学（近畿地方）	上昇／維持

※ N.A. は回答なし。

してもらえる教育機関がないグアムに住むかれらは、相当な苦労やハンデを抱えていることは確かである（これについては次節で取り上げる）。一方で、フローレン先生も「帰国子女枠っていうものにうまく乗れば、日本にいる高校生より楽に入れますからね」と語るように、帰国生入試を利用した大学受験は、一般入試による受験よりも合格のハードルが低いことも確かである。

しかし、ここで言及すべきことは、合格のハードル云々ではない。最も驚くべきことは、ノンエリートの親をもつ新二世が日本の有名・難関大学に進学しているという事実である。表4-1を見ると、親の学歴情報がわかる九名のうち六名が父・母いずれかの学歴から上昇移動していることがわかる。また、表には記載していないが、大卒の親をもつ新二世についても、進学先の大学ランクのほうが親の出身大学のランクよりも高くなっていた。

繰り返すが、本書の対象者の親の多くは非大卒者である（序章参照）。さらに、大学進学を必ずしも合理的な選択ではないと考える傾向があった（第二章参照）。中には、帰国生入試を利用した大学進学に否定的な意見をもつ親もいた[6]。しかし、子世代の側からすると、「帰国生」として有名・難関大学に進学することは、日本に帰還移住する夢を叶えるための合理的な手段となっているのである。

第四節　進路選択をめぐる困難――個人化された進路選択

一方で、日本への進学を決断するにあたり、困難を抱える新二世もいた。例えば、セイヤさんは、日本に進学するかアメリカ本土に進学するかを決めかね、悩み続けていた。将来的には日本で就職したいと考えていた彼は、帰国生入試を使って日本の大学に進学する「王道」を通ったほうが良いのか、アメリカの大学を出て日本に就職する「邪道」を通っても良いのか悩んでいた。刻一刻と近づく出願期限を前に、「今」日本に行くか、「後で」日本に行くかの選択を迫られていたのである。さらに彼を悩ませたのは、両親からつきつけられた大学進学に対する批判的な意見であった。

［6］例えば、国立大学に進学したコウマさんの父親のカイさんもそのうちの一人である。彼は、帰国生入試を利用して日本の大学に進学することについて、次のような見解を示している（第二章四節一参照）。

日本の大学、こんなんで行けるの？　帰国子女枠？　みたいなのあるんですよ。だから、大学なんて別に僕はチョイスに入ってない。行かなくてもいいよって。費用対効果を考えた時に自分の人生をさらに縮めるわけじゃないですか、大学行くことによって。（中略）そういうことを逆算して考えていかないと、本当に大学行くのが良いのか、大学で何をするのが良いのか。逆に言ったら、それはやっぱり自分がどこで生活するんだっていうことまで考えろよって。

［カイさん（P9）／インタビュー／二〇一三年二月七日］

セイヤさん：なんか難しいです。日本に行けばいいのか、アメリカに行けばいいのか分かんないし。その前に何をしたいかも分からない。もう二年ぐらい、何をしたいか探して。でも何も見つからなくて、なんか見つからないと大学に行けないって親から言われていて。両親とも、やりたいことがなかったら、大学は別に。

筆者：意味がないって？

セイヤさん：意味がない。それに日本人のよくある、大学でチャラチャラしているのは許せないみたいな感じで。（中略）進路、考えれば考えるほど、今ももうこんがらがってきているし。

［セイヤさん（S10）／インタビュー／二〇一三年八月三一日］

セイヤさんの両親は、大学で何をやりたいのかを明確にしなければ、どこの大学であっても進学は認めないという方針を取っていた。これは第二章でみた親世代の教育戦略の典型的なパターンである。こうした教育方針の中で、セイヤさんは進路選択の「理由」を見つけ出さなければならず、それが大きな負担となっていた。

また、日本語力や日本文化への適応に不安を抱える者もいた。シュウさんは、進路を決定する間際になり、日本で生活することに躊躇いが生じたことを語っている。

最近思うんですよ、俺多分完全にグアム人になっちゃってる。こっちに馴染んでるっていうのかな。日本に行くと、何言ってんだよこいつ、みたいな感じになっちゃうと思うんですよ。日本語もちょっと違うと思う。だから日本に行っても全然ついていけないんじゃないかなって思って。こっち（グアム）だと僕たち日本人ですって感じなんですよ。ただ日本に帰ると、「俺は日本人です」の後にクエスチョンマークがつく。

［シュウさん（S４）／インタビュー／二〇一三年八月二六日］

彼は、自身に日本人的な振る舞い方や日本語の微妙なイントネーションが備わっていないため、日本に適応できないかもしれないと考えるようになったと話す。「グアムは何もないからダメ、だから出た方が良い、ってことはわかってる。でも今は何も考えたくない」と語るシュウさんは、このインタビューの後、日本に進学することを白紙に戻した[7]。

グアムの新二世にとって最大の問題は、こうした進路に関する不安や悩みを、個人の力で解決しなければならないことである。序章で記したように、グアムには日本への進学をサポートする教育機関がない。本章の対象となった一〇名の高校生のうち、日本の大学に詳しい教員のいる学校に通っていたのはタイさんとヨシさんのみであった（先ほどのフローレン先生が勤務する学校）。現地校でのサポートの少なさについて、シオンさんは次のように語る。

［７］シュウさんは、その後、日本の有名私立大学に進学した（表４‐１参照）。

筆者：日本の大学入りたいですって言ったら、それ用の、何かサポートしてくれるの？
シオンさん：いやあ、ほとんどしてくれない。アメリカ（への進学）の場合はありますね。だいたい、アメリカは学校がほとんどしてくれるんです。その、（日本の大学の場合）知識が全くないので、サポートすることもできないんですよね、したくても多分。
［シオンさん（Ｓ２）／インタビュー／二〇一三年九月五日］

このような状況において、今回対象となった高校生は、自分の親や交友関係など、個人的なネットワークを通じて進学先や入試制度の情報を得ていた。しかし、先にみたセイヤさんは、そうしたネットワークをもっておらず、進路について相談できる友人や大人もいなかった。彼は、インターネットの情報をしらみつぶしに調べる日々が続いていること、そのために情報過多のような状態に陥っていることを私に吐露していた[8]。

また、ユキナリさんも、セイヤさんと同じような問題を抱えていた。彼は、日本に進学する者がいない公立高校に進学したため、日本への進学に関する情報を得る機会がなかった。父親は大学に通った経験がなく、母親も日本の大学に進学したことがないため、有効な相談相手とはならなかった。そのため進学準備が進まず、ついに進路を決めることができなかった。結局、グアムの観光地で一年間就労しながら準備を行い、帰国生入試を利用してなんとか日本の私立大学に進学することができた。

本節では、「やりたいこと」を見つけることの負担、大学進学に関心をもたない親との交渉、日本に対する帰属意識の揺らぎ、日本に関する進路指導システムの欠如といった要因により、日本への進学をめぐって困難を抱える新二世の姿を記述してきた。帰国生入試を使って日本に帰還することは、一見すると合理的で負担の少ない選択に見える。しかし、本節の内容からは、そうした選択が自己判断や自己責任のもとに成り立っていることが明らかになった。この点において、かれらは「個人化された進路選択」を迫られているといえる。

第五節　グローバル人材予備軍の帰還移住

ここまで、大学進学を機に日本に帰還しようとする高校生を取り上げ、かれらがなぜ、どのように日本に進学するのかを明らかにした。また、進路選択の過程において生じる問題についても言及した。本章の内容は、次の三点にである。

第一に、新二世の高校生たちは、トランスナショナルな生活を送る中でグアムと日本を比較しながら自身の置かれている状況を評価していた。その中で、日本を「魅力的で刺激的な場所」または「本当の日本人になれる場所」としてイメージし、グアムを「脱出すべき退屈な場所」または「本当の日本人になれない場所」としてイメージするようになっていた。そして、それらのイメージを通じて、大学進学を機に「グアムを出て日本に帰る」ことを選択していた。

［8］セイヤさんはその後、日本の大学に進学した。インタビューの後、彼がどのような経緯で進路を決定したのかはわからない。しかし、何らかの形で「やりたいこと」を見つけ出し、親をそれなりに説得させた上で、日本への帰還を実現させたのだろう。

第二に、かれらは日本へのスムーズな帰還やその後の定住を見据え、帰国生入試を利用して日本の有名大学に入学しようとしていた。つまり、帰国生入試は新二世にとってルーツ（日本）に帰るためのルートとして機能していたのだった。また、帰国生入試を利用した日本への帰還は、世代間の学歴移動（子世代の上昇移動）をともなっていた。

第三に、新二世が直面する「個人化された進路選択」の問題についても取り上げた。かれらは日本に進学するにあたり、親の説得、進学準備、日本で生活することの不安など、様々な問題を抱えていた。しかし、グアムには日本に進学する子どもをサポートする教育機関がなく、諸々の問題を個人の力で解決しなければならなかった。特に、親が大学進学に対して消極的であったり、進路相談ができる日本人が周りにいなかったりする場合、より大きな困難を抱えることとなっていた。

本章でみてきたように、新二世の高校生にとって日本の大学に進学することは、より良いライフスタイルを追求したり、自らのルーツを確認・発見したりするための帰還移住の実践であった。そのような実践の背景には、かれらが「辺境」としてのグアムと「先進国」としての日本を行き来することで生じた存在論的自己の揺らぎがあった（このまま退屈な人生を送って良いのか／このまま本当の日本人になれなくて良いのか……）。新二世にとって、日本への帰還移住はそのような揺らぎを止めるためのライフコース選択であるといえる。

最後に、本章の知見を踏まえ、教育を通じた帰還移住の特徴について考察したい。グアムの新二世の帰還移住に最も重要な役割を果たしていたのが「帰国生入試」であった。帰国生入試は、エリート層である駐在家庭の子どもの教育保障のために設置された特別な入試制度である（グッドマン 1992 など）。しかし、本事例からは、帰国生入試がもはや一部のエリートだけが利用する入試制度ではなくなっていることが読み取れる。ただし、そうしたルートを通るためには、バイリンガル・バイカルチュラルな能力が必要になる。第二章でみたように、親世代は労働市場における切り札としてバイリンガル・バイカルチュラルな能力を子世代（新二世）に身につけさせようとしていた。それが意図せざる形で日本の高等教育への参入に活かされたことで、新二世の高校生たちは「グローバル人材予備軍」という立場でスムーズに帰還移住することができたのである。

ただし、成人前の子どもが単身で日本に帰還することのリスクを無視してはならない。本章でみたように、新二世の多くは個人化された進路選択を迫られており、それが青年期の子どもにとって大きな負担になっていた。詳細は第七章にゆずるが、この個人化された進路選択の問題は帰還移住後にも継続して新二世に影響を与える。教育を通じた帰還移住は、家族・親族や移民コミュニティを通じた帰還移住とは異なり、極めて個人化されたものである。日本に帰還できたとしても、その後の大学生活において不適応を起こすなど、何らかの困難に直面することは多々ある。しかし、かれらは後ろ盾がない状況で日本に帰還しているために、そのような困難を個人の力で乗り越えなければならない。その結果、大学を中退してグアムに戻ったり、グアムにも日本にも行き場がなくなったりするケースもある。

以上、進学ルートを通って日本に帰還移住する新二世の経験を明らかにした。一方で、就労ルートを通って日本に帰還移住を試みる新二世は、移住過程をどのように経験しているのだろうか。次章では日本での就職を目指す新二世に焦点を当てる。

第五章　日本での就職を目指す
――就労ルートの帰還移住

第一節　はじめに

ジョウさん：一六歳くらいの時に日本に遊びに行って、グアムの先輩で、グアムで育った日本人の人が日本の大学に行ってて、グアム出身の人が同じ大学に四人くらいいたんで。これはいいと思って、いい勉強だから、自分も将来大学行くかもしれないから、ちょっと連れてってもらうかなと思って。行ったら、大学で英語勉強してて。いやいや、英語話せるじゃんみたいな。一六歳の俺が行っても、わかるような授業で。意味なくない？って。いわゆるその、良い大学なわけ。英語学科、入りやすいからみたいなもんだよね、帰国子女枠使って、それで卒業すればいい仕事就けるし、みたいな感じじゃん。俺は、そういうのが嫌で。ただ、まあ、それはそれで正解だよね。かれら今、いい仕事就いてるし。

筆者：ああ、そうなんや。

ジョウさん：うん。幸せな暮らししてるんで、自分なんかよりは。俺は違うと思って苦しんでるけど、かれらはプラッとやって、いい思いをしてるわけだから。

［ジョウさん（S21）／インタビュー／二〇一三年八月二九日］

前章では、進学ルートを通り「帰国生」として日本に帰還する新二世を取り上げた。一方で、ジョウさんのように「労働者」として帰還移住を試みる新二世もいる。

彼は幼少期から日本の大学に進学することを当然のことだと考えていた。しかし、日本に渡航した際に垣間見た日本の大学や大学生の実態にショックを受けたことで、日本に進学することをやめてしまった。高校を中退した後、グアムのナイトクラブやバーで働き、その後、自分のルーツである日本で働く夢を叶えるためにグアムを出た。しかし、一〇ヶ月ほど日本で生活したものの、定職に就くことができず、グアムに戻ってきた。冒頭のインタビューは、彼が日本からグアムに戻ってきて一年半ほど経ったときに収録したものである。そこでは、日本での苦しかった日々、帰国生入試で大学進学しなかったことに対する若干の後悔、グアムに戻ってきてしまった自分の情けなさなどが語られた。

本章では、ジョウさんのような就労ルートを通って帰還移住を試みる新二世に焦点を当て、かれらの帰還移住をめぐる経験を描き出す。ジョウさんの経験が示すように、労働者として日本に帰還することは帰国生のそれよりもハードルが高い。それゆえに、日本に定住できずグアムに戻ってくる者や、日本に行くことができずグアムに残る者も少なくない。本章では、なぜ、どのようにかれらがグアムに残った／戻ったのかを、ツヨシさん（S22）、ジョウさん（S21）、カズさん（S20）の三名の事例を通して明らかにする[1]。

なお、本章では「受け入れの文脈」（Portes & Rumbaut 2014）という分析枠組みを参考に、かれらがグアムに残った／戻った要因を探る。Portes と Rumbaut（2014: 39）は、移民の移住先への接続を左右する要因として、「労働市場」、「エスニック・コミュニティ」、「移民に関する政策」という三つの受け入れの文脈に着目している。しばしば「編入様式論」と呼ばれるこの理論は、移民第一世代が出身国からアメリカに定住していくことを前提に構築されたものであり（南川 1999）、移住先（アメリカ）の文脈にのみ焦点が当たっている。しかし、移民第二世代が出身国と移住先の双方の社会を同時に生きていることを踏まえると（Levitt & Waters 2002）、かれらはホスト社会と出身国の両方の構造的・制度的文脈に関与していると考えられる（関 2013）。これらを踏まえ、本章では、グアムと日本の双方の受け入れの文脈——労働市場、エスニック・コミュニティ、移民に関する政策——が就労ルートを通る新二世の帰還移住過程にどのような影響を与えるのかを分析する。

本章の構成は次のとおりである。次節（二節）では、ツヨシさん、ジョウさん、カズさんの三名の帰還移住をめぐる経験を詳細に記述する。続く三節では、日本とグアムの双方の受け入れの文脈に着目し、帰還移住を試みたかれらがなぜ、どのようにグアムに残った／戻ったのかを分析する。最後に四節では、

[1] 本章では、二〇一三年から二〇一六年にかけてグアムと日本で実施したフィールド調査のデータを使用している。この三名については、二〇一三年から二〇二〇年現在までのライフコースを追うことができている（序章参照）。最近の動向については、第八章で詳しく取り上げる。

就労ルートを通って帰還移住する新二世の特徴を、進学ルートを通る新二世と比較しながら考察する。

第二節　帰還移住をめぐる経験

本節では、三名の帰還移住をめぐる経験を、「帰還移住を決意するまで→帰還移住の過程→帰還移住を試みた後」の順に、時系列に沿って記述する。

一　ツヨシさんの経験

ツヨシさんは、三歳のとき家族とともにグアムに移住した。移住の理由は、父親が「グアムでシェフとサーフィンをやるため」だったという[2]。移住して以来、グアムに住みつづけている。彼は日本で生活していたことをほとんど覚えていない。幼少期から青年期にかけての思い出は、全てグアムでつくられたものである。

彼は一時期、チャモロ人やフィリピン人の生徒が多く在籍する現地の公立学校に通っていた。その時に遭ったいじめの経験は、彼のグアムに対するイメージをネガティブなものにした。その経験は、やがてグアム社会に対する反発へと変わっていった。そうした感情は、今もなお消えることがないという。そんなツヨシさんにとって、補習校は現地校で負った「心の傷」を癒す唯一の場所であった。

こうした学校生活を送る中で、日本に対して強い憧れを抱き、「日本人であること」に執着するようになったという。「顔も心も日本人」であるにもかかわらず日本語ができないのは恥ずかしいと、「訛りのない」日本語と「正しい」読み書き能力を補習校の授業や日本のテレビ・漫画を通して必死に身につけた。

ツヨシさんは、高校卒業後、日本の大学に進む予定であった。しかし、最終的に現地の高校を中退し、グアムに残ることを決断した。思春期で多感だった彼にとって、グアムでラジオＤＪを目指すほうが日本の大学に行くよりも魅力的だったのだという。

筆者：もともと大学には（行こうと思っていたのですか）？
ツヨシさん：本当はみんなと一緒に日本の大学行ったりしたかったわけ。実際日本に大学見に行ったりもした。でも夢もあって、ラジオのＤＪになりたくて、日本語と英語を混ぜてＭＣとかしたくて、別にそれやるんだったら俺大学行く必要ないわって思ったのもあるね。そう、勢いだけでこっち残った。

［ツヨシさん（Ｓ22）／インタビュー／二〇一三年八月二七日］

しかし、ラジオＤＪになる夢は叶うことはなく、グアムの観光地で働くことになった。転職を一〇回以上繰り返し、現在は日系資本の旅行会社の現地採用者として働いている彼は、勢いだけでグアムに残ったことを少し後悔していると話す。帰国生入試で日本の一流大学に進学し、エリートとして世界中

［2］ツヨシさんと弟のジョウさんの母はアコさん（Ｐ32）。

を駆け回る補習校時代の同級生の活躍を知るたびに、英語も話せずグアムに関する知識もない駐在員の下で働かされている自身の立場にやるせない気持ちを抱くのだという。

周りみんな大学行っていて、それこそ早稲田、上智、慶応とか同志社に行ったやつもいるしＩＣＵとか京大とか、帰国子女枠でみんないい大学入っちゃって。日本人学校のメンバーはほぼ。で、いい大学卒業してるからいい就職先に就いて。でもそいつらが大学でチャラチャラ遊んでいるときに俺は一生懸命働いて。なんだったんだろね、あれ……。

［ツヨシさん（Ｓ22）／インタビュー／二〇一三年八月二七日］

ツヨシさんは、希望をもつことができないグアムでの生活から脱出するために、何度も日本への移住に挑戦した。しかし、次の語りにあるように、高校を中退している彼は、日本の労働市場において幾度となく排除された。

筆者：日本で働こうとか思ったことないんですか？

ツヨシさん：会社辞めるたびに日本でやってみたいと思ったよ。自分に自信がついてから行こう行こうと思って。でも、実際仕事ないよな。英語できます、日本語もできます、でもグアムの高校中退ですじゃあ、誰も雇ってくれないよ、そんな甘くないよ。で、結局ずっと行けないまま、ずるずるグアムにいる。

［ツヨシさん（S22）／インタビュー／二〇一三年八月二七日］

彼は日本で働く夢を一旦諦め、その夢をひとまず一〇歳年の離れた二番目の弟のタカシさんに託すことにした。「日本に住んで日本人になりたきゃ、帰国子女になって大学行け」という彼の「教訓」を忠実に守った弟は、現地の高校を卒業後、帰国生入試を利用して日本の有名大学に進学した。ツヨシさんは、そのことを誇らしげに語っていた。

そんなツヨシさんは、インタビューの途中、自分に「日本人の血」が流れている証をタトゥーとして体に刻み込んだことを教えてくれた。彼は「自分には日本人の血が入っている、世界一の血が入っているっていう、そういう自分の美しい部分を忘れたくない」と語りながら、右肩に彫られた大きな「日の丸」、右脛に描かれた「昇り龍」と「神風大和魂」の文字を私に見せてくれた。幼少期からグアムをどうしても好きになれない自分と、かといって日本に行くこともできない自分。グアムと日本のどちらにも帰属することができずにいるツヨシさんは、身体に自らのルーツである「日本」への愛と望郷の念を刻み込むことで、帰属感覚を獲得しようとした。まさに、彼の身体（右肩と右脛）は、帰属をめぐる「政治的領域」（バック 2014）となっていたのだ。

このように日本への帰還を一度は断念したツヨシさんだったが、二〇一三年のインタビューの後、二度ほど日本への帰還移住を試みている。個人的な「ツテ」やインターネットの情報などを手掛かりに就職活動に挑戦したのだという。しかし、永住権を破棄して日本に定住できるような安定した職を見つけることはできなかった。

現在、ツヨシさんは、アメリカ国籍の取得を視野に入れている。帰化しておくほうがグアムで生活する上で何かと便利だというのが、その理由である。しかし、現行の日本の法律では、外国の国籍を取得した時点で日本国籍は破棄されるため、日本で職を見つけることが今よりも難しくなる。さらに、ツヨシさんにとって日本国籍は「日本人であること」を示すものであり、安易に手放すことはできない。彼は今もなお、アメリカ国籍を取得するか、日本国籍を保持したまま永住者としてグアムで生活するか、迷いつづけている。

二　ジョウさんの経験

ジョウさんは、ツヨシさんの弟である。グアムに移住したときは一歳であった。幼少期は兄と同じく、平日は現地校に通い土曜日は補習校で学ぶという生活を送っていた。

ジョウさんは子どものころから日本の大学に進学して日本で生活することを夢見ていた。しかし、本章の冒頭（一節）で示したとおり、高校進学後にその夢はなくなってしまった。高校を中退した後、グアムのナイトクラブやバーで一心不乱に働いた。

グアムで働いて五年が経ったころ、ジョウさんは突然思い立ったように、日本に帰還移住することを決めた。その理由を次のように話す。

クラブの店長をやってて、グアムのレベルが低いなって。自分はそれ以上成長するのかなみたいな所があって。そういうのに嫌気が差してって。で、鍛え直すために、このグアムの甘ったれた感じから抜け出すためにも、ちょっと1回自分を追い込んでみようかなっていう。（中略）あと、ずっとこっちで育って、日本への憧れっていうのがあった。とりあえず、ちょっと住んでみたいなっていうのがあって。自分は日本人なのに、日本のこと何も知らないなって。何だろう、自分を試したいっていうのもあったし。いろんな感情とか、日本への憧れとか、思いが重なって。ちょうどその時に。

［ジョウさん（S21）／インタビュー／二〇一三年八月二九日］

彼はマンネリ化していたグアムでの生活から抜け出すために、日本への帰還を決意したと語っている。しかし、彼の話で重要なのが、「自分のルーツを確認する」という、もう一つの目的が語られていることである。ジョウさんがルーツの確認にこだわる理由は、彼の学校経験と深く関係している。

彼は、兄のツヨシさんと同じく、田舎の公立学校に転校したことがある。そこで、チャモロ人の生徒から、日本統治時代に残虐な行為を行なった日本人の子孫として、しばしば攻撃の対象になることがあったという。

ジョウさん：田舎の方のこっち（グアム）の人しかいない学校に行った時期があって、「お前たちに俺のおじいちゃんはいじめられたんだよ」とか、「殺されたんだよ」とか、たまに言われたりして。

筆者：あー、戦争の。

ジョウさん：そう。それを言われても、俺は何もできない。そうかもしれないけど、「別に個人的な事じゃなくない？」って。喧嘩売られたりとか。喧嘩たまにしてて、それもバカらしくなってくるし。「俺とは関係ないじゃん」って。そういう時もあれば、１歳からこっちにいるから、こっちの人の感覚もわかるっていう部分で、すごい気に入ってくれたりもするし、すごい馴染めたりもする。喧嘩した後は、すごい仲良くなったりもするし。でもまた違う所で、すごいイチャもんつけられたりとか。そういうのが繰り返しあったから、自分は何人なんだろうって、本当に悩んで。

［ジョウさん（S21）／インタビュー／二〇一三年八月二九日］

グアムで育ってきたジョウさんは、日本に住んだことがなく、日本の歴史もほとんど知らない。しかし、現地校の生徒からは容赦なく「残虐な日本人」としてまなざされ、差別や排除の対象となってしまう。彼は、こうしたアンビバレントな立場に違和感を抱きつづけてきた。日本への帰還移住は、こうした自己の帰属意識の揺らぎを止めるための実践でもあったのだ。

ジョウさんは、バックパックひとつと現金一〇万円だけをもって日本に渡航した。親しい親戚が日本にいなかったため、グアムで働いていた時に知り合った知人の家に身を寄せることにした。その後、その知人のツテで鳶職の仕事を見つけた。しかし、寝泊りしている家から職場までの電車賃が払えなくなり、二ヶ月後に仕事を辞めてしまった。時を同じくして、その知人と喧嘩別れしてしまい、家から追い出されてしまった。所持金も底を尽き、ついに「宿無し一文無し」になってしまった。頼れる人がいなくなったジョウさんは、野宿生活をすることになった。「1日1駅歩いて、夜になると駅で寝て」という日々を送ったのだという。

五日が過ぎたころ、「良い仕事があるから」と見知らぬ男に声をかけられた。男についていくとそこはキャバクラであった。その日からキャバクラのボーイとして働くことになった。自分が経験したかった「日本の夜の世界」で働けること、そして何より、暖かい寝床と最低限の給料が用意されていることが嬉しかったのだという。しかし、その仕事も三ヶ月ほどで辞めてしまった。なぜなら、予定されていた給料の五分の一にも満たない金額しか支払われなかったからである。彼は僅かな給料を手に寮を飛び出し、インターネットカフェを転々としながら仕事を探す生活を送った。その後、奇跡的に都内のナイトクラブで職を見つけることができた。日本有数の歓楽街で働けることの喜びを噛みしめながら、このチャンスは逃すまいと、必死に働いた。気がつくと、来日してから一〇ヶ月が経過しており、永住権を保持できる期限が迫っていた。

彼は、永住権を保持するためにグアムに帰るか、永住権を放棄して日本で働き続けるかを選択しなければならなかった。[3] ちょうど勤めていたナイトクラブで正規雇用されることが決まりかけていたことは、彼の決断をさらに難しいものにした。悩みぬいた結果、「家族もいるし、今はグリーンカード（永住権）の方が大事だなって思って」グアムに戻ることに決めた。しかし、永住権を放棄する自信がもてなかったこと、そのために憧れの「日本の夜の世界」で成功するチャンスを手放してしまったことには未練が

[3] 通常、一年の間にアメリカに居住した形跡が確認できない場合、永住権は剥奪される。

残ったという。

グアムに戻ってきてからすぐ、年の離れた弟のコウキさん（先述のツヨシさんの弟でもある）が日本の大学進学を決めた。その弟の進学先は、本章の冒頭で紹介した、ジョウさんが見学に行った大学だった。このことについて、私は次のような質問を投げかけた。

筆者：大学さえプラッと出ておけば、何の不自由もない、ある程度生活ができるっていう、そういう日本に、今、弟さんが行ってる事に対しては、どう……

ジョウさん：嬉しい。正直、嬉しい。なぜなら、自分の見てきた先輩たちが、今いい暮らしをしてるから。自分とか、兄貴みたいに苦しい思いはして欲しくないし。弟がその道を選んだのなら、それは嬉しい。その、先輩たちが悪いとかって言ってる訳でもないし、そういう生き方もある。自分みたいな人もいるし。ただ、どっちの方が将来有利かで言ったら、かれら（大学で日本に行った人たち）だよね。（自分が）かれらの所まで行くとか、かれらを追い抜くためには、自分で何かを、企業起こすとか、それで成功するしかないと。

筆者：将来的には、そういう事を考えてる？

ジョウさん：自分の店、持てればいいけどね。

［ジョウさん（S21）／インタビュー／二〇一三年八月二九日］

ジョウさんは、私の意地悪で無神経な質問に対し、率直な気持ちを伝えてくれた。このインタビューから一年後、彼は二度目の帰還移住を試みた。日本で働いていた時の知り合いが、ナイトクラブのバーテンダーの仕事を見つけてくれたのだという。

私はジョウさんの職場に足を運んだ。深夜にもかかわらず無数の人でごった返す歓楽街の一画に、彼の働くナイトクラブはあった。中に入ると、満員のダンスホールでトランシーバーを携え、忙しなく働くジョウさんの姿があった。次から次へと来店する客に気さくに話しかけ、手際良くお酒をつくり、オーダーに応える。さらに、他の店員に細やかな指示を出し、ダンスホールを円滑にまわす。仕事中、彼は私に念願の正規雇用を勝ち取ることができたこと、そしてバーのマネージャーにまで昇格したことを誇らしげに報告してくれた。「俺のグアムでのキャリアからしたら当たり前なんだけどね」（フィールドノーツ／二〇一六年六月四日）という言葉も忘れなかった。しかし、日本での不安定な生活が解消されたわけではないことも話してくれた。「グアムで育っても、帰国子女じゃなくても、これだけできるんだぜってことを見せたい」（フィールドノーツ／二〇一六年六月四日）と強い口調で語るジョウさんは、憧れの大都会の夜を必死に生きている。

三　カズさんの経験

カズさんは、料理人の父の都合で一歳の時にグアムに移住し[4]、四

図 5-1　ジョウさんの「職場」（ジョウさん撮影）

歳まで現地の幼稚園に通った。その後、日本に一時帰国し、小学校二年生までを過ごした。小学校三年生にあがるタイミングで再び移住し、高校卒業までグアムで生活した。

彼の青年期は、「苦悩」と「葛藤」の連続だった。それは、小学校三年生のときにグアムに戻ってきた直後から始まった。言語的なハンディキャップによって、生徒からのいじめや教員の不理解を引き起こすことが多々あり、非常につらい学校生活を送っていたという。このような辛い日々を一時的に解放させてくれたのは、毎週土曜日にある補習校だった。日本人の友人と使い慣れた日本語で大好きな日本の漫画の話をするのが最高に楽しかったのだという。こうした経験から、カズさんは、今もなおグアムに自分の居場所がないと感じている。

俺的にはグアム、地元意識がない理由としてはまず自分がここに慣れてない。まず、自分、グアムに慣れてない。日本人だし、チャモロ人と仲よくしようと思っても、俺は多分、なかなか受け入れてもらえないっていう意識がまずある、自分のなかで。あるし、結局やっぱり俺なんかは英

図 5-2　思い出の母校（筆者撮影）
私はカズさんとジョウさんと補習校を訪れた。十数年ぶりの母校に，2 人は興奮気味だった。過去の記憶をたどりながら，写真の中庭で走り回って遊んでいたことを懐かしむ 2 人の後ろ姿が印象的だった。［フィールドノーツ／ 2015 年 3 月 7 日］

語も中途半端だったから、いまだにそうだから。そこまでこうなんて言うんだろう、スーパーローカルにはなれない。気分的にもなれないし、俺やっぱお前らとはちょっと違うよなっていう意識があるから、だから、余計、俺ここ地元だぜっていう感覚があんまないのかもしんない。浮いちゃってるもん。やっぱり。グアムの原住民、チャモロ人からしたら。原住民はチャモロ人だし。やっぱチャモロこそがここ地元だぜって言えるんじゃないかなとは思う。なんとなくね。俺の感覚ね。

［カズさん（S20）／インタビュー／二〇一四年二月二六日］

カズさんは、「日本生まれグアム育ちの日本人」である自分がどれだけ努力しても「グアム生まれグアム育ちのスーパーローカル」にはなれないことに、悩みを抱えてきた。「俺ここ地元だぜっていう感覚があんまない。浮いちゃってるもん」という言葉は、彼が置かれてきた状況を如実に表している。

こうしてカズさんは、大学進学を機にグアムを離れ、かつて自分が住んでいた日本に帰ることを夢見るようになった。一方で、幼少期より苦しみながら磨いてきた英語力を失いたくないという強い気持ちもあった。結局、彼は日本の大学には進学せず、「日本人が多く日本人との絡みがある。かつ英語も忘れない場所」であるハワイの大学に進学した。しかし、大学卒業後、「やっぱり日本で仕事して、実際に日本に住みたいっていう気持ちは捨て切れなかった」ため、日本にいる親戚の家に身を寄せながら就職活動を始めた。だが、日本での就職活動は、彼にとって非常に厳しいものとなった。

［4］カズさんの母はノリカさん（P31）、父はノブさん（P30）。

ハワイの大学に行っていて、結局日本で生活してみたいと思った時には既にその時点では遅かったんだよね。要はハワイでは日本でどういった内容で就活をしているのかって、そういう情報は全くもっていなかった、わからなかったから。結局最終的に（決断には）時間がかかったけど、最終的に日本に行ってみようということで、むこう（日本）で就活しようと、新卒だしと思って行ってみたけれど、就活の時期も全然知らなかったから、もう時既に遅しという感じで。

［カズさん（S20）／インタビュー／二〇一三年九月三日］

カズさんは日本で就職活動を始める前、「日本語もしゃべるんだし、英語もしゃべるんだし、どっかしら就職できるだろうと思ってた」という。しかし、日本特有の「就活文化」についていけず、職探しは難航した。彼はハワイの大学に通っていたため、日本での就職に向けたキャリア支援などは受けたことがなかった。日本の就職活動が在学中から始まることすら知らなかった。採用者に「ウケる」履歴書の書き方、写真の写り方、スーツの着こなし方、面接での言葉使いや振る舞い方などもわからず、さらにそのような類のことを教えてくれる講習会や企業の説明会などが開催されていることも知らなかった。書類審査（一次審査）さえ通過できず、日本語と英語を使いこなせることをアピールできる場すら与えられなかった。最も辛かったのは、他の日本の大学生と違い、相談に乗ってくれる友人がおらず、一人で辛い就職活動を乗り切らなければならないことであった。

やがて、就職活動に対する熱が冷めていった。ついに正規の職を見つけることはできなかった。就職活動を諦めたカズさんは、バイトをしながら生計を立てることに決めた。永住権をもっていたカズさんは、米国外での生活を二年まで追加延長できる特別制度を利用し、約三年間日本で生活した。三年目が終わるころ、永住権を放棄してこのまま日本に住むか、グアムに戻るかの決断を迫られた。「やっぱ悔しい思いはあった、まだ帰りたくない」と思っていたカズさんだったが、グアムにいる両親や面倒を見てくれていた日本の親戚の説得もあり、仕方なくグアムに戻ることにした。

グアムに戻ったあと、父親の知り合いを通じて日系資本の旅行会社に就職が決まった。「グアムって、日本語がしゃべれる、英語がしゃべれる、で、こっちで働く資格がある（永住権をもっている）、この三拍子がそろっていればどこでも需要はある」と語る彼は、日本でもがき苦しんでいた日々が嘘のように、グアムでは簡単に就職が見つかったことを私に教えてくれた。しかし、日本で生活することの夢を断念したことに対する後悔の念も語られた。

もちろん、（就職が）決まった時点で、俺のなかではモヤモヤして、本当に。これでよかったのかな、何してたんだろう、これで働くんだ、みたいなのがあった。

［カズさん（S20）／インタビュー／二〇一三年九月三日］

さらに、グアムに戻ってきたことを機に、自分の居場所を探す「旅」にも一旦終止符を打ったことも話してくれた。それは、日本で就職できなかったことで、グアムで誇示していた「日本人であること」を疑わざるを得なくなったからだという。彼はひとまず、「日本育ちの日本人じゃないし、グアム生まれの日本人でもない。だけど、生まれは日本で育ちはこっち（グアム）だからグアム育ちの日本人」として、グアムで生きることを決意した。

第三節　帰還移住過程における構造的制約

ここまで、三名の帰還移住をめぐる経験を記述してきた。まず、かれらが日本に帰還を試みた経緯を確認しておきたい。三名ともに、自らのルーツの確認や帰属意識の獲得、日本に対する憧憬や愛着、将来の希望がもてないグアムから逃れるなどといった理由により、日本に帰還することを望んでいた。こうした意思決定の背景には、幼少期から青年期にかけてのグアムでの生活経験が横たわっていた。とりわけ、現地校における排除の経験や補習校における「癒し」の経験など、学校での経験が帰還移住の選択に影響を与えていたことは重要である。また、グアムの限定的な労働市場の存在も、かれらが帰還移住を企てる要因となっていた。このような帰還移住は、個人のライフスタイル追求やライフコース選択の一環として捉えることができるだろう（Bolognani 2014）。

しかし、かれらの帰還移住は大きな困難をともなっていた。以降では、日本とグアムの双方の「受け入れの文脈」――労働市場、エスニック・コミュニティ、移民に関する政策――に着目し、三名がグアムに残る／戻ることになった要因を分析する。

一　労働市場

まず、三名に共通していたのは「労働者」として日本に参入していたことである。そこでかれらが経験したのは、学歴主義が根強く残る日本の労働市場からの排除である。中卒学歴のジョウさんは、鳶職の日雇い労働やキャバクラのボーイなどを転々とする生活を送り、挙げ句の果てに野宿者になるという経験をした。また、カズさんは、アメリカの大卒資格を有していたが、日本の独特な「就活文化」についていくことができず、職を得ることなく日本を去った。ツヨシさんは、そうした日本の労働市場の文脈を読み取り、中卒学歴の自分に長期的展望がもてる職を得られる可能性はないと判断し、グアムに残った。

かれらは幼少期からトランスナショナルな生活を送っており、日本語と英語を流暢に話すことができる。また、グアムと日本の両方の文化を使い分けることもできる。かれらがもつバイリンガル・バイカルチュラルな能力は、日本の経済界が要請する「グローバル人材」と重なる部分が多い。しかし、三名ともに、そうした能力が活かされる労働市場に接続されることはなかった。

依然ドメスティックな学歴が確固たる威信を保っている日本では、海外在住者は日本で名の知れた大学を出ていない限り、学歴に見合った仕事に就くことが難しい（Befu 2001）。そもそも、新卒一括採用が主流となっている日本では、大学卒業後に就職活動を始める海外の大学出身者は不利な立場に置かれている（Befu 2001）。こうした日本の労働市場の閉鎖性が、カズさんの日本への帰還移住を阻む要因となっていた。無論、非大卒者となると、それ以上に職を見つけることが難しくなる。就職先を見つけたとしても、ジョウさんのように劣悪な労働世界を経験することもある。

一方で、かれらがグアムの労働市場に「引っ張られている」ことも、グアムに戻った／残った要因だといえる。三名ともグアムでは仕事を見つけることができ、それなりに生計を立てることができていた。

繰り返すが、グアムは日本人向けの観光産業が発達しており、日本人労働者の需要は高い。また、労働市場における競争相手の社会経済的地位の低さから（フィリピン系移民やミクロネシア連邦など島嶼部からの移民など）、日本語と英語のいずれも話せる日本人であればグアムでそれなりの職業に就くことができる。ただし、現地の日本人社会の中でみると、かれらは安価で使い勝手のよい「現地採用日本人」として観光関連の日系企業に雇用される。したがって、新二世も親世代と同じように、国境を超える日本の雇用・労働システム（藤岡 2017）の中で、駐在員との乗り越えがたい格差や不平等を経験することになる。

このように、三名は二つの労働市場の間に挟まれ、日本の労働市場から排除されると同時にグアムの労働市場に引っ張られ、グアムに残る／戻ることになったのである。

二　エスニック・コミュニティ

エスニック・コミュニティの有無も、日本への帰還移住に影響を与えていた。三名には、日本に同じ国や地域の出身者で構成されるエスニック・コミュニティのような「国境を超えるネットワーク」がなく、日本にいる親族ともそこまで強いつながりをもっていなかった。そのため、日本では、数少ない友人や何十年も会っていない親族を頼りに生活しなければならなかった。かれらはこうした断片的なネットワークを当てにしながら、ほぼ単独で帰還移住を試みていたのである。

こうした「個人化された帰還移住」を展開するかれらは、日本で直面する諸々の困難を個人の力で対処しなければならない状況に置かれていた。例えば、カズさんは人間関係の質と量が極めて重要な就職活動において基本的な情報すら得ることができず、ひとつの内定も獲得することができなかった。ツヨシさんも、個人的な「ツテ」やインターネットの情報のみで就職活動を行なった結果、日本に定住できるような安定した職を見つけることはできなかった。一方で、ジョウさんは個人的なつながりを駆使して日本に定住することができたが、そのようなチャンスが極めて偶発的なものであることは論じるまでもない。

結局、かれらはグアムの日本人コミュニティ（家族を含む）に包摂されていくことになる。そして、グアムにある豊富なコネクションを通じて日系企業の現地採用者として就職し、グアムで生計を立てていく。ただし、日本への帰還移住を望むかれらにとって、グアムにおける日本人コミュニティに包摂されるということは、グアムに封じ込められていく過程でもあることを忘れてはならない。

三　移民に関する政策

日本とグアム（アメリカ）の移民に関する政策も、かれらを日本からグアムへと水路づける要因となっていた。まず注目したいのが、三名のグアムでの法的な立場である。かれらは全員が日本で出生しており、日本国籍を保持している。一方で、全員が永住権を所有しており、市民権はもっていないが永住権を保持する「デニズン」（Hammar 1990）としてグアムに居住している。かれらは「帰化せずホスト社会から見れば外国市民でありながら、居住に関しての権利は市民と変わらない人々」（水上 1995: 138）であり、就業の法的な権利などは付与されている。この「日本生まれの永住権保持者」という立場は、三名の日本への帰還移住をめぐる経験に大きな影響を与えていた。

三名ともに、永住権を保持しながら日本への帰還移住を試みていた。それは、日本に定住できなかった場合、グアムに戻って就労しなければならないため、永住権を保持しておく必要があったからである。日本で定住できる見通しが立ちにくいかれらは、永住権を帰還移住する際の「保険」として位置づけていた。しかし、この保険としての永住権は、かれらの日本への帰還を難しくする「足枷」にもなっていた。なぜなら、永住権は一年のうちの一定期間を米国圏内で過ごさなければ剥奪されるため、日本に長期間滞在することができないからである。そのため、かれらは日本への帰還移住を模索する際、常に永住権を破棄するかどうかの選択を迫られていた。全員が、永住権の制約が決め手となりグアムに残る／戻ることを決意していた。

アメリカ国籍を取得して移動の自由を手に入れるという方法も考えられるだろう。しかし、重国籍者を認めていない現行の日本の法制度では、他国籍を取得した時点で日本国籍を喪失することになる。そうなると、日本に「外国人」として帰還しなければならず、さらに日本に定住できる見通しが立ちにくくなってしまう。また、国籍をめぐる選択は、かれらの帰属意識にも関わることであり、容易に帰化を決断することはできない。こうした背景により、ツヨシさんやカズさんは帰化することを保留していた。

第四節　グローバル・ノンエリートの帰還移住

ここまで、グアムに残った／戻った新二世三名の帰還移住をめぐる経験をみてきた。かれらは、グアムで就労した後やハワイの大学を卒業した後、自分のルーツであり憧れの場所でもある日本で生活するために、就労ルートを通って帰還移住を試みた。しかし、労働者として日本での就職を目指した新二世は、日本側の「受け入れの文脈」――労働市場、エスニック・コミュニティ、移民に関する政策――から排除されると同時に、グアム側のそれに包摂される（引っ張られる）ことで、グアムに残る／戻ることになっていた。最後に本章の知見を踏まえ、就労ルートを通って帰還移住する新二世の特徴を、進学ルートを通る新二世と比較しながら考察する。

第一に、労働者の立場で帰還移住を試みた新二世は、日本とグアムの双方の構造的制約を受けることで日本での定住が難しくなっていた。一方で、前章でみたように教育を通じて帰還移住する新二世は、「グローバル人材予備軍」として比較的スムーズに日本に受け入れられていた。このことは、大学を経由して「グローバル・エリート」へと水路づけられる新二世と、「グローバル・ノンエリート」としてグアムと日本をさまよいながら生きる新二世がいることを示している。帰還移住する際の立場や経路の違いが、同じ新二世に異なる経験をもたらすのである。

第二に、日本に帰還できなかった新二世は、観光関連の日系企業に雇用され、階層化されたグアムの日本人社会に埋め込まれることとなっていた。このことは、グアムに残った／戻った新二世が親世代と同じ労働市場に水路づけられ、安価で便利な労働力である「現地採用日本人」となっていくことを意味している。新二世もまた、国際化する日本の雇用・労働システムに巻き込まれ、駐在員との乗り越え難い格差を経験するのである。

第三に、これまでみてきたように、新二世の日本への帰還移住は、自身の帰属意識の獲得と密接に関係している。しかし、本章の事例からは、新二世の間に存在論的自己の安定をめぐって希望を持てる者と持てない者が存在していることが明らかになった。本事例をみる限り、前者になりやすいのは進学ルートを通って「帰国生」の立場で帰還する新二世であり、後者に陥りやすいのは就労ルートを通って「労働者」の立場で帰還する新二世である。

以上、就労ルートを通る新二世の特徴を考察した。最後に、かれらが決して構造的制約の前に無力ではないことにも言及しておきたい。本事例の三名に共通していたのは、グアムに残った／戻った後、何度も日本に行くチャンスをうかがっていたことであった。実際に、ジョウさんは再び日本への帰還移住を試み、日本での定住に成功している。さらに、帰還移住の経験は自らのアイデンティティや帰属意識を再創造する契機にもなっていた。ツヨシさんが日本への愛着と望郷の念をタトゥーとして表現するようになったことや、カズさんやジョウさんがグアム育ちであることを肯定的に意味づけ直すようになったことは、その象徴的な出来事である。これらは、かれらが構造的制約に縛られつつも、時間の経過や地理的移動の中で新たな帰属の感覚や移動の実践を生み出していく存在であることを示している。こうした新二世の主体性については、第八章で改めて議論したい。

第六章　日本から距離を置く
――多様な位置取りとその変容

第一節　はじめに

筆者：日本の大学に行きたいとか日本で働きたいとかはありましたか？

タクトさん：ないです。僕はローカル、ちょっとリラックス気分なんですけど、日本から滞在しながら働くツアーガイドなんか色々いるんですけど、すごく働き屋です。（中略）日本から来る人、すごく働き屋ですごく頑張り屋なんですけど、ちょっと頑張り過ぎっていう面もあるかなと思って、グアムスタイルでは遅いかなと。

筆者：それは自分のご両親を見てても思いますか？

タクトさん：思います。お父さん見ててすごく思います。もう、仕事がほぼですね、家にほとんどいないんで。

［タクトさん（S17）／インタビュー／二〇一三年八月三〇日］

第四章と第五章では、新二世がトランスナショナルな育ちの過程でグアムと日本を比較し、一方ではグアム社会やローカルの人々に対する否定的な感情を生み出し、他方では日本社会や日本人であることに肯定的なイメージを付与する様子を取り上げた。また、そうした感情やイメージを通じて「グアムを出て日本に帰る」という進路を選択し、「帰国生」や「労働者」として日本に帰還移住する過程を描き出した。

一方で、私はタクトさんのように日本に帰還移住する願望がない新二世たちとも出会ってきた。かれらも幼少期よりグアムと日本の両方の社会や文化に触れながら育ってきたが、日本とのつながりは薄く、グアム、アメリカ本土、ハワイなどで生活することを望む傾向があった。このことは、同じような社会経済的背景や生育歴をもつ新二世であっても、日本に深くコミットする者とそうでない者がいることを示している。

タクトさんと兄のカズさん（第五章二節三参照）の間にみられる日本に対するスタンスの違いは、それを象徴する事例である。タクトさんはグアムの高校を卒業後、カズさんと同じくハワイに進学した。その後、自分にとって居心地の良いグアムに戻り、フリーの観光ガイドとしてマイペースに仕事をしている。前章でみたように、兄のカズさんは日本人意識が強く、日本で生活することを強く望んでいた。しかし、弟のタクトさんにそのような考えは全く無い。上の語りにあるように、彼は親や職場の同僚など「日本から来た日本人」の勤勉な態度を例に出しながら自分がいかに日本人らしくないかを強調し、日本に帰還することにも関心がないことを主張する。タクトさんとカズさんは、同じ両親のもと日本語・日本文化を重視する家庭で育ち[1]、同じように日本に里帰りし、同じ現地の私立学校に通い、同じように補習校で学んできた。それにもかかわらず、きょうだいの間で日本に対するスタンスは大きく異なるのである。

本章では、「ディアスポラ性」（Tsuda 2018）の概念をヒントに、こうした違いを「日本との距離の取り方の違い」として捉えたい。序章でも述べたように、ディアスポラ性は、あるエスニック集団に属する人々が、祖国とのつながりにどの程度埋め込まれているのか、また祖国にどの程度親和的であるのかを捉えるための概念である。Tsuda（2018）は、離散したエスニック集団は多かれ少なかれ祖国と物理的にも心理的にもつながりをもっており、それゆえにかれらのディアスポラ性の相対的な強さ／弱さ（「なぜ、ある人が他の人よりもディアスポラ的なのか」）を明らかにする必要があると述べる。そうすることで、移民の祖国との多様な距離の取り方について理解を深めることができるという。

この議論は、新二世の間に存在する多様な日本との距離の取り方を解明するヒントを提供してくれる。次節以降で示すように、本章で取り上げる新二世は、完全に日本から切り離された生活を送っているわけでもなく、日本に対して親和的な感情がないわけでもない。しかし、日本への帰還移住を切望する新二世と比べると、日本とのつながりは弱く、日本に対する親和的な感情もそれほど強くない。

以上を踏まえ、本章では、日本から距離を置く七名の新二世を取り上げ、かれらの日本との距離の取り方をその背景要因に着目しながら分析する。[2] これを通じて、新二世の間にみられる日本をめぐる位置取りの多様性について考察することが目的である。

［1］タクトさんとカズさんの母はノリカさん（P31）、父はノブさん（P30）。
［2］本章の対象者七名は次のとおりである：アスカさん（S13）、カツキさん（S14）、ナツさん（S15）、ミクさん（S16）、タクトさん（S17）、ヒカリさん（S18）、リュウさん（S19）。

本章の構成は次のとおりである。まず次節（二節）では、本章の対象者がなぜ、どのように日本から距離を置くのかを明らかにする。続く三節では、かれらの日本との距離の取り方の変化を、時間の経過と地理的移動に着目しながら分析する。最後に四節では、本章で得られた知見を踏まえ、新二世の日本をめぐる位置取りの多様性を、トランスナショナルな生活経験との関係性に焦点を当てて考察する。

第二節　なぜ、どのように日本から距離を置くのか

本章の対象者は日本から距離を置く理由を様々に表現していたが、それらは大きく「ローカル社会との深いつながり」、「日本語力と日本文化の知識量」、「日本社会の文化的閉鎖性」の三つに整理することができる。以下、それぞれについて詳細を記述する。

一　ローカル社会との深いつながり

日本から距離を置く新二世の多くは、ローカル社会に深く埋め込まれている様子がうかがえた。とりわけ、日本人以外の友人とのつながりに居心地の良さを感じており、そのことが自身のグアムでの生活をポジティブに評価する要因となっていた。

例えば、ミクさんはグアムでの交友関係について、チャモロ人の友人が多いことを話している。また、ローカル社会に馴染んでいる「ハーフ」の日本人とは付き合いがあるが、それ以外の日本人との付き合いは薄いという。

（グアムの友人は）今はほとんどローカル。でも補習校の同級生とはまだ友だち、そんなに仲良くはないけど。たまにお外で会う時は、ちゃんとあいさつとかはします。日本人の一番すごく仲いい友だちはハーフ。お母さんが日本人で、お父さんがアメリカ人。

［ミクさん（S16）／インタビュー／二〇一四年二月一九日］

また、タクトさんは、多様なエスニシティをもつ人々と交友関係があると述べている。特に、学生時代から、同じアジア系である韓国人の友人が多いという。

（グアムの友人は）韓国人が一番多いです。日本人は結構少ないというか、ほぼ韓国人かも。それ以外はフィリピーナやチャモロや、日本人ももちろんなんですけど、韓国人が圧倒的に多いですね、僕の友だちのなかでは。

［タクトさん（S17）／インタビュー／二〇一三年八月三〇日］

こうしたグアムへの愛着やローカル社会の居心地の良さは、「日本に住む日本人」と出会うことで強化される場合もある。例えば、日本に帰還した親戚やきょうだいをもつヒカリさんは、自分だけが日本への進学や就職を選ばずグアムに残った理由を、次のように説明する。

ヒカリさん：日本に行っても、多分住めないと思いますね。私、（日本の）実家が都会なんで、結構グアムにいるとマイペースなのもあるから。時間通りにそういう生活をするのとか。

筆者：日本には帰ったことあるんですか？

ヒカリさん：遊びに行ったりとかします。その時も（高校卒業時）やっぱりグアムにはみんな友だちがいたし、離れたくなかった。

筆者：今後はもう住む予定とかもないんですよね？

ヒカリさん：日本ですか？　特にないですね。

［ヒカリさん（S18）／インタビュー／二〇一四年二月二六日］

ヒカリさんは、インタビューにおいて自身の強いローカル志向を語っていた。彼女は自身のことを「私はやっぱりグアム人、スーパーローカル」と表現したり、チャモロと日本の「半分半分」であると主張したりしていた（彼女の両親は、ともに日本で生まれ育ち、日本国籍をもつ日本人である）。また、高校卒業後に米軍への入隊を試みたエピソードを話していたことも印象的であった。さらに、彼女はインタビューにおいて、自身がもつ「ローカルらしさ」を説明しながら、自分がいかにグアムのローカル社会に深く関与しているかを強調することがあった。以下は、食の嗜好とともに自身の「ローカルらしさ」を語る場面である。

日本の文化もちょっと知りつつ、こっちのグアム、チャモロ文化とかも、色んなのが混ざってる。ただ、やっぱりグアムに住んでるんで、ローカル意識はあります（中略）だって私食生活もフィナデニソースって、しょうゆにタマネギとか入ってて、レモンとかお酢入れて、唐辛子とか入ってる日本でいうポン酢みたいなのがあるんですけど、なんかバーベキューとかあると、必ずそれがないとだめ。もしくはレッドライス。[3]ご飯に絶対それをかけて食べるんですよ。ローカルフードで。

［ヒカリさん（Ｓ18）／インタビュー／二〇一四年二月二六日］

このように、ヒカリさんは、グアムでのポジティブな経験と日本とのネガティブな接触を通じて、日本から距離を置きグアムに親和的になっていた。こうした態度は、グアムからの脱出を望み、日本への帰還移住を試みる新二世にみられることはなかった。

ただし、ローカル社会との深いつながりに埋め込まれ、グアムに居心地の良さを感じていても、将来的にはアメリカ本土やハワイで生活したいと考えている者もいる。例えば、ミクさんはグアムに住みつづけることについて、次のような悩みをもっているという。

今は友だちほとんどグアムに住んでるので、別にグアムにずっと住んでても構わないというのか、そこが難しい。On dream job, like a stylist, something in fashion but, それはグアムではできない。そういうマーケットがない。

［ミクさん（Ｓ16）／インタビュー／二〇一四年二月一九日］

［3］レッドライスとは、ベニノキの実と一緒に炊いた赤く染まった米のことで、伝統的なチャモロ料理のひとつ。

彼女が話すように、たとえグアムに親和的であっても、グアムにおける限定的な労働市場やビジネスチャンスの少なさを背景にアメリカ本土やハワイを目指す新二世は多い。ちなみに、先に紹介したタクトさんは、私とのインタビューの後、実際にビジネスチャンスを狙ってハワイに移住している。

二　日本語力と日本文化の知識量

また、自身の日本からの距離の遠さを、日本語力の低さや日本文化の知識の少なさと関連づけながら説明する者もいる。タクトさんは、自身のアイデンティティの「濃淡」を次のように説明している。

> 自分的にはアメリカ人だと思ってます。外国人ですね、日本人にしたら。日本の文化とか歴史とかよく知らないので、アメリカの歴史の方が知っているんで。あと英語の方が上手じゃないですか。だから、そう比べちゃうと英語とアメリカの方が近いかな。けど、僕日本人だとも思ってますんで、ちょっと変わった日本人かなと。日本に帰っても僕みたいな日本人はいないかもしれないというか。
> ［タクトさん（S17）／インタビュー／二〇一三年八月三〇日］

彼は自分が二つのアイデンティティ（日本人でもありアメリカ人でもある）をもっていることを主張している。しかし、日本語力と日本文化の知識量が英語力やアメリカ文化の知識量よりも欠けていることを理由に、どちらかというとアメリカ人寄りであると述べている。興味深いのが、彼が日本で生まれ育った日本人とアメリカナイズされた環境で育った自分を比較しながら、自身のディアスポラ性の弱さを説明していることである（「外国人ですね、日本人にしたら」「ちょっと変わった日本人かなと。日本に帰っても僕みたいな日本人はいないかもしれないというか」）。これには、彼が日本への渡航や職場を通じて頻繁に日本で生まれ育った日本人と接触していることが影響している。また、タクトさんは日本で生まれ育った日本人だけでなく、日本語や日本文化をあまり知らない「日系人」を参照することで、アメリカ人寄りの日本人という自己認識を強化していた。次の語りは、進学のためハワイで生活していたときに出会った日系人と自分との共通点を話す場面である。

ハワイに行っても日本人結構いるんですけど、日本語しゃべれない日本人が多いんです。だから、見た目は一〇〇％日本人なんですけど、本当アメリカン・ジャパニーズ。（中略）ハワイでは普通に感じてました。僕の人種っていうか、アメリカン・ジャパニーズとして。他にもいっぱいいたんで、一人だけじゃないって感じで、普通でしたね、ハワイで。

［タクトさん（Ｓ17）／インタビュー／二〇一三年八月三〇日］

彼は、「見た目は一〇〇％日本人」にもかかわらず日本語が話せない「アメリカン・ジャパニーズ」とハワイで出会ったことで、日本にあまり関与しない自身のスタンスや、アメリカ人寄りの日本人という立ち位置を肯定的に捉えることができたという[4]。このように、タクトさんは複数の場所への移動経験と、そこでの多様な日本人との接触経験を通じて、日本から距離を置くようになっていたのである。

次のミクさんは、タクトさんよりも強く自分と日本との距離の遠さを主張している。彼女は、補習校を小学校でやめてしまったことが原因で日本語の読み書きができなくなり、さらに日本語での会話も苦手になってしまったことを、若干の後悔とともに語っている。

筆者：日本人補習校は行ってた？
ミクさん：行ってて、６年生でやめた。勉強とダンスと補習校行ってたから no free time だった。（補習校は）友だちが行ってたから楽しかったけど勉強はおもしろくない、日記とか文章書くのが嫌だった。（中略）I only went to the 日本人学校６年生まで。Now that I'm older, I wish I finish. I wish I study more and pay attention more when I was going to Japanese school.

［ミクさん（S16）／インタビュー／二〇一四年二月一九日］

また、補習校をやめたことで、日本人との交流が少なくなったことも話している。そのため、中学生以降の友人の多くはローカルの同級生であり、日本人の友人と遊ぶことはほとんどなかったという。前項で示したとおり、現在も生活の中心はグアムのローカル社会であり、日本人以外の友人と多くの時間を過ごしている。そんな彼女は、自分に「日本人の血」が入っていることを誇りに思うと話す一方で、日本で生まれ育った日本人やグアムに住む他の日本人よりも日本語が話せないことを理由に、自身のことを「Japanese American かな、もっと American のほうが強い」と認識している。実際に、彼女はアメリカ国籍の保持を宣言しており、日本のパスポートは更新していないという。また、結婚相手についても、日本人との結婚は一度も想像したことがなく、ローカルの男性（特にチャモロ人）との結婚が自然だと考えている。

もっとも、タクトさんやミクさんが自らのアメリカ人性を強調することと、かれらがグアム生まれであり、幼少期より現地校やグアム社会においてアメリカ国籍をもつアメリカ市民として扱われてきたことは、無関係ではないだろう。[5]

---

［4］兄のカズさんもタクトさんと同じように学生時代にハワイに住んでいたが、彼はそこで「俺と同じような境遇のやつがいないじゃない」と感じていたと話している。このことは、きょうだいであっても、日系人や日本人との出会い方が異なることを示している。

［5］本人たちが、自身のアメリカ人性の強さや日本人性の弱さをアメリカ国籍の有無と関連づけて話すことはなかった。しかし、興味深いことに、アメリカ国籍をもたない日本生まれの新二世からは国籍とアイデンティティの関係性を強調する様子がみられた。例えば、タクトさんの兄のカズさんは、日本生まれでアメリカ国籍をもたない自分とグアム生まれでアメリカ国籍をもつ弟の間にある「日本人であること」の認識の違いについて、以下のように説明している。

カズさん：弟（タクトさん）はやっぱりアメリカ生まれだからかなっていうのがあるんだよね、国籍。アメリカ生まれの意識があって、現地の友達とかも多いし、日本人の友達も多いんだけど。（中略）生まれがどっちかによって、結構そこ左右されるんじゃないかなって思うんだよね、アイデンティティみたいのが。

ジョウさん：わかる。わかる、だよね。

カズさん：だから、弟はこっち（グアム）生まれ、両国籍（米日）だけど俺ほど「俺日本人だぜ」みたいな意識はないと思う。

［カズさん（S20）、ジョウさん（S21）／インタビュー／二〇一三年九月三日］

三　日本社会の文化的閉鎖性

さらに、日本社会における文化的閉鎖性を理由に、日本から距離を置く新二世もいる。例えば、ナツさんは、ジェンダー規範のしがらみや国際的な若者の少なさを引き合いに出しながら、日本と距離を取ろうとする。彼女は、幼少期より積極的に日本語や日本文化を勉強し、補習校も優秀な成績で卒業した。しかし、現地の高校で日本人以外の友人と仲良くなるにつれて、日本に対する関心は徐々に冷却された。そして、進学や就職を通じてグアムやアメリカの文化に馴染んでいく中で、次第に日本のネガティブな側面が目に付くようになった。特に、女性が男性に尽くすことを善とする文化や、英語が話せない内向きの若者が多いことに疑問を抱くようになったという。彼女は、自らの結婚観を話す中で、次のように日本人に対する違和感を説明している。

こっちはなんでもやっぱレディ・ファーストです。それで日本嫌だなって思うんですよ。だから自分も日本人の人と結婚できないと思うんですよね。まず日本人の女の子になれないから（笑）。尽くせないですよ。

［ナツさん（S15）／インタビュー／二〇一四年二月二二日］

やっぱり、英語が喋れない人とは（結婚は）無理かな。日本語が喋れても、英語を喋ってもらわないと。基本、英語が大事かなと思って。日本人の人だったら、日本語オンリーだったら、付き合っていけないと思うんですよ。私たぶん、日本人の人が喋るカタコトの英語が嫌いなんですよ、申し訳ないですけど（笑）。

［ナツさん（S15）／インタビュー／二〇一四年二月二二日］

このような考え方をもつナツさんは、自身について「外見が日本人、プラス中身は外国人みたいな人だと思っていただければベスト」と述べており、日本で生まれ育った日本人との差異を強調する。また、彼女は将来的にグアムとは異なる場所で生活したいと考えているが、移住先の候補に日本は入っていないという。

一方で、カツキさんのように日本社会における「日本人」の範疇の狭さを理由に、日本から距離を置く者もいる。彼は自身の帰属意識について「自分はやっぱり日本人だって、それだけはやめられない」と述べており、日本語の修得には人一倍精力を注いできたのだという。しかし、実際に日本社会や日本に住む日本人との関わりをもつことについては、あまり興味がないと話す。また、私が日本に住みたいかどうかを尋ねた際も、「あ、無理ですね、それは」と全く関心がない様子がうかがえた。

彼は、こうしたスタンスを取る理由に、自身が日本で日本人として扱ってもらえなかった経験をあげている。例えば、日本に里帰りした際に、親族から無条件に「アメリカ人」として扱われ、ショックを受けたエピソードを話している。

カツキさん：面白いことがあったのが、田舎に行ったんですけど、おばあちゃんに会いに。一カ月ぐらい日本に帰ったんですけど、英語が分かるって言ったら「さすがアメリカ人」って言われたんですよ。違うからって（笑）。俺、日本人だし純血だし。確かにアメリカに住んでてグアムに住んでるから、日本人から見たらやっぱ違うんでしょうね。やっぱり日本に住んだ人が日本人。違う人は日系人または何々人っていうように見ちゃうんでしょうね。

筆者：それが親族であっても……

カツキさん：そう。親族であっても。

［カツキさん（S14）／インタビュー／二〇一四年二月一九日］

このように、彼は日本に渡航するたびに「外国人」としてカテゴライズされ、自らの日本人意識を維持しにくくなる状況に直面してきた。カツキさんは、このような経験を通じて、むしろグアムなど日本以外の場所で生活するほうが日本人らしくいられると考え、リアルな日本と距離を置くようになったという。

こうした経験は、先に紹介したナツさんからも聞くことができた。彼女の場合、グアムの観光地で日本人観光客から異質な他者としてカテゴライズされた経験を語っている。

グアムに来る（日本人観光客の）お客さんから、必ず「あ、日本の方なんですか？」って言われるんですよ。「日本の方」の意味が分からなくて、「いや、日本からは来てないんで」みたいな。「え、じゃ、派遣なんですか？」って、「派遣でもないし」みたいな。で、こっちの二世って言うと、「え？」って。

そこから二世もよく分かって頂けなくて、日本人の人には。面倒くさくて。で、ハーフになっています。二世って言うと、どっちかが日本人ではないって思ってるんですよね。私の場合、両方とも日本人なんで、「え、じゃあ、それでも二世なの？」みたいな。（中略）忘れるのが一番楽なんです。

［ナツさん（S15）／インタビュー／二〇一四年二月二一日］

彼女は、海外育ちの日本人の存在を理解できない日本人と出会うたびに、自分の存在を偽らなければならない面倒くささを話している。「忘れるのが一番楽なんです」という言葉からは、日本から来た日本人の偏狭な日本人像に対抗することの辛さや苦しさを読み取ることができる。

ナツさんとカツキさんの事例が示唆しているのは、たとえ日本語や日本文化に精通していたとしても、あるいは強い日本人意識を保持していたとしても、日本社会における文化的閉鎖性を理由に日本と距離を置くことがあるということである。

以上、新二世の日本との距離の取り方とその背景要因を記述した。かれらは、日本との日常的・非日常的な接触を通じて、日本社会に対してネガティブなイメージをもつようになったり、日本で生まれ育った日本人と日本に住んだことのない自分との差異に気づいたりしていた。それと同時に、グアム（場合によってはアメリカ本土やハワイ）に対するポジティブなイメージを構築し、グアムのローカルな社会関係に深くコミットするようになっていた。

第三節　日本との距離の取り方の変容

ただし、かれらの日本からの距離の取り方は固定的ではなく、時間の経過や地理的な移動の中で変容することもある。本節では、憧れだった日本から距離を置くようになったアスカさんと、遠ざかっていた日本との距離を縮めるようになったリュウさんの事例を紹介し、新二世の日本との距離の取り方の変容過程を明らかにする。

一　憧れだった日本から距離を置く

まず、日本の高校と大学に進学したことで日本から距離を置くようになったアスカさんの事例をみていく。彼女は、グアムの中学校を卒業した後、日本の高校に進学した。中学卒業後に進学ルートを通って帰還移住した理由として、日本の学校生活を早く経験してみたかったことと、一刻も早く狭くて不便なグアムから出たかったことをあげている。アスカさんは、進路選択時の心境を次のように振り返る。

> まあ一四、五歳だったので。日本っていろいろあるじゃないですか、食べ物もおいしいし、すごく便利で……。グアムって不便じゃないですか、車ないとどこにも行けないみたいな。だから日本は結構自由な感じで、楽しめるかなってイメージがありましたね。
>
> ［アスカさん（S13）／インタビュー／二〇一四年二月二一日］

しかし、日本に進学した後、部活動における上下関係に対する違和感、「とにかく良い大学に入って、良い企業に就職する」というレールに乗らなければならないことへの不満、またそのレールに乗ろうとする主体性のない同級生への疑問などが噴出した。そして、自由を求めて移住したはずの日本が実際は自由を縛る場所であったことに気づき、多大なストレスを抱えることとなった。

大学の名前で楽々進みたくないし、何してるんだろう、みたいな感じが多くて、やりたいことあるのにできなかったのが一番つらかったかなと思います。

［アスカさん（S13）／インタビュー／二〇一四年二月二一日］

彼女は高校卒業後に日本の有名大学に進学したが、すぐに休学してグアムに戻った。休学期間中は、グアムの家族や友人とストレスのない生活を送ることができ、さらに自分のやりたいことを見つけることもできた。永住権を取得できたこともあり、彼女はそのまま日本の大学を退学し、グアムでより良い生き方を追求しながらマイペースに生活することに決めた。現在は、日本の友人とほとんど連絡をとることがなく、この先も日本に住む予定はないという。そんな彼女は、自身の特長を柔軟な考え方をもつ「アイランド系」であると表現し、日本に住む日本人との差異を強調する。

生まれたのは日本で日本人だけど、やっぱり考え方は日本離れしてるかなと思いますね。グアムっていろんな人いるじゃないですか。だから、なんかアイランド系な。

このように、アスカさんは日本への帰還経験を通じて日本とグアムのイメージをそれぞれ再構築し、かつて憧れていた日本から距離を置くようになっていた。

［アスカさん（S13）／インタビュー／二〇一四年二月二一日］

二　遠ざかっていた日本との距離を縮める

一方で、もともと日本から距離を置いていたにもかかわらず、グアムやアメリカ本土で生活することで、日本に対する親和性や帰還移住に対する願望を強めるようになったリュウさんのようなケースもある。学生時代の彼は、日本に対する関心は非常に薄く、日本に住んでみたいと思ったことは一度もなかったという。進学先も、当時のローカルの友人と同じようにアメリカ本土の大学に決めた。将来的には、そのままアメリカ本土で就職先を見つけ、定住していくものだと思い込んでいた。しかし、大学卒業後、アメリカ本土の厳しい就職状況を目の当たりにした。結局、アメリカ本土で仕事を見つけることができず、グアムに戻ってきた。

筆者：日本に行こうとはしなかったんですか？

リュウさん：その当時はなかったね。行っときゃ良かったけど。日本の方が楽しかったよね。その時は周りが全員アメリカって言っていたから。あと、日本はちょっと、日本にこれから住むことはないかなと思ったから。まさか、こっち（グアム）に戻って来るとは思ってなかった。
筆者：大学の時に戻るって決めたんですよね？
リュウさん：うん。とりあえず卒業だけして帰ってこようと。
筆者：なんで戻ろうと思ったんですか？
リュウさん：仕事がなかったから。メインランド（アメリカ本土）やっぱ厳しい、厳しい。
［リュウさん（S19）／インタビュー／二〇一三年八月二九日］

リュウさんにとってグアムに戻ることとは全く予想していなかったことであった。アメリカ本土で職が見つからなかったことの悔しさや不甲斐なさを抱えたまま、彼はグアムの観光地で働くことになった。しかし、グアム社会に深く関与していく中で、ローカルの人々と日本人との間に生じる格差や不平等を経験し（第三章二節二参照）、次第にグアム社会に対して不満や怒りを覚えるようになったという。

リュウさん：ローカルは、なんか変にプライドをもっているの。俺らの島だ、みたいな。小さいお山の大将やっている。でもね、今もう日本人観光客に支えられているし、日本人の存在は大事。日本人いなかったらもう（グアムは）潰れる（中略）やっぱ、働かないからね、こっちの人は。だからもう、日本人が倍働かないと仕事がついていかない。
筆者：ローカルというのは？
リュウさん：チャモロ系、フィリピン系、であと島の人。周りの島の人、ミクロネシア。

筆者：そういう人たちとは違う？
リュウさん：あいつらとは違うね、一緒にされちゃちょっと。
［リュウさん（S19）／インタビュー／二〇一三年八月二九日］

このような現状に対抗するように、リュウさんは幼少期や学生時代にはもつことのなかった「日本人であること」に対する強いプライドをもつようになった。同時に、日本に帰還移住することに対して憧れを抱くようにもなった（前頁のスクリプトにあるように、彼は大学進学時に日本に「行っときゃ良かった」と後悔の念を語っている）。しかし、日本への移住に必要な資金やネットワークが足りず、日本で安定した職に就ける見込みがないため、グアムに留まりつづけている。

このように、時間の経過や地理的な移動の中で、日本から距離を置くようになったり、日本との距離を縮めるようになったりするケースがみられた。新二世は、ライフコースにおいて様々な現実に直面する中で、日本との距離の取り方を変化させているのである。

第四節　日本をめぐる位置取りの多様性

ここまで、日本から距離を置く新二世を事例に、かれらの日本との距離の取り方をその背景要因に着目しつつ明らかにした。本章で得られた知見は次の二点である。

第一に、なぜ、かれらが日本から距離を置くのかを分析した結果、「ローカル社会との深いつながり」、

「日本語力と日本文化の知識量」、「日本社会の文化的閉鎖性」という三つの要因が見出された。日本から距離を置く新二世は、学生時代から日本人（新二世の友人や日本から来た日本人など）との交友関係が少ない一方で、ローカルの友人とのつながりに居心地の良さを感じており、グアムのライフスタイルを肯定的に捉える傾向があった。また、自身の日本語力や日本文化の知識量をネガティブに評価する一方で、英語力やアメリカ及びグアム文化の知識量をポジティブに評価し、日本との距離の遠さを強調する様子がみられた。さらに、女性を抑圧するジェンダー規範のしがらみ、国際的な若者の少なさ、日本人がもつ偏狭な日本人像といった日本社会における文化的閉鎖性に疑問を感じ、日本から距離を置く新二世もいた。なお、これら三つの要因は、相互に関連しながら日本との距離の取り方に影響を与えていた。

第二に、新二世の中には、ライフコースにおける時間の経過や地理的な移動の中で、日本からの距離の取り方を変容させる者もいた。具体的には、日本での進学経験を通じて憧れていた日本から距離を置き、グアムのローカル社会に深く関与するようになるケースや、グアムでの就労経験を通じて遠ざかっていた日本との距離を縮め、日本への帰還を望むようになるケースがあった。

最後に、新二世の間にみられる日本との距離の取り方の多様性について、トランスナショナルな生活経験との関係に焦点を当てて考察する。

第一に、本章で取り上げた新二世は、日本との日常的・非日常的な接触を通じて日本社会に対してネガティブなイメージをもつようになったり、日本で生まれ育った日本人と日本に住んだことのない自分との差異に気づいたりしていた。それと同時に、グアム（場合によってはアメリカ本土やハワイ）に対するポジティブなイメージを構築し、グアムのローカル社会に深く関与するようになっていた。このことから、新二世のトランスナショナルな生活経験は日本への親和性を強めるだけでなく、弱める場合もあることがわかる。トランスナショナルな状況に身を置いているからこそ、日本から距離を置くようになるのだ。これは、第四章と第五章でみた日本に親和的な新二世を相対化する事例である。

第二に、このことは、日本に対する帰属意識の強さや帰還移住に対する願望の強さが、個々のトランスナショナルな生活経験に左右されることを意味している。第Ⅱ部の三つの章の比較を通じてわかるのは、それがグラデーションになっていたことである。すなわち、トランスナショナルな育ちの中で、どのような交友関係にどの程度埋め込まれてきたか（グアムの日本人社会寄りなのか、ローカル社会寄りなのか）、どの言語や文化にどの程度親和的なのか（日本語・日本文化寄りなのか、英語・アメリカ／グアム文化寄りなのか）、日本とどのように出会ってきたのか（ネガティブ寄りの経験か、ポジティブ寄りの経験か）が、新二世の間に日本をめぐる位置取りの多様性を生み出していたのである。同時に、個々の日本との距離の取り方が、時間的・空間的移動の中で変化することも無視してはならないだろう。つまり、新二世の日本との距離の取り方は静的なものではなく、トランスナショナルな移動を通じた出会いや、進学・就職など様々なライフイベントに影響を受けながら変容しつづけるのである。

第Ⅲ部

ホームづくりの実践

【写真】沖縄の夜にたたずむ「憩いの場」。「グアム育ちの日本人」のジョウさんは、グアムから東京を経てたどりついた沖縄で、小さなホームを築き上げた。（撮影者：ジョウさん）

BOX

第七章　日本でホームをつくり出す
——大学進学した新二世のその後

第一節　はじめに

第四章では、進学ルートを通って日本に帰還移住する新二世の進路選択過程を明らかにした。そこで取り上げた一〇名の高校生は、インタビューの後、全員が帰国生入試を利用して日本の大学に進学し、幼少期より抱いていた帰還移住の夢を叶えた（第四章三節二参照）。

第三章や第四章で確認したとおり、かれらはグアムで（生まれ）育っているため、日本で一度も／ほとんど生活したことがない。それゆえに、進学を機に初めて日本に移り住むことになる。さらに、家族の生活拠点はグアムにあるため、単身で日本に渡ることになる。こうした個人的な理由による単身での帰還は、「個人化された帰還移住」と呼ぶことができる（第四章、第五章参照）。このような移住を展開する新二世は、日本に生活基盤がない。かれらは帰還移住後、どのように日本に適応していくのだろうか。

本章では、日本に帰還した新二世の若者の適応過程を「ホーム」という観点から明らかにする。序章で確認したように、ホームとは「人々が帰属意識や愛着、安心感を抱く場所であり、トランスナショナルな文脈における居場所概念」（額賀 2014a: 7）である。ホームの構築は移民の子どもや若者がホスト国や出身国に適応する際に重要な役割を果たすことから（Levitt & Waters 2002）、新二世の帰還移住後の日本への適応過程を捉える際に有効な視点であるといえる。

本章では、グアムから日本に進学した大学生三名に対する追跡調査に基づき、日本で生活経験がないかれらが帰還した後どのようにホームを構築するのかを描き出す。その三名とは、コウマさん（S1）、シオンさん（S2）、ユキナリさん（S3）である。かれらと私は最初のインタビューから継続的に連絡を取り合っており、これまでグアムと日本で複数回聞き取りを行なってきた（序章第四節二参照）。したがって、高校生時（二〇一三年）から大学進学後（二〇一九年）までの六年間の動向を把握できており、帰還移住後の適応過程を詳細に追うことができる。

なお、本章では移民第二世代の帰還移住研究の知見を参考に、帰還先及び出身地におけるネットワークと帰還先の社会空間的文脈に着目して新二世の帰還移住後のホーム構築過程を比較分析する。先行研究では帰還移住後の適応を促す要因として、同郷出身者や似たような移動経験をもつ仲間とのつながりや（Tsuda 2003, Kılınç & King 2017, Lee 2018）、出身地に残る家族や友人との紐帯の有無があげられている（Wessendorf 2013, Christou & King 2015）。つまり、帰還先と出身地におけるトランスナショナルなネットワークが、ホームの構築に重要な役割を果たしているのである。これに加え、「帰還先の社会空間的文脈」（Kılınç & King 2017）も、祖国への適応に大きな影響を与えることが指摘されている。このことは、帰還した場所の特徴によって、移民第二世代のホームの構築過程が異なることを示している。

こうした議論を踏まえ、本章では日本とグアムにおけるネットワークがどのようにホームの構築過程に影響を与えるのか、また、進学した大学と居住する地域の背景がいかにホームの構築過程を方向づけるのかを比較分析し、日本の大学に進学した新二世の帰還移住後の経験を明らかにする。ちなみに、本章で取り上げる三名は、帰還先やネットワークの質・量に明確なバリエーションがみられ、さらに性別や家庭の社会経済的背景（親の職業・学歴）に共通点があることから、本章の目的を検討するのに適した対象であるといえる。

本章の構成は次のとおりである。まず次節（二節）では、日本の大学に進学した三名の帰還移住経験とホームの構築過程を時系列に沿って記述する。続く三節では、三名にみられるホームの構築過程の違いを生み出す要因を「日本とグアムのネットワーク」と「進学した大学と居住する地域」に焦点を当てて比較分析する。最後に四節では、本章で得られた知見を踏まえ、新二世の進学ルートを通った帰還移住とホームの構築過程の関係性を考察する。

第二節　帰還移住経験とホームの構築過程

一　日本の大学に進学するまでの経緯

まず、対象者らが帰還移住に至った経緯を振り返っておきたい。第四章でみたように、グアムの新二世が日本に帰還する動機は大きく二つに整理することができる。それらは「グアムを出て憧れの日本で生活したい」というライフスタイルの追求を目的とするものと、「日本に帰って日本人になりたい」

というルーツの確認や発見を目的とするものである。グアムの日本人青年たちは大学進学を機に日本への帰還を試み、これらの目的を達成しようとする。そして、現地校と在外教育施設で培ったバイリンガル・バイカルチュラルな能力を活かし、帰国生入試を利用して日本に進学する道を選ぶ。対象者らを含め、多くの新二世が日本での就職・定住を見据えて進学先を選択しており、実質的に帰国生入試が自身のルーツに帰還するためのルートとして機能していた。

新二世の「グアムを出て日本に帰る」という選択には、親の教育戦略が大きな影響を与えている。かれらは親の方針のもと、家庭生活、メディア、在外教育施設や習い事、日本への短期訪問などを通じて、グアムに居ながらも日常的・非日常的に日本と関与していた。このようなトランスナショナルな生活を送る中で、一度も／ほとんど住んだことのない日本に愛着や憧憬の念を抱くようになり、それが帰還移住の動機へと結びついていた。

その一方で、かれらは日本とグアムを比較することで、島の限定的な教育環境や労働市場、牧歌的で刺激のない雰囲気に対する否定的な感情を抱き、グアムから離れることを切望するようになっていた。さらに、学校生活の中で日本人意識を醸成していたことも帰還移住を促す要因であった。ユキナリさんのような公立学校出身者はチャモロ及びアメリカ・ナショナリズムや戦争の記憶に起因する日本人への否定的なまなざしへの対抗として、コウマさんやシオンさんのようなアジア系の多い私立学校の出身者はマジョリティの象徴として、日本に対する強い帰属意識をもつようになっていた。

こうした経緯をもつ新二世は、実際に日本の大学に進学した後、どのように自分の居場所（＝ホーム）を構築していくのだろうか。以下、コウマさん、シオンさん、ユキナリさんの帰還経験とホームの構築過程を時系列に沿ってみていこう。

二　コウマさんの場合――「日本で根を下ろさないといけないなって」

コウマさんはグアムの私立学校を卒業後、帰国生入試を利用して複数の国立・私立大学に合格した。両親や所属していたスポーツクラブの先輩などと相談した結果、首都圏に位置する最もランクの高い有名国立大学に入学を決めた。

移住当初、彼は日本で知り合いがほとんどおらず、孤立していた。大学などで出会う「リアルな日本人」は想像していたよりも閉鎖的で、うまく溶け込むことができなかった。「日本人として日本で生活する」ことを夢見てグアムから出てきたものの、理想と現実のギャップに直面し、途方に暮れた。しかし、この先日本で生きていくためにはコネクションが不可欠であると考え、半年ほどが経過した後、一念発起して交友関係づくりに専念するようになった。

コウマさん：大学の中でも僕、友だちは多いほうなんです。まず日本で根を下ろさないといけないという危機感が、僕の中で働いてるというのがあって。

筆者：それは何で？

コウマさん：日本で何かやりたいなら友だちが少なすぎる。となると、大学の友だちをつくるのは大事だなと。僕の大学なら、みんな何かしら良いところに就職するだろうし。という心境の変化はありましたね。

［コウマさん（S1）／インタビュー／二〇一八年四月二八日］

コウマさんは、同級生に積極的に話しかけたり、体育会の部活に入ったりし、仲間づくりに精力を注いだ。そして、大学の国際的な環境の中で自分の英語力や海外経験が認められたことや、部活で主力選手に抜擢されチームに上手く馴染むことができたこともあり、学内に居場所をつくることができた。また、学外にもネットワークを広げるために、大手外資系企業の長期インターンシップにも参加した。そこで偶然にも海外育ちの日本人や「ハーフ」の学生と出会い、同じような境遇の仲間と英語を使って仕事をするという刺激的な日々を送ることになった。

こうした大学内外における経験を通じて、コウマさんは徐々に「日本に根を下ろす」感覚をもつようになっていった。このように比較的スムーズに日本で居場所を見つけることができた要因として、彼は多様な情報やネットワークが集中する首都圏の大学に進学したことをあげている。

東京が断トツだと思うんですよ、やりたいことがあったら何でもできる環境が完璧にそろってる。（中略）たぶん地方の旧帝大とか行ってたら、アメリカでも田舎の大学行ってたら、さほどネットワークつなげられなかったんじゃないかと思ってて。本当に東京の大学に行ったのは成功だなと思いましたね。

［コウマさん（S1）／インタビュー／二〇一八年四月二八日］

最近では、日本での居場所を拡大するための「武器」として、バイリンガル・バイカルチュラルであることに加え、「グアム育ち」であることを戦略的にアピールするようになったという。大学やインターンシップにおいて国際的な資質をもつ若者たちと出会ったことがきっかけで、英語力や国際経験があることが当たり前の環境で存在感を示すために他の人にはない強みが必要だと考えるようになったからだ。

どうすれば自分はこの世界で勝負できるのかと思ったとき、やっぱりグアムを意識するのは強みじゃないかなと。(中略) 大学のネームバリューがあるのと、英語力という一般的に必要な実力がある上に、その専門知識 (島嶼部に関する知識) が加われば、まあまあ勝負できるかと思って。

［コウマさん（Ｓ１）／インタビュー／二〇一八年四月二八日］

現在は、大学で太平洋諸島の経済を集中的に学び、そこで得た知識を活かして外資系企業への就職を目指している。また、ＳＮＳでグアム育ちであることを積極的にアピールしたり、近隣の大学に進学したセイヤさん（Ｓ10）とブログを立ち上げ、太平洋諸島の歴史や文化、産業を発信する活動を行なったりしている。こうしてコウマさんは自身の生育歴を「売り」にしながら、日本のグローバル人材をめぐる競争を勝ち抜こうとしている。また、そのような中で、自然とグアムへの愛着が強まっていく様子がうかがえる。このように、コウマさんはグアムとのつながりを資源化しながら、「日本に根を下ろす」ことを実現している。

三　シオンさんの場合――「日本は第二の地元、でもメインはグアムって感じです」

シオンさんはグアムの私立高校を卒業後、首都圏の有名私立大学に進学した。進学先は、所属していたスポーツクラブの指導者の勧めや大学見学時の印象で決めた。

大学入学後、憧れだった体育会の部活に入り、典型的な日本の体育会系文化を経験した。伝統のある強豪校のため練習漬けの毎日だったが、「日本生まれ日本育ち」の仲間とともに「日本人っぽくなっていく」ことが新鮮だったという。しかし、理不尽な体育会系文化に疑問を抱かずにはいられなかったことや、競技力に限界を感じたことを理由に、一年で退部してしまった。日本での目標と居場所を失った彼は、グアムの家族や友人と相談し、休学してグアムに戻ることにした。

グアムに戻った後、友人の紹介で観光地の販売員として働いた。気の知れた家族や仲間に囲まれながら生活する中で、グアムへの愛着が強くなり、島で生まれ育ったことに誇りをもつようになった（シオンさんはそれを「愛島心」と表現する）。しかし、そのままグアムで生活していく気にはなれなかった。なぜなら、グアムで働く中で島の経済や労働市場の先の見えなさを実感したことや、家族や友人とともに刺激のないグアムに安住してしまうことへの不安を経験したからである。

何かしようってなるとグアムじゃなかなかできないし、お金とかも平凡な生活しかない。（中略）何かあったらグアムに帰って平凡な生活できるだろうという考えもあるので、保険みたいなのがあるんですよね。それに甘えちゃうのがすごい怖いんです。それも焦りの一部になるんです。だから（日本で）就活とか頑張らないとなって。

実は、シオンさんは日本に進学する前にも、グアムで平凡な日々を送ることを妥協や失敗であると語っており、日本とグアムを往還する経験を経てもなお、それは一貫している。

［シオンさん（S2）／インタビュー／二〇一八年六月九日］

シオンさん：グアムには戻りたくないですね。グアムで仕事するってことになったら、ちょっと嫌だな。なんか落ちたな、みたいな感じになるんです。

筆者：それ結構、周りも思ってるの？

シオンさん：どうなんでしょう？　やっぱアメリカの大学行くじゃないですか。それで卒業してもしなくても帰ってくる人が多いじゃないですか。なので、そういう、そんな感じになりたくない。（中略）やっぱりグアムがいいなぁーって、なって。それにならないようにしたいです。

［シオンさん（S2）／インタビュー／二〇一三年九月五日］

こうした経緯から、シオンさんは日本で就職することを目標に復学を決意した。日本に戻った後、入学前に通っていた日本の予備校で知り合った友人に誘われ、首都圏の大学に通う帰国生や「ハーフ」の学生が中心となって運営するサークルに所属するようになった。彼は、そこで同じような境遇をもつ若者と交流することで、「グアムで生まれ育った日本人」という生い立ちを肯定的に評価できるようになった。また、メンバーと情報交換する中で、自身の英語力や海外経験が日本の就職活動において大きな強みとなることを学んだ。

一方で、シオンさんは日本への再渡航後もグアムの家族や仲間と関係を維持していた。なぜなら、それが日本で生きていくための心の支えになっているからだ。また、日本に進学したグアム出身の友人や兄弟とのつながりも強く、気の知れた仲間と悩みや苦労を共有することも多い。そんな彼は、自身がもつホームの感覚について「日本は第二の地元、でもメインはグアムって感じです」（インタビュー／二〇一八年六月九日）と語る。シオンさんはグアムと日本を行き来する中で、グアム（地元）と日本（第二の地元）に複数のホームを構築し、安定した生活を送っている。

四　ユキナリさんの場合――「ここにずっと居たいっていう所がないですね、まだ」

ユキナリさんはグアムの公立高校卒業後、日本への進学を希望していた。しかし、ローカル色が強く日本人も少ない高校で学んでいたことや、日本人が組織する習い事にも通っていなかったことから、日本の大学や受験システムの情報を得ることができなかった。さらに、単身で渡日することにも不安があり、高校卒業と同時に日本に行くことを断念した。その後、グアムの観光地で一年間働いたが、日本への憧れが捨てられなかったことや、職場で駐在員との待遇の格差に悩まされたことがきっかけとなり、渡日することを決断した。そして、「親が昔住んでいた」という近畿地方にある小規模大学に進学した。

憧れの日本に進学したユキナリさんだったが、移住後の生活は想像していたよりも厳しいものであった。彼がまず直面したのは、進学先の大学での適応問題である。大学では帰国生など海外経験を有する

「日本人」と出会うことがなく、場違いであるかのような感覚に見舞われた。

大学に行ったとき、受け入れられないんじゃないかって、グアム出身だというのを言ったら自慢してるみたいな。だから説明が大変でしたね。グアムで生まれ育ったと言っても「いつグアム行ったの？」って質問を毎回される。もう絶対理解してくれないだろうなと。「じゃあ、日本人じゃないの？」て、そういうとこから始まるので。そこで日本人だって言えば、ちょっとがっかりしますしね。「何だよ、てっきり混ざってるのかと思った」とか。

［ユキナリさん（S3）／インタビュー／二〇一九年一月二〇日］

ユキナリさんは、周囲の学生から、日本生まれ日本育ちの「帰国生」でもなく、「留学生」でもなく、「ハーフ」でも「クオーター」でも「外国人」でもない、「謎めいた人間」としてまなざされることに悩まされ、次第に自分の出自を隠すようになった。さらに、大学の教員や心理カウンセラーからも特殊な案件として扱われ、悩みを打ち明けても的確なケアを受けることができなかった。

また、授業についても、やる気のない学生が多かったこと、ディスカッションやプレゼンテーションで積極的に発言するたびに煙たがられたこと、アカデミックな要素が含まれていない授業が多かったことにショックを受けたという。英語力や海外経験を発揮する場面はほとんどなく、彼は徐々に大学で周辺化されていった。学外に安住できる場所を求め、他大学の海外帰国生や留学生のコミュニティを転々としたが、いずれも居心地の良い場所となることはなかった。さらに、グアム出身者がほぼいない近畿

図 7-1　夕暮れのタモンビーチから眺める海（筆者撮影）
私がこの写真を撮影した時，横にいたユキナリさんは，幼少期に水平線の向こう側にある日本に想いを馳せながらこのビーチで海を眺めていたことを悲しげに呟いた。［フィールドノーツ／2017 年 9 月 15 日］

地方で同郷の仲間を探すことも難しかった。
同時に、グアムに住む家族の経済状況の悪化が、ユキナリさんの日本での生活をさらに困難なものにした。日本の大学に進学した弟の学費の工面や、家族がグアムから引きあげた時のための準備など、多くの負担を一人で背負うことになったのだ。日本に頼れる親戚がいないことも追い討ちをかけた。このことにより、グアムとのつながりが、心の拠り所になるどころか彼を追い詰める要因となっていた。グアムに戻ることも考えたが、家族を支えられるような就職先を見つけるのは難しいと判断し、断念した。こうして、日本にもグアムにも居場所がなくなり、行き場を失ってしまった。彼は当時の心境を次のように語っている。

日本にいるのもつらいし、（グアムに）帰るのもつらいし、っていうのがありました。（グアムに）帰ったら負けだなっていう気持ちもありました。

［ユキナリさん（S３）／インタビュー／二〇一九年一月二〇日］

結局、ユキナリさんは悩み抜いた末、三年次の途中で退学した。その後、彼を心配したバイト先のオーナーの紹介で、なんとかイベント企画関係の会社に就職することができた。しかし、帰還前に掲げた日本の大学を卒業するという目標を達成できなかったことを、非常に後悔しているという。また、彼にとって日本に進学して日本人と同じように大学で勉強することは、グアムで周辺化されながらも日本人として生きてきたプライドを確認することでもあった。しかし、日本にうまく適応できなかったことで、日本人であることに自信がもてなくなった。かといってグアムにも帰属することができない彼は、もはや自分が何者なのかがわからなくなり、帰属意識をめぐって葛藤を抱えていた。

ユキナリさん：今もそうですけど、たぶん、今は分からなくなってきてるんですかね。また、結局、どっちなのかなっていうのは。
筆者：個人的には、それは複数あってもいいと思ってるんやけどさ。
ユキナリさん：全然複数でもいいけど、何て言うんですかね、すっきりしないんですよね、自分の中で。結局、どうなんだろうっていう。自分は最終的にどれを認めるのかなっていう、その両方でもいいですし、日本人寄りなのか、グアム寄りなのかっていう。その答えがまだ見つからないですね。（中略）どこかしらで、たぶん、普通の日本人と全然違うなっていうのもありますし。だから、最初は、純粋な日本人なので、日本人です、と答えるんですけど、そのときもちょっと引っかかるんですよ、自分の中で。ほんとに日本人です、と答えていいのかなっていう。

〔ユキナリさん（S3）／インタビュー／二〇一九年一月二〇日〕

そんなユキナリさんは、二年半の日本での辛い日々を振り返り、自身のホーム意識について「ここにずっといたいっていう所がないですね、まだ。帰るんだったらここかな、みたいな場所がないですね」（インタビュー／二〇一九年一月二〇日）と語る。日本にこのまま住み続けることが自分にとって正しい選択なのかもわからないという。彼は今もなお、第三国への移動も視野に入れつつ、自分にとって居心地の良い場所を探しつづけている。

第三節　ホームの構築過程の違いを生み出す要因

一　分岐する帰還移住経験

ここまで、三名の帰還移住後のホームの構築過程を記述してきた。まず、かれらの帰還経験の共通点と相違点を確認しておきたい。

三名に共通していたのが、帰還移住後に適応をめぐる困難を経験していたことである。かれらは、ルーツの確認やライフスタイルの追求を目的にグアムから単身で日本に帰還したものの、日本に住む日本人との文化的距離の遠さ、日本でのコネクションの少なさ、自身の生い立ちの異質さなどを痛感し、日本が思った以上に「アウェー」であることに戸惑っていた。特に、ユキナリさんが経験したような、自身の生育歴がほとんど理解されない状況は、海外育ちの新二世に特有の困難であるといえる。

しかし、三名とも日本を去ることを選ばず、日本での居場所づくりに孤軍奮闘していた。グアムに再帰還したシオンさんも、最終的に日本に戻ってきた。もっとも、かれらは日本に帰還した後、グアムを懐かしみ、島への愛着を強める傾向にあった。[1] しかし、グアムに戻ることについては、「平凡な生活しかない」や「帰ったら負け」など否定的な反応を示していた。[2] その背景に、先に記したような、若者を島外に向かわせるグアムの厳しい経済状況や日本人を取り巻く限定的な労働市場の問題が横たわっていることは明らかである。

他方で、日本でのホームづくりの過程やその帰結については、三名の間で違いが見られた。コウマさんとシオンさんは、グアムで育ったことで得た能力（バイリンガル・バイカルチュラル）や国際経験を駆使し、さらにグアムとのつながりも活かしながら、日本とグアムに複数のホームをつくりあげていた。そして、全般的に帰還経験をポジティブに評価していた。一方で、ユキナリさんはグアムで培った経験や能力を活かすことができず大学で周辺化されると同時に、グアムの家族との関係も良好なものとはならず、さらには帰属意識にも揺らぎが生じ、どこにもホームを見つけることができない状態に陥っていた。そし

［1］日本の大学を休学してグアムに戻った後、そのまま退学して日本に戻らない選択をする新二世もいる。第六章三節一で紹介したアスカさんは、その典型的なパターンである。
［2］このような「後戻りできない」という心理状況は帰還移住者によくみられる（Christou & King 2015）。その背景には、自らが下した人生における大きな決断を間違いや失敗だと思いたくないという感情があるという。

て、全般的に帰還経験をネガティブに評価していた。

以降では、こうした日本でのホームの構築過程の違いについて、「日本とグアムのネットワーク」と「進学した大学と居住する地域」に焦点を当てて考察する。

二　日本とグアムにおけるネットワーク

まず、「日本とグアムにおけるネットワーク」について検討する。コウマさんとシオンさんは、大学内外において、同じような移動経験や文化的背景をもつ若者が集うコミュニティに所属したり、日本に進学したグアム出身者とつながったりすることで、日本社会で承認されにくい自身の複雑な生い立ちや帰属意識を肯定的に捉え直すことができていた。こうした多様な背景をもつ人々が集う居場所は、「日本人」と「外国人」の二分法によって人々を分類する傾向のある日本社会において（下地 2018）、その分類に当てはまりにくい新二世の避難所のような場所となっていた。一方で、ユキナリさんは大学内外においてそうした関係性に接続される機会がなく、心地よい場所を探し求めてさまよい続け、最終的に大学を辞めてしまった。このことから、同郷の仲間や同様の生育歴をもつ者との接続は、生活基盤のない日本に単身で帰還する新二世にとって日本での適応を左右する重要な要因となっているといえる。

さらに興味深いのが、本事例の対象者らは日本に帰還した後、全員がSNSなどを通じて家族や友人と頻繁に連絡をとったり、長短期の「里帰り」を繰り返したりし、グアムとのネットワークを維持していたことである。すなわち、かれらは日本で生活しながらグアムともバーチャル／アクチュアルなつながりを構築していたのである。こうした生まれ育った場所とのつながりは、生活基盤のない場所に単身で帰還した対象者らにとって、心の拠り所となっていた。しかし、グアムの家族や友人との「つながり方」については、異なる傾向がみられた。

コウマさんとシオンさんは、グアムとのつながりが、日本で居場所をつくるための資源となったり、日本で居場所がなくなった際のセーフティネットとなったりしていた。具体的には、再帰還のチャンスや心の支え、そして就労支援などに結びついていた。一方で、ユキナリさんは日本で生活しながらも、大学進学後に生じたグアムの家族の問題を全て背負いこまなければならなくなっていた。具体的には、弟の生活支援や家族の日本への引きあげ準備などである。その結果、日本にもグアムにも行き場のない状況に陥っていた。

ここからわかるのは、グアムの家族や友人との「つながり方」によって、新二世のトランスナショナルなつながりが帰還後のホームの構築にプラスに働くのか、マイナスに働くのかが異なるということである。

三　進学した大学と居住する地域

次に、「進学した大学と居住する地域」について検討する。まず、進学した大学の違いから確認したい。コウマさんとシオンさんは、大学ランクが比較的高く、国際化を推進し、海外帰国生も一定数受け入れている大学に進学した。国内外の多様な地域から学生が集い、グローバルな能力や経験がポジティブに評価される環境が整っていたといえる。バイリンガル・バイカルチュラルで国際経験も豊かなかれらは、最初は適応に苦労したものの、徐々に「グローバル人材予備軍」として受け入れられていった。一方で、ユキナリさんは、大学ランクが中堅以下で、学生の多くが近隣地域から通学するローカルな大学に進学した。積極的に国際的な学生を受け入れている大学ではなく、同じような背景をもつ学生と出会うこともなければ、有効な支援を受けることもできなかった。それゆえに、マイノリティとして周辺化される環境に置かれていたといえる。

他方で、居住地域を見てみると、コウマさんとシオンさんはグローバルな人々や資源が集結する首都圏に居住したことで、同じような境遇にある者が集うインターンシップやサークルにアクセスしやすく、自身の能力や経験を発揮できるチャンスにめぐり合う確率が高かったことがわかる。また、グアム出身の日本人も多く、同郷の仲間と比較的容易につながることができていた。一方で、ユキナリさんは、首都圏と比べると、海外経験が豊富な学生が集うグローバルなインターンシップ先や同じような境遇の者が集うコミュニティを探すことが難しい地方に接続された。さらに、グアム出身の日本人が少ないことも首都圏とは大きく異なっていた。そうしたローカルな環境の中で、彼は自分の能力が発揮できたり、自身の生い立ちが承認されたりする場面に恵まれず、大学内外の社会的ネットワークから孤立してしまっていた。

以上からわかるのは、進学した大学や居住する地域の特性によって、新二世の経験や能力が多様なネットワークへの接続を可能にする資本として機能するか、異質性の象徴として適応の阻害要因となるかが異なるということである。

ここで注目したいのが、帰還前にどのようなネットワークに接続されていたのかが、進学した大学や居住する地域と密接に関連していたことである。コウマさんとシオンさんは、グアムにおいて日本人が集う私立学校やスポーツクラブに所属しており、さらに受験前に日本の予備校に通っていた。そして、そこで得た大学や居住地域に関する情報を手掛かりに首都圏の大学を選択した。また、シオンさんのように、帰還移住前に日本で築いたネットワークが帰還後の居場所づくりに重要な役割を果たす場合もあった。一方で、ユキナリさんは日本人がほぼいないローカル色の強い公立学校やスポーツクラブに所属し、日本に住む日本人の友人もいなかった。その結果、他の二人と比べて日本に関する情報が圧倒的に少なく、非常に限定的な理由から進学先や居住地域を選択せざるを得なくなっていた。つまり、帰還前の日本とのつながりの希薄さが、ホームの構築に不利な場所に接続される原因となっていたのである。

第四節　日本でホームを持てる者、持てない者

本章では、グアムから日本の大学に進学した新二世三名の追跡調査に基づき、かれらが帰還移住後どのように日本に適応するのかをホームの構築過程に着目しながら明らかにした。その際、「日本とグアムにおけるネットワーク」と「進学した大学や居住する地域」がホームの構築に与える影響を比較分析した。本章の知見をまとめると次の三点になる。

第一に、生活基盤のない日本に単身で帰還した新二世は、帰還後すぐに理想と現実のギャップに直面し、日本への適応に困難を抱えていた。しかし、その後、海外で培った国際的な経験や能力を活かして日本やグアムにホームを構築できる場合と、どこにもそれを見つけることができず行き場のない状態に陥る場合とに分岐した。

第二に、分岐の要因として、日本とグアムにおけるネットワークが関係していた。具体的には、同郷の仲間や海外育ちの友人とのつながりが、日本での適応を支える要因となっていた。また、グアムにいる家族や友人は心の拠り所や再帰還の機会を提供するという点で重要な役割を果たしていたが、一方で、そうした越境的なつながりがホームの構築を困難にする原因となる場合もあった。

第三に、進学した大学や居住する地域といった帰還先の社会空間的文脈も、ホームの構築に影響を与えていた。グローバルな人材や組織が集結する地域にある大学（首都圏の有名大学）に進学した者は、自身の生い立ちや能力が資本として機能し、それらを活用しながら複数の場所にホームを構築することができていた。しかし、ローカル色の強い場所（地方の小規模大学）に身を置くことになった者は、自身の生い立ちや能力が異質性の象徴として機能し、周辺化されることとなっていた。そのようなホームの構築に不利な場所に接続された要因として、帰還前の日本とのつながりの希薄さが明らかになった。すなわち、帰還移住前の立場や状況が、帰還後のホームの構築に継続して影響を与えていたのだった。

なお、三名の家庭の社会経済的背景に大きな差がないことを考えると、少なくとも本事例では、かれらの適応過程の違いは階層差の問題ではなく、帰還先の社会空間的文脈及び日本とグアムにおけるネットワークの違いによるものだといえる。

最後に、新二世の進学ルートを通った帰還移住とホームづくりの関係性を四点にわけて考察する。第一に、どの大学進学者も同じように日本に受け入れられるわけではないことである。第四章でみたように、かれらはグアムで培ったバイリンガル・バイカルチュラルな能力を駆使し、帰国生入試を利用して大学に進学した。しかし、新二世間の差異に着目して分析すると、そのような特性が日本でのホームづくりを促進させる要因となる場合もあれば、孤立や周辺化の原因となる場合もあることが明らかになった。つまり、個々の置かれている文脈によって新二世のもつ特性が異なる機能を果たすことで、帰還移住後のホームの構築過程に差異が生まれるのである。

第二に、このことは、どの大学進学者も帰還移住後にエリート街道を進むわけではないことを示している。すなわち、「グローバル人材予備軍」の帰国生として受け入れられた新二世であっても、日本の大学から排除あるいは周辺化された場合、就労ルートを通って帰還移住を試みた新二世のような「グローバル・ノンエリート」に転じる可能性があるということである（第五章参照）。ユキナリさんの事例は、それを象徴している。帰国生として日本に帰還移住した彼は、ローカル志向の大学で異質な他者として周辺化された。その後、適切なサポートを受けることができず、大学を中退してしまった。高卒資格しかもたない彼に残った選択肢は、日本で長期的展望の見えにくい不安定な職に就くか、グアムの観光地で日系企業の現地採用日本人として生きていくかであった。

第三に、こうした状況が生じる背景には、かれらが「個人化された帰還移住」を展開していることがあげられる。本章の三名を含め、グアムの新二世の帰還は個人的な理由による単身での移住であるため、基本的に日本で直面する諸問題に個々で対処する必要がある。本事例からは、そのような新二世にとって、家族及び友人とのトランスナショナルなつながりや、大学内外におけるネットワークが重要な役割を果たすことが示された。しかし、帰還先が閉鎖的な場所だったり、家族関係に歪みが生じたりすると、帰還移住後の生活が困難になることも明らかになった。このことは、かれらの帰還移住が極めて不安定なものであることを意味している。

第四に、こうした帰還移住後のホームづくりをめぐる問題は、新二世の帰属意識に大きな影響を与えている。本章では、帰還移住後に日本に適応していく中で、日本にもグアムにもホームを構築しながら前向きに生きることができる者と、日本での生活に困難を抱え、どこにもホームをつくることができず帰属意識に揺らぎを抱える者の姿が明らかになった。このことは、帰還移住を展開する新二世の間に日本でホームを持てる者と持てない者が存在することを示唆している。

ただし、ホームづくりは一過性のものではなく、継続的なプロセスである。日本への帰還をめぐって困難を抱え、人生に行き詰まってしまった新二世であっても、時間の経過や地理的移動の中で新たなホームを創造していくこともある。次章では、就労ルートを通って帰還移住を試みたがグアムに戻った／残った新二世を取り上げ、かれらのホームづくりの過程を描き出す。

第八章　アウェーをホームに変えていく
――グアムに残った／戻った新二世のその後

第一節　はじめに

第五章では、就労ルートを通って日本に帰還移住を試みた三名の新二世（カズさん、ジョウさん、ツヨシさん）を取り上げた。かれらは、自身のルーツであり憧れの場所でもある日本に帰還するために、労働者として日本への移住に挑戦した。その背景には、グアムの限定的な教育環境や労働市場、刺激のない日常生活、アメリカの同化主義やグアム政府に対する不満、幼少期から経験する日本人に対する差別や周辺化、グアムの日本人社会に生じる乗り越えがたい駐在員との格差・不平等など、自身を取り巻くネガティブな現実があった。

しかし、その社会経済的に不安定な立場ゆえに、三名とも帰還移住過程において日本から排除され、定住することができなかった。私が最初のインタビューを行なったのは、ちょうどかれらが日本からグアムに戻ってきた、あるいはグアムに残ろうと決意した時期であった。当時の聞き取りでは、日本で生活する夢を叶えることができずグアムに引き戻されたことで人生に行き詰まってしまったことや、日本がもはや愛着や憧れの場所ではなくなり、苦しみや悔しさを想起させる場所となってしまったことなどが語られた。グアムも日本も、かれらにとって居心地の良くない「アウェー」となっていたのだった。

ところが、調査を継続していく中で、三名の若者たちがグアムや日本において新たな価値観や社会関係を創造しながら、自分にとって居心地の良い場所を構築しようとする姿をみることができた。まさに、かれらは人生の行き詰まりを打開するために、アウェーをホームに変えていったのである。そのようなホームは、具体的な場所や集団として創造される場合もあれば、イメージ上の帰属先として想像される場合もあった。

これらを踏まえ、本章では、グアムに残った／戻ったカズさん（S20）、ジョウさん（S21）、ツヨシさん（S22）が、どのようにアウェーをホームに変えていったのかを描き出す。これを通じて、新二世が構造的制約の前に無力な存在ではなく、自らのホームを創造しつづける主体であることが明らかになるだろう。

本章の構成は次のとおりである。以降の節では、カズさん（二節）、ジョウさん（三節）、ツヨシさん（四節）が、アウェーとしてのグアムや日本をホームに変えていく過程を時系列に沿って記述する。最後に五節では、本章の知見を踏まえ、ホームを創造しつづける主体としての新二世について議論する。

第二節　日本と出会い直す〝foreigner〟――カズさんのその後

まず、カズさんの事例を取り上げる。彼は、幼少期よりグアムのローカルな文化や社会に馴染むことができず、日本で生活することに憧れていた。その夢を叶えるべく、ハワイの大学を卒業後、日本で就職活動を行なった。しかし、日本社会の雰囲気についていけず、就職活動にも何度も失敗し、日本に適応することができなかった。こうした経験により、「日本人であること」に自信がもてなくなった彼は、永住権を捨ててまで日本に残ることに意味を見出せず、グアムに戻ることを選択した。

グアムで生きることを決意したカズさんは、趣味の競技スポーツを通じてチャモロ人やフィリピン人の若者と交流するようになったことがきっかけとなり、割り切ったようにグアムのローカル社会にコミットするようになった。その過程において、幼少期より抱いていたグアムに対するネガティブなイメージを少しずつ払拭することができたという。

俺のグアムへの感覚は、五年前のインタビューのときよりは多少は変わってると思ってて。(中略)グアムも悪くないなって最近、思い始めたんだね。今まで、「やっぱり馴染めねえな、ローカルのやつらとは」みたいな感覚があった。だけど、どっぷりやつらとつるむようになって、仲間意識が芽生えたというか、「これはこれでいいのかな」って受け入れるようになったというか。

［カズさん（S20）／インタビュー／二〇一八年一一月二五日］

さらに、結婚した日本人女性と授かった子どもを日本から呼び寄せるためにアメリカ国籍を取得したことは、彼の現地化を加速させた。日本の法制度上、他国に帰化すると自動的に日本国籍を喪失するため、「後味悪いというか、気持ちのいいものではない」と感じていた。しかし、グアムで生きていく上で「I'm American っていうことが、自分の強みになる」と考え、アメリカ国籍の取得に踏み切った。

カズさんは、この国籍変更について、あくまでも家族とより良い生活を送るための手段であり、アメリカ人になることに憧れて帰化したわけではないことを強調する。そして、むしろアメリカの同化主義やナショナリズムへの反発を覚えるようになったと主張する。彼は自身が「アメリカ人になった日」のことを、以下のように話している。

何が嫌って、アメリカ国籍を取るじゃない。で、裁判所とかに行くわけよ。[1] そのときに、同時期に申請を出している人たちがみんな集まるわけね。みんな、手を挙げて誓いの言葉とか何かやるわけよ。その前にトランプ大統領とかビデオメッセージ出してくるわけよ。もう、何これ、トランプに俺、忠誠誓うのかよ、ふざけんなよ、みたいな。もう、茶番だぜ、と思いながらアメリカ国旗を掲げてさ。[2]（中略）悪いけど、いろいろ誓いの何ちゃらみたいな、承諾したり、しなかったり、あったけれども、まあ、うそ八百ですね。やりたくないことだらけ。本心では誓えないことだらけ。

［カズさん（S20）／インタビュー／二〇一八年一一月二五日］

こうしたエピソード以外にも、過去を振り返りながら幼少期より学校でアメリカ人であることの素晴らしさを教えられてきたことに対する疑問を語ったり、アメリカ国籍をもつ者に対する優遇ともたない者に対する周辺化について不満を漏らしたりするなど、様々な形で違和感を表明していた。

その一方で、カズさんは自身が「日本人であること」を再発見した、あるいは取り戻した経験について語るようになった。例えば、仕事で日本の修学旅行生を現地校に引率したときに、生徒たちが歌う「君が代」を聴いて感動したことを、次のように興奮気味に説明している。

自分ではびっくりだったんだけど、日本の国歌斉唱で君が代が流れたとき、すげえ感動しちまった。ちょっと俺、油断したら涙が出るかもと思った、君が代で何こんな感動しちゃってるのって。そうか、やっぱ俺、もう日本の国籍じゃないからかって。あるものがなくなって、ようやく気付いたとき、そうか、みたいな。日本の心ってここにあったんだみたいな。（中略）そのとき感動したのは、どっちかといったら、日本人じゃなくなっちゃったんだなっていう気持ちよりは、やっぱり俺って日本人なんだっていう、そっちの感情のほうが強かったと思う。元は日本人だから、こんな感情的になっちゃうんだなという気持ち。（アメリカ国歌は）確かに、小さい頃からグアムで育ってきて学校でも歌うし、馴染みのある曲だけれど、アメリカ国籍になったところで感情的にもならない。君が代で感動しちゃう。今まで大してずっしりこなかった曲が、いきなり感動してしまって。はーん、こ

［1］新たにアメリカ合衆国市民になる帰化者は、アメリカ合衆国に対して「忠誠の誓い（Oath of Allegiance）」を宣誓する帰化宣誓セレモニー（Naturalization Oath Ceremony）への出席を義務づけられている。彼が話しているのは、そのセレモニーに出席したときの様子である。

［2］実際に彼は式典が終わった直後、セレモニーで配られた小さなアメリカ国旗を滑稽な顔をして振る自身の写真を私に送っている。そのメールにも、式典がいかに茶番で滑稽なものであったのかがつづられていた。

れがJapanese spiritsか、みたいな（笑）。

［カズさん（S20）／インタビュー／二〇一八年一一月二五日］

この「君が代に感動した自分は本当の日本人だった」という語り口が示すように、カズさんは思いもよらず「君が代」に感動したことがきっかけで自身に「日本の心／Japanese spirits」が宿っているように感じ、失ったはずの「日本人であること」の感覚を取り戻したという。日本人であることに自信がもてずにいたカズさんにとって、この日本人性の再想像をめぐる経験は人生の行き詰まりを打開するような重要な出来事となった。

彼は、再想像された自身の日本人性の「リアルさ」について、グアムに住む戦前の日系移民の子孫が誇示する日本人性と比較しながら次のように説明している。

（戦前の日系移民の）アソシエーションの集い[3]の写真を見たんだけど、例えば、自分がどこの家族だったりとか、みんなプライドをもって背負ってるわけよね。シャツ着てるわけ、家紋があるわけよ、シャツに自分の家紋が、日本のね（笑）。「俺は、どこどこの地域の何ちゃらかんちゃらの末裔で」みたいな。やっぱり自分のことを高く意識するために一役買ってるのかなと思うけど、そういったルーツをあえて意識するって。（中略）関連づけてほしいのは、いまの日本じゃなくて、昔の武将時代の、古き良きカッコいい時代の日本の末裔なんだぜってことかなっていう気はするよね。

［カズさん（S20）／インタビュー／二〇一八年一一月二五日］

図 8-1　帰郷な foreigner（カズさん撮影・加工）
アメリカ国籍取得後，カズさんが日本に渡航した際にSNSに投稿した画像。高速バスのシートの写真が加工され，「帰郷な*foreigner*」の文字が記されている。
［フィールドノーツ／2018 年 12 月 15 日］

カズさんにいわせれば、戦前の日系移民の子孫が示す日本人性は、自分をより良く魅せるためのファッションとして消費されるものである。一方で、自身の日本人性は、グアムと日本の両方の社会で経験した悲しみや喜びをともなう「今を生きる」日本人性なのである。

　こうしたプロセスを経て、カズさんは自身の帰属意識の複雑さを広くアピールするようになった。例えば、ＳＮＳのプロフィールに「*Product of Japan*, *Assembled in Guam & US*」（日本産、グアムとアメリカ製）と記したり、日本に渡航した際には「帰郷な*foreigner*」（帰郷中の外国人）というメッセージを添えた写真を投稿して近況を報告したりする様子がみられた。彼は、こうしたメッセージを発信する理由を、ＳＮＳ上で出会う人々に自身の生い立ちの「面白さ」を表現するた

［3］戦前の日系移民の子孫たちが運営する Guam Nikkei Association のことを指している。

めだと話す。また同時に、グアムのローカルの仲間や、グアムや日本に住む日本人の親戚・友人に向けて、自分の身に起こった大きな変化（＝アメリカ人／外国人になったこと）を示すためでもあると述べる。そのため、わざわざ〝& US〟と記してアメリカ人であることを強調したり、〝foreigner〟という英語を使って「よそ者」感を演出したりする工夫を施したのだという。グアムのローカルの仲間に対しては、自分も同じようにグアム社会の成員（グアムに居住するアメリカ市民）となったことを堂々と表明し、グアムや日本に住む日本人の親戚・友人に対しては、自分は外国人（＝よそ者）になったが故郷はいつまでも日本なのだと胸を張って主張する。こうした自己開示の背景には、アメリカへの帰化をきっかけに日本人であることの感覚を取り戻した意外な経験を通じて幼少期より肯定できなかった自身の生い立ちを受け入れられるようになったことが読み取れる。

このように、グアムに定住する過程において日本と出会い直し、自らの日本人性を再想像したカズさんは、それを拠り所にすることでアメリカの同化主義やナショナリズムに回収されることなくグアムに根を張ろうとしている。

第三節　沖縄の夜を生きる「東京生まれグアム育ち」——ジョウさんのその後

次に、ジョウさんの事例をみていく。彼は高校中退後グアムのナイトクラブで働いていたが、グアムとは異なる場所で仕事をしてみたかったこと、そして自分のルーツである日本で生活してみたかったことを理由に東京に移住した。だが、定職に就くことができなかったため、永住権を保持するためにグアムに戻った。

しかし、日本で働くことを諦めきれず再び東京への移住に挑戦した。前回の渡航時に築いたネットワークを駆使し、憧れの東京のナイトクラブで職を見つけることができた。そこは外国人や海外育ちの日本人が多いグローバルな職場であり、「日本人／外国人」という日本社会の二項対立的な人種編成（下地 2018）が無効化されるような居心地の良い環境であった。仕事も順調に進み、東京で生活基盤を築くことができたため、永住権の放棄を決意した。[4]

その後、ジョウさんは、結婚した日本人女性の強い意向のもと沖縄に移住することになった。東京を離れることに未練はあったが、グアムと沖縄には共通点が多く住みやすいと考えていたため、移住することに抵抗はなかった。しかし、沖縄の歓楽街で働く中で予想外にもローカル色の強い「閉鎖的な日本」と出会うことになった。彼は「沖縄出身者／内地出身者」で人々がカテゴライズされる沖縄社会の中で内地から来たよそ者として扱われ、そのことについて葛藤を抱えるようになった。

東京では全然気にしてなかったけど、沖縄に引っ越して自分のアイデンティティっていうのを、もう一回考え直しておこうと。それはなぜかというと、沖縄で「どこから来たの？」って聞かれると、俺は「グアムだよ、でも日本人で、東京で生まれて一歳のときにグアムに引っ越して、グアムでずっと育って、二十八歳のときに東京に引っ越して、沖縄に来る前はちょっとだけ東京に住んでま

［4］東京への再移住については、第五章二節二を参照のこと。

した」と毎回そういう説明をするわけなんだけれども。それでも「東京の人なんだね」っていう位置づけにされてしまう。「グアムだよ」って言ってるのに、「日本人だから東京でしょ、東京生まれでしょ、沖縄に来るまで東京にいたんでしょ、じゃ、東京じゃん」って言われてしまう。

〔ジョウさん（S21）／インタビュー／二〇一八年一二月八日〕

この語りにあるように、沖縄の人々からグアムでの生育歴を無かったことにされ、「内地出身者」にされる経験をしたジョウさんは、自身が「グアム育ちの日本人」であることの意味について深く考えるようになった。こうした経験や感情が生み出される背景には、グアムと沖縄がともに日本から植民地支配を受けてきた場所であることが関係している。例えば、彼は沖縄でのショッキングな出来事として次のようなエピソードを語っている。

俺はもっと関わりが深いもんだと思ってて、グアムと沖縄っていうのは。でも実際、沖縄の人たちは、グアムという場所は知ってるけれども、関わりがあるとかは知らない。グアムには日本人が結構住んでて、昔からそのほとんどが沖縄の人っていうのも、今の沖縄の人たちは全く知らない。グアムと沖縄、似てるんだよって言っても「一緒にするんじゃないよ、沖縄の何知ってるんだよ」みたいな。いや、グアムで（沖縄のこと）いろいろ聞くよ、あなたの上の世代の人たちから。大変だったでしょう、グアムもそうなんだよって言うけど、でも沖縄の人たちは（そのことを）知らない。だから、ほんとはリンクしてもいいはずだけどリンクされてない。違うのはもちろん当たり前なんだけれども、似ているっていうことすら受け入れてくれない。寂しいし、悲しいよね。

［ジョウさん（S21）／インタビュー／二〇一八年一二月八日］

ジョウさんは、幼い頃よりグアムに住む沖縄系移民の人々から沖縄における悲惨な戦争の記憶や戦後の困窮状況を聞いてきたという。その一方で、グアムの公立学校では、チャモロ人の同級生から日本統治時代の戦争の記憶をめぐる差別やいじめを受けてきた。彼は別のインタビューにおいて、当時のつらい体験を克明に振り返っている（第五章二節二参照）。ジョウさんは日本で生活したことがないにもかかわらず、日本人として日本とグアムの間にある歴史と向き合わざるを得ない状況に置かれてきたのである。

こうした経験により、ジョウさんはグアムと沖縄を似ている場所だと認識していた。しかし、沖縄で両者の共通性を語るたびに沖縄の人々の反感を買うこととなった。なぜなら、彼は内地出身者とみなされており、支配する側の人間として位置づけられているからである。ジョウさんが沖縄で感じた「寂しさ」や「悲しさ」からは、グアムと沖縄で否応なく「日本人化」され、日本の植民地主義の歴史に引き裂かれながら生きる「グアム育ちの日本人」の複雑なポジショナリティを読み取ることができる。

しかし、時間の経過とともに、ジョウさんは自身の「グアム育ちの日本人」という生い立ちに誇りをもつようになったと話す。

（日本生まれグアム育ちという出自を説明することについて）一時期すげえその説明が面倒くさかったときとか時期があった。慣れなのか、（今は）グアムで育った日本人っていうのをちゃんと誇りに思えてるからなのかわからないんだけれども、そんなに嫌ではない、説明するの。

〔ジョウさん（S21）／インタビュー／二〇一八年一二月八日〕

彼は「グアム→東京→グアム→東京→沖縄」という移動経験の中で多様な「日本」や「日本人」と出会ったことで、それらのイメージをより複雑なものへと変化させていた。その拡張された「日本」や「日本人」のイメージが、日本（東京）で生まれグアムで育った日本人という複雑な生い立ちを肯定的に理解するための資源となっていたのだった。

沖縄に移住してから三年半の月日が経ち、ジョウさんは那覇市内に小さなパブをオープンした（二〇二〇年一二月）。私は、彼が最初のインタビューで「自分の店、持てればいいけどね」（インタビュー／二〇一三年八月二九日）と夢を語っていたことを思い出した。彼はついに、七年前に私に語っていた夢を実現させたのだった。

コロナ禍で移動が制限され沖縄に行くことができない私に、那覇市内の飲食店を紹介するYouTubeチャンネルが作成したドキュメンタリー映像を送ってくれた。その動画には、自身の生い立ちや沖縄にたどり着くまでの経験、店をもつまでの経緯を語るジョウさんの姿が映っていた。地元のインタビュアーからマイクを向けられ、生い立ちを尋ねられた彼は、「東京生まれグアム育ちです！」と切り出し、グアムと日本で生きてきた自身の生い立ちを堂々と話していた。また、沖縄とグアムの共通点や相違点を丁寧に説明しながら、沖縄の居心地の良さを語っていた。さらに、「コロナに負けない」を合言葉に店を切り盛りする姿、常連客が店の素晴らしさやジョウさんの人柄の良さを語るシーン、沖縄の友人と交流する様子などが収められていた。

どのような紆余曲折を経て、ジョウさんがこの小さなパブをもつに至ったのかはわからない[5]。しかし、このドキュメンタリー映像を見る限り、彼が自身の複雑なポジショナリティを受け入れ、地元の人々と関係を築き、沖縄社会に少しずつ馴染みながら自分の居場所を創り出してきたことが読み取れる。店のメニュー表に書かれたメッセージには、

図 8-2　沖縄で見つけたグアムの味
（ジョウさん撮影）

ジョウさんは，時折 SNS にグアムを懐かしむような投稿をする。この写真は，グアムでポピュラーな缶コーヒーの Mr. Brown（台湾の会社が製造）が沖縄で売られていることを報告する投稿に添付されていたものである。この投稿を見た私は，グアムでよく Mr. Brown を飲みながらタバコを吸うジョウさんの姿を思い出した。［フィールドノーツ／2021 年 7 月 25 日］

［5］ジョウさんとは最後のインタビュー（二〇一八年一二月）からしばらく連絡が取れていなかった。しかし、二〇二〇年一二月に、突然、沖縄に自分の店をオープンしたと連絡があった。コロナ禍のため移動が制限されていることから、私は彼の店に行くことができなかった。また、店がオープンしてから多忙を極めているとのことで時間の調整が難しく、オンラインでのインタビューもできていない。したがって、このYouTube の動画が、ジョウさんの近況を知る唯一の情報源となっている。

複数の場所を生きてきた彼なりの沖縄に対するリスペクトが表現されている。

ドリンク、フードともに色んな国のパブを融合させつつも沖縄ならではを取り入れたオリジナルです。We are the One and Only, Okinawan Pub.

［ジョウさん（S21）／SNSの投稿／二〇二〇年一二月一一日］

このように、ジョウさんは「東京生まれグアム育ち」として沖縄の夜の街を生きている。

第四節　グアムを変える〝Guapanese〟――ツヨシさんのその後

最後に、ツヨシさんの事例をみていく。彼は以前のインタビューにおいて、自身が経験してきたグアム社会やグアムの日本人社会からの周辺化と、それらに対する「やり場のない怒り」を強く語っていた。また、日本で働きたいと考えているが、なかなかグアムから出ることができないことに悩みを抱えていた。彼は、そうした中で喚起する「日本」への愛や望郷の念をタトゥーとして身体に刻み込んだのだった。[6]

その後、ツヨシさんはグアムに住む同世代の日本人の仲間とGuapanese Men's Club（以下、GMCと記す）という団体を立ち上げた。GMCは、新一世・新二世、「ハーフ」・「クオーター」、駐在員など日本につながりのある一九八〇年代生まれの男性で構成されており、世代、エスニシティ、ジェンダーの共通性を通じて集結した多様な「日本人」が運営する組織である（通称「80年代男子会」）。転勤や帰国をともなう者が多く流動的であるが、メンバーは常時二〇名を超えるという。最近では、日本に帰国したメンバーが結成した「日本支部」も設立されるなど、トランスナショナルなネットワークが形成されつつある。[7] ただしGMCは、今のところ「サークル」のような形で活動を展開しており、戦後の日本人移住者が設立したグアム日本人会（Japan Club of Guam）や、戦前の日系移民の子孫たちが運営するGuam Nikkei Associationなど、グアム社会において名の知れた日系コミュニティとは異なる。

GMCは、グアムに移住したばかりの日本人のサポートや、日本に住む日本人に耳寄りなグアムの観光情報を発信するなど、グアムと日本人をつなげる活動を行なっている。しかし、ツヨシさんがGMCを立ち上げた最大の目的は、グアム育ちの「二世」が舵取り役を担って出身や職業の異なる「日本人」の若者を団結させ、グアムの発展に貢献することである。彼はGMCの設立経緯を次のように話す。

日本人って、真面目に今までやってきて、グアムにこんだけ貢献してきたのに何の権力もない。グアム育ちの日本人がグアムの政治の中に入ってくいい時期だよね、もう。（中略）グアムは日本人がつくってきた島なんだもん。でもこの五十年、何も（政治に）関与していなかった。でも、今、俺ら

［6］ツヨシさんのタトゥーについては、第五章二節一を参照のこと。
［7］ツヨシさんは、メンバーが日本に帰国するたびに空港に見送りに行き、その様子を激励のメッセージを添えた写真とともにSNSにアップしている。これはGMCのメンバー同士の絆の深さを象徴するものである。こうした絆の深さが、GMCにおけるメンバー間のトランスナショナルなネットワークの形成・維持につながっている。

みたいな二世が出てきて、アメリカ国籍取るやつとかも出てきて、やっとチャンスが出てきたんだよね、この島を良くする。俺らが変えていかないといけないんだよ。やっとそういう世代になってきたんだよね、本格的にずっぽりグアムの二世っていうのはやっぱり俺らなんだよ、80年代（生まれ）なんだよ。（中略）純粋にグアムを盛り上げたい、グアムを良いところにしたいわけじゃん。

［ツヨシさん（S22）／インタビュー／二〇一九年三月七日］

この語りからわかるように、ツヨシさんを突き動かしているのは、日本人を埒外に置いてきたグアム社会や、それに対して何もアクションを起こさないグアムの日本人社会に対する「やり場のない怒り」と、「グアム育ちの日本人」であることのプライドである。日本人の手でグアムを良い場所に変えたいという彼の強い意志が示すように、ＧＭＣはグアムにおいて周辺的な立場にある日本人青年たちの社会変革に向けた実践だといえる。

図 8-3　ビーチ清掃の様子（筆者撮影）
この日はガンビーチの清掃であった。他の団体が清掃しないような茂みに入り，大量のゴミを拾い集めた。［フィールドノーツ／2017 年 9 月 16 日］

こうした背景のもと結成されたＧＭＣの象徴的な活動として、グアム政府やグアムの民間団体が主宰・後援するボランティア活動への積極的な参加があげられる。そのねらいは、一方ではグアム社会に対して自分たちがグアム社会の一員であることを強調することであり、もう一方では「新しい日本人会」の存在をグアムの日本人社会に示すことである。私もＧＭＣとともにビーチ清掃のボランティアに参加したことがあるが、そのときは早朝からたくさんのメンバーが集まり、他の団体とは比べものにならない量のゴミを収集して周囲を驚かせていた。あるメンバーは、清掃後に「*We "Guapanese" did the beach clean-up. Keep Guam clean!! We express our respect to Chamorro and this is our appreciation to live in Guam*」（私たち"Guapanese"はビーチ清掃に参加しました。グアムをきれいにしつづけましょう!!　チャモロへの敬意とグアムで暮らせることへの感謝を込めて）というメッセージを添えた集合写真を発信していた（フィールドノーツ／二〇一七年九月一六日）。

さて、Guapanese という言葉は、ツヨシさんが発案した、グアム人（Guamanian）と日本人（Japanese）を合わせた「グアムに生きる日本人」を意味する造語である。彼はこの他にも、「グアムに生きる日本人」を象徴する様々な言葉をつくり出し、自分たちのことをアピールしている。例えば、ツヨシさんが中心となってデザインしたＧＭＣのＴシャツには、次のようなメッセージがプリントされている（図８‐４参照）。

The Guapanese Yamato Damashii… The Soul of Samurai Gereru…Jamorru Spirit Since Ever Since…from Guam to Japan, Nihon to Guahan…

※チャモロ語で Gereru は戦士、Guahan はグアムの意味。Jamorru は日本人を意味する Japanese とチャモロ人を意味する Chamorru を合わせたツヨシさんの造語。

ＧＭＣの存在や特徴を象徴するこのユニークなメッセージには、「日本」と「グアム（チャモロ）」の文化を絶妙にアレンジすることで生み出された語録が散りばめられていることがわかる。その言葉一つひとつに、幼少期より二つの世界を同時に生きてきたツヨシさんの身体に刻み込まれた、洗練された感覚を読み取ることができる。

ＧＭＣが、このようにグアムと日本の混淆や融合を積極的に表現する理由は、自分たちがグアムと親和的な関係にあり、グアム社会から切り離された閉鎖的な民族集団ではないことを強調するためである。その一方で、ＧＭＣのメンバーの団結力や諸活動への原動力を支えているのが、「大和魂をもつ男たち」という原初主義的かつジェンダー化された日本人像であることは興味深い[8]。ツヨシさんは、Guapanese の言葉に込められた重要な意味について、次のように説明する。

図 8-4　GMC の T シャツ（筆者撮影）
右写真のロゴの円周に，上記のメッセージが記されている。白地に赤色のロゴで統一されたデザインは，どこか「日本」を連想させる。

ツヨシさん：（GMCには）例えばフィリピン人のクオーターもいて、グアム育ちで、日本人、大和魂をもっているし。
筆者：色んなGuapaneseなんですね。
ツヨシさん：もちろん。だからGuaに特に意味はない。Paneseのほうに意味がある。
筆者：え、そうなんですか？
ツヨシさん：Guaは、グアムに住んでいるから、それでGuaなんだ。（重要なのは）Gua人？じゃなくてPaneseなの？そこだよね。

［ツヨシさん（S22）／インタビュー／二〇一九年三月七日］

つまり、GMCは、対外的には〝Gua〟であることに力点を置き、対内的には〝Panese〟であることを中心に据えることで、自分たちを周辺化してきた社会に単に対抗するのではなく、そのような社会と関係を取り結びながら、多様な背景をもつ「日本人」とともに居心地の良い場所をつくり出そうとしているのである。

［8］ツヨシさんは自身の日本人性を表現する際に「大和魂」という言葉を使う。インタビューにおいても、「大和魂」という言葉が頻繁に出てきた。また、彼がデザインしたGMCのTシャツにも〝Yamato Damashii〟の言葉が入っている。さらに、第五章で記したように、彼は「神風大和魂」の文字のタトゥーを彫っており、その言葉は身体にも刻まれている。ツヨシさんにとって「大和魂」は、自身のルーツである日本とのつながりを示す重要な言葉であり、彼の生き方を象徴するキーワードとなっていることがわかる。

このように、ツヨシさんは幼少期より抱えてきた「やり場のない怒り」を新たな場所やモノの創造へと結びつけ、居心地の良くなかったグアムを居心地の良い場所に変えていこうとしている。

第五節　ホームを創造しつづける新二世たち

ここまで、グアムに残った／戻ったカズさん、ジョウさん、ツヨシさんのホームづくりの実践を記述してきた。明らかになったのは、複数の社会につながれ、また引き裂かれながら、人生をより良い方向に進めるために、時間の流れや地理的移動の中でアウェーをホームに変えていく姿であった。

カズさんの場合、アメリカに帰化した後、「アメリカ人」として日本と出会い直したことをきっかけに、日本に定住できなかったことで失った「日本人であること」の感覚を取り戻した。そして、その経験を拠り所にしながら、アメリカの同化主義やナショナリズムに対抗しつつグアムに根を張ろうとしていた。

ジョウさんの場合、グアムと沖縄において日本の植民地主義の歴史と向き合う中で、「日本」や「日本人」のイメージをより複雑なものへと拡張させた。その過程において「グアム育ちの日本人」という自身の複雑な生い立ちを受け入れ、地元の人々と少しずつ関係を深めながら沖縄の夜の街に小さな居場所を築き上げた。

ツヨシさんの場合、グアムに住む多様な日本人の若者とともにGMCを立ち上げ、「日本」と「グアム（チャモロ）」の両方の文化を巧みに操りながら、居心地の良くないグアムを居心地の良い場所にリメイクしようとしていた。この新たな場所やモノの創造の原動力となっていたのは、自分たちを周辺化してきたグアム社会やグアムの日本人社会に対する「やり場のない怒り」であった。しかし、ＧＭＣの活動は単なる対抗実践ではなく、そのような社会とより良い関係を取り結びながら居場所をつくる創造的な実践であった。

ここで無視してはならないのは、かれらのポジショナリティである。本章で取り上げた三名はグアムと日本を行き来するグローバル・ノンエリートの立場にあり、いずれの場所においても社会的・文化的に周辺化された存在であった。特に、「祖国」であるはずの日本において排除された経験は、かれらの日本に対するイメージや帰属意識を大きく変化させていた。また、ジョウさんの事例でみたように、「グアム育ちの日本人」というポジショナリティによって、日本で生まれ育った日本人はもとより、グアムや沖縄に頻繁に出入りする日本人でさえ向き合うことのない日本の植民地主義の歴史を背負うこととなっていた。このように、新二世たちは、グアム（アメリカ）、グアムの日本人社会、東京、沖縄など複数の社会における歴史的文脈や構造的制約と交渉しながら、多様なホームを創造しつづけていたのである。このことは、かれらが構造的制約の前に無力な存在ではなく、そうした制約によって生み出された複雑な感情や経験を原動力として多様なホームを創造しつづける主体であることを示している。

終章　日本人の海外移住の多様化・大衆化は何をもたらしたか

第一節　「グアム育ちの日本人」のライフコースからわかること

ここまで、「グアム育ちの日本人」を事例に、中間層出身の新二世がライフコースの中でいかに日本を経験するのかを明らかにしてきた。具体的には、グアムと日本を行き来する新二世がどのように育ち、どのような進路を歩み、どのような帰属意識を形成していくのかを、トランスナショナルな育ちの過程、帰還移住をめぐる経験、ホームづくりの実践の三つの視点から検討した。

本書で明らかになったのは、新一世である親の教育戦略のもと日本と深く関わりながら育ち（第Ⅰ部）、進学や就職を機に日本への帰還を試みる新二世たちが（第Ⅱ部）、グアムと日本を行き来する中で多様なホームを創造していく姿（第Ⅲ部）であった。ただし、かれらはライフコースにおいて同じように日本を経験していたわけではない。日本に親和的な者と日本から距離を置く者、日本にスムーズに接続される者と日本への接続に困難を抱える者、日本への帰属をめぐって葛藤を抱える者と日本を含め複数の場所に帰属先をもてる者など、個々の置かれた立場や状況によって様々であった。

本節では、本書で得られた知見を海外移住する日本人の子ども・若者に関する議論と関連づけながら振り返る。その上で、日本人の海外移住の多様化・大衆化がどのような帰結をもたらしたのかを考察する。なお、個別の章の知見については、該当章の最終節にて考察を加えているので、そちらを参照されたい。

一　ライフスタイル移住の再生産――日本に逃れる子ども・若者たち

第Ⅰ部では、グアムの新二世のトランスナショナルな育ちの過程を、新一世の移住経験及び教育戦略と関連づけて検討した。本部の知見で強調すべき点は、教育や子育てを介してライフスタイル移住が再生産されていたことである[1]。


第三章でみたように、新二世はグアムに居ながらも、親の教育戦略のもと、家庭生活、メディア、在外教育施設や習い事、日本への渡航などを通じて日本と深い関係を築いていた。その結果、多くの新二世は日本語や日本の生活様式を身につけ、バイリンガル・バイカルチュラルに育っていた。かれらは、そうしたトランスナショナルな日常の中でグアムと日本を比較し、日本に愛着や憧れを抱くようになっていた。その一方で、グアムにおける限定的なライフチャンス、牧歌的で刺激のない雰囲気、日本人の排除や周辺化などに否定的な感情をもつようになっていた。こうした生活経験は、「グアムを出て日本に帰る」という帰還移住の選択を促していた。

グアムの新二世の帰還移住は、経済的・政治的な目的性をもつものではなく、個人的な理由によって実行されていた。また、帰還移住の動機に影響を与えていた日本に対する肯定的なイメージやグアムに対する否定的な感情は、個人的な経験に基づくものであり集合的な記憶に基づくものではない。これらを踏まえると、かれらの帰還移住は、グアムから日本への「ライフスタイル移住」として捉えることができる。

第一章で記述したように、新一世である親世代は、日本社会におけるネガティブな状況から抜け出し、自己実現のためにグアムに移住した。移動の方向は正反対であるが、自身のライフスタイルを追求するために移住を展開するという点で、それは新二世の帰還移住と共通している。このことは、ライフスタイル移住が世代を超えて再生産されていることを示している。つまり、日本を逃れた日本人が（長友 2013）、日本に逃れる子ども・若者を生み出しているのである。

ライフスタイル移住が再生産された要因として、新一世がもつ日本とのつながりや移住経験が、教育

［1］なお、新一世の教育戦略それ自体も、本書における重要な発見である。これは、額賀（2013）や山田（2019）など日本人移住者の教育や子育てを扱った研究において明らかにされてこなかった新しい教育戦略のかたちである。しかし、現行の日本の教育政策では、新一世のような長期滞在・永住者は、「帰国予定がない」という理由で援助の対象とはなっていない。例えば、在外教育施設に対する経済的・人的援助についても、長期滞在・永住家庭の子どもをカウントせずに資源が配分されており、現場の実態に見合った支援とはなっていない（芝野 2014、芝野 2018a）。本書でみたように、新一世にとって在外教育施設は子どもに日本語や日本文化を学ばせるために不可欠な場所である。また、新二世にとっても日本とのつながりをもつことができる貴重な場所である。さらに、親に帰国予定がなくても、自らの意思で日本に「帰国」する新二世もいる。これらを踏まえると、「帰国予定の有無」という基準を見直し、現実に即した教育政策を模索するべきである。

や子育てを通じて新二世に継承されたことがあげられる。第二章で検討したように、新一世は子どもがグアム社会に同化するのを回避するため、在外教育施設や日本人コミュニティを戦略的に利用しながら日本語・日本文化の伝達を徹底していた。また、自分たちが日本を抜け出したのと同じように、子どもにもグアムに安住するのではなく「やりたいこと」を見つけて島外に出てほしいと願っていた。こうした「より良い生き方の追求をめぐる教育戦略」には、移民労働者という不安定な社会経済的地位に置かれつつも、異国の地で生活基盤を築き上げてきた新一世の移住経験が色濃く反映されていた。

このような教育戦略のもと、新二世はグアムで日本を身近に感じながら育ち、日本に対する親和性を高めていた。また、親世代の「成功体験」に触れながら育ったことで、自己実現のために海外移住に挑戦する生き方に対して肯定的な態度を示していた。ただし、新一世の日本とのつながりや移住経験は、どの新二世にも同じように継承されるわけではない。第六章でみたように、トランスナショナルな日常生活の中で日本に対する親和性が弱められたり、グアムへの愛着が強まったりする場合もある。そのような新二世は、日本から距離を置き、帰還移住にも関心を示さない傾向がみられた。さらに、かれらの日本との距離のとり方は、時間の経過や地理的移動の中で様々に変化していた。

また、ライフスタイル移民が抱える「個人化された移住」をめぐる問題も再生産されていたことを忘れてはならない。第四章で指摘したように、個人の「やりたいこと」を基軸にした進路選択には自己責任のプレッシャーがつきまとう。また、第五章や第七章でみたように、個人化された帰還移住を展開する新二世は、親世代がグアムで経験したのと同じように、日本で直面する問題を個人の力で乗り越えなければならない状況に置かれる。特に、日本への進学を下支えするインフラが整っていないグアムでは、日本とのコネクションや情報をもつ人や集団とつながることができない場合、進路の決断や帰還後の生活に大きな困難が生じることとなっていた。

いずれにせよ、本書で見出されたライフスタイル移住の再生産やそのメカニズムは、先行研究では解明されてこなかった事柄である。この「海外にライフスタイル移住した日本人の子世代が日本に帰ってくる」という現象は、日本人の海外移住の多様化・大衆化がもたらした帰結のひとつである。日本に帰ってきた子世代は、親世代が抜け出した日本社会にどのようなインパクトを与えるのか。本書の知見は、こうした新たな問いを浮かび上がらせる。

二　帰国生入試の新たな機能——教育と移動可能性

第Ⅱ部では、進学ルートと就労ルートに着目し、新二世の日本への帰還移住をめぐる経験を比較検討した。本部の重要な知見として、まず、「帰国生入試」が海外移住する日本人の子ども・若者に果たす機能を取り上げたい。

第四章でみたように、幼少期より日本での生活に憧れてきた新二世は、その夢を叶えるために日本に進学することを選択した。かれらはバイリンガル・バイカルチュラルな能力を活かし、帰国生入試を巧みに利用することで大学に進学した。その多くは日本の有名・難関大学に進学し、さらに世代間の学歴移動（子世代の上昇移動）を実現させていた。このことから、帰国生入試はグアム育ちの新二世にとって「ルーツに帰るためのルート」となっていることがわかる。

もともと帰国生入試は、駐在家庭の子どもの教育保障のために設けられた特別な入試制度だった。それゆえに、しばしば特定のエリート層にだけ付与された特権であると批判されてきた（グッドマン 1992）。しかし、本事例を踏まえると、日本人の海外移住が多様化・大衆化する中で、帰国生入試が海外帰国生の教育保障やエリート層の優遇措置とは異なる機能を果たすようになっていることがわかる。いまや帰国生入試は、海外で生まれ育つ日本人の子ども・若者の帰還移住を促したり、世代間の階層移動を可能にしたりする新たな役割を担っているのである。また、新二世が帰国生入試を利用するためにあえて海外帰国生になる姿からは、それがもはや駐在家庭の子どもに付与される固有のカテゴリーではなく、海外で育つ多様な日本人によって主体的に選び取られるものとなっていることがわかる。

このように「帰国生」として日本に帰還したグアムの新二世は、「グローバル人材予備軍」として好意的に日本社会に迎え入れられていた。一方で、第五章でみたように、「労働者」として帰還を試みた者は様々な構造的・制度的制約に阻まれ、日本に帰還することができず、グアムに引き戻されていた。このことは、「教育」への関与が新二世の「移動可能性（自分の思い通りに動いたり留まったりできる度合い）」（塩原 2015）を高めていることを示している。ここでいう「移動」には、物理的な移動だけでなく、階層移動や存在論的移動（人生がより良い方向に進んでいる感覚）[2]といった「象徴的な移動」（塩原 2017）も含まれる。すなわち、移動可能性とは「自分の人生のあり方を空間的・存在論的・階層移動的な意味で自己決定できる潜在能力」（塩原 2015: 222）のことである。[3] 当然ながら、日本の有名・難関大学に進学した新二世はグローバル・エリートとして社会の上層に位置づく可能性をもっている（階層移動）。また、憧れの日本で生活する夢が叶った新二世は、自分の人生がより良い方向に進んでいることを実感しやすい状況にあるだろう（存在論的移動）。一方で、教育を通じた帰還移住のタイミングを逃した場合、物理的・象徴的な移動可能性を得ることが難しくなってしまう。次項で詳しく説明するように、労働者として帰還移住を試みた新二世は、どの移動可能性からも遠ざけられていた。

ただし、必ずしも教育を通じた帰還移住が新二世の人生をより良い方向に進めるわけではない。第七章でみたように、閉鎖的かつローカルな大学や地域に帰還したり、グアムに残る家族や友人との関係に歪みが生じたりすると、帰還後の生活は非常に厳しいものになる。その結果、日本にもグアムにも行き

［2］ハージ（2007）は、存在論的移動を「人生に意味と目的を与える移動感覚」であると述べる。そして、そうした感覚を最もよく経験するのは「どこかに行っている（going somewhere）」という感覚をもったときだという（確かに、日本語でも物事がうまく行っていることを「前に進む」と表現する）。逆に、人生の方向性や可能性を見失ったとき、人は存在論的移動の感覚に危機を経験する。それは、人生が「ゆっくりしか進まない」あるいは「どこにも行き場がない（going nowhere）」と感じられるときだという。これらを念頭に置くと、本書で注目してきたホームは「存在論的移動を可能にする場所」であると言い換えることができる。さらにハージは、存在論的移動と物理的移動が反比例の関係にあると指摘する。人が物理的に移動しようとするのは、他の地理的空間の方が今いる場所よりも人生を前に進めることができると考えるからであり、逆に今いる場所で人生がうまく進んでいると感じられる場合は、物理的な移動を自発的に試みることはあまりないという。これを踏まえると、第八章の事例は、存在論的移動の感覚を獲得するための物理的移動に失敗した新二世が、自らの手で存在論的に移動できる場所（＝ホーム）を創造する過程であると解釈できる。

［3］バウマン（2010）は、「旅行者（tourist）」と「放浪者（vagabond）」の概念を用いて移動可能性の問題を説明している。前者は世界を自分の意のままに移動できる「グローバル・エリート」のような人々を示している。一方で、後者は他に選択肢がないために移動を余儀なくされる者や、移動を封じ込められ特定の場所に縛り付けられている「難民」のような人々を指す。かれらは常に国家の管理下に置かれており、国境の壁は高い。本書のグローバル・ノンエリートの新二世は、「旅行者」と「放浪者」の間に位置する、移動はできるがそれほど力をもっていない人々であるといえる。

場がなくなるケースもみられた。そもそも、本書の対象者のような、「日本育ちの日本人」でも、「外国人」でも、「帰国生」でも、「ハーフ」でもない新二世の存在は、日本社会において理解されにくい。こうした特徴は日本での適応を阻害する要因となっていた（第七章）。他の移民世代と比べて日本に親和的な新二世は比較的スムーズに日本社会に適応するといわれてきたが（Tsuda 2019, Yamashiro 2019）、本書の内容を踏まえると、そのような知見は一面的であるといわざるを得ない。

三　グローバル・ノンエリートの存在——移動可能性をめぐる分断

もう少し、移動可能性について掘り下げて考えてみたい。第六章では、就労ルートを通って帰還した新二世が、日本とグアムをさまようグローバル・ノンエリートとなる過程を明らかにした。かれらは大学進学した新二世とは異なり、日本とグアムの双方の労働市場、エスニック・コミュニティ、移民に関する政策に阻まれ、「グアムを出て日本に帰る」という夢を実現することができなかった。このことは、新二世の間に行きたい場所に行ける者とそうでない者（帰りたい場所に帰れる者とそうでない者）が存在していることを示している。こうした移動可能性をめぐる分断が、青年期という人生の早い段階における進路選択の結果生じていることも重要な知見である。

グローバル・ノンエリートの新二世はグアムに残り／戻り、親世代と同じように現地採用者として日本人向けの観光業に従事していた。そして、親世代と同じように安価な労働力としてグアムの日系企業を支えつつ、駐在員との乗り越え難い格差を経験していた。バイリンガル・バイカルチュラルな能力をもつ新二世は、日系企業とグアム社会を橋渡しする重要な役割を担っている。しかし、社内での待遇は駐在員と比べて大きな隔たりがあった。もっとも、国際的な雇用・労働システムの中で周縁化される日本の若年ノンエリート層については、これまで様々に議論されてきた（藤岡 2017、神谷・丹羽 2018 など）。本書で新たに見出されたのは、そうした周縁化が世代を越えて続いていくという事実である。

ただし、新二世と新一世は同じような環境に身を置くことになるが、両者のグアムで生きることの意味は大きく異なっている。第一章でみたように、新一世にとってグアムは来たくて来た場所であり、住みたくて住んでいる場所である。一方で、新二世にとってグアムは行きたい場所に行けなかった結果、残った／戻った場所である。新一世にとってグアムは人生を前に進めてくれる場所であり、新二世にとっては人生が停滞しているように感じられる場所である。つまり、存在論的移動という観点からみると、グアムに住む新一世と新二世の経験は決して同じではない。次のカズさんが語る葛藤や不安は、親世代（新一世）と子世代（新二世）の間にある存在論的移動の感覚の隔たりを如実に表している。

カズさん：この島、ハマっちゃうでしょ。何回も来る人いっぱいいる。
筆者：リピーターってやつ？
カズさん：そうそう、わかるでしょ（笑）。でも、俺たちみたいな立場からすると、この島にハマったら終わりなんだよね。
筆者：どういう意味？
カズさん：親の代は、ずっと日本で生活してて、日本の苦しみを知って、グアムで必死こいて働いて、子ども育ててさ。って考えると、俺たちはグアムで苦しんだわけではないんだよね。

知らない間にこっち来て、グリーンカードすぐ手に入って、なんとなく仕事して。

筆者：あー……。

カズさん：適当だからさ、この島。すげー楽なんだよ、のんびりすぎるでしょ。だから、ときどき不安になるんだよね、どんどん自分がだめになってく感じ。この先俺、ずっとこうなのかよって。

［フィールドノーツ／二〇一四年二月二六日］

このように、グローバル・ノンエリートの新二世の経験は、物理的移動や階層移動の観点だけでは説明できない複雑な様相を呈しているのである。

ここまでみてきた新二世の移動可能性をめぐる分断は、日本人の海外移住が多様化・大衆化する中で次世代の間に格差や不平等が生じていることを示唆している。つまり、海外で育つ日本人の子ども・若者は決して同質的な集団ではなく、多様な差異を内包する集団なのである。繰り返すが、本事例において重要なのは、そうした差異がエスニシティやアイデンティティの次元だけでなく（Tsuda 2016, Yamashiro 2017など）、ライフチャンスと密接に関わる移動可能性（物理的・階層的・存在論的）の次元において立ち現れているということである。

四　ホームの中の多様な日本──越境する子ども・若者がつくり出す「断片」

第Ⅲ部では、グアムと日本を行き来する新二世が、どのようなホームをいかに創造するのかを検討した。第七章と第八章では、構造的制約や生活環境の変化の中で生い立ちを受け入れ、自分が今いる場を「より生きやすい場」とするためにホームをつくり出す新二世の姿を描いた。先行研究では、新二世がもつアイデンティティや帰属意識の特徴が解明されてきたが（藤田 2012, Tsuda 2016, Yamashiro 2017 など）、本書ではそれらが時間の経過や地理的移動の中で繰り返しつくり直されていくことが示された。

特に強調すべきことは、グアムに残った／戻った新二世が、ホームづくりの過程で人生の行き詰まりを打開していたことである（第八章）。かれらは自分にとって居心地の悪いグアム（アウェー）を居心地の良い場所（ホーム）に変えていく中で、帰還移住の過程で見失った人生の目的や意味を再発見していた。つまり、ホームづくりの実践それ自体が、存在論的移動の感覚の獲得を可能にしていたのである。このような強くしなやかに生きる新二世の姿は、かれらが移動可能性をめぐる分断の前に無力ではないことを示している。

ここで注目したいのが、新二世がホームづくりを実践する中で多様な日本を創造していたことである。それらは、ハイブリッド性や複数性を含み込むものもあれば、本質主義や原初主義が基盤になっているものもあった。また、実体的な場所やモノとして創造されることもあれば、象徴的なイメージとして表現されることもあった。重要なのは、それらが一つの中心をもつ固定化された日本ではなく、時間の経過や地理的移動の中で様々につくり変えられる開かれた日本だということである。

このような、個々の越境的なライフコースの中で日常的に創造される様々な日本を、中島（2021）は「オルタ、小文字、複数」という言葉を用いて説明している。

日常の中でそうぞうされる「日本」は、大きな単一のそれではなく、小さないくつもの物語であろう。大文字の「日本」ではなく、小文字の、ということは日常の語りの中に居場所のある「日本」である。一人ひとりがそうぞうする「日本」は、決して一つにまとまることはない。まとめる必要はない。また、「日本」をそうぞうする主体はいわゆる「日本人」に限定されず（「日本」をそうぞうするのは「日本人」の特権ではない）、そうぞうされる「日本」の場は「日本」の国境内に限定されない。（中島 2021: 81）

中島は、この複数かつ小文字の日本を、それぞれの時間が流れる個々の空間として表現されるものであると説く。そして、異なる立場の人々がもち込む固有の時間や空間が、「オルタ」な日本を創造する契機となるという。ここでいう「オルタ」とは、既存の抑圧や支配に対する「アンチ（対抗）」として新たに対置されるものではなく、他者とのより良い関係性を模索する中で創造されるもののことである（Hage 2015）。[4] 中島が強調するのは、こうした「オルタ、小文字、複数」の日本が、マジョリティによって秩序立てられた時空間としての日本を相対化し、その再創造の原動力となる可能性である。

これらを踏まえると、日本は大きな一つの全体ではなく、多様な背景をもつ人々がそれぞれの時空間においてつくり出す断片の集まりであることがわかる。グアムの新二世たちが創造する様々な日本は、その無数の断片のひとつである。当然ながら、これは日本に限ったことではない。本書でみてきたように、グアムと日本を同時に生きる新二世たちは、それぞれの日本を創造する一方で、それぞれのグアムを創造していた。このような個々に創造される日本やグアムは、グアムと日本を物理的・心理的に行き来しながら生きる新二世の「数々の断片からなる愛郷心」（バック 2014）と呼ぶことができるだろう。

ただし、新二世によって創造された日本が新たな分断や境界の生成に結びつく可能性に注意を払う必要がある。例えば、日本を軸に異なる階層に位置する若者をつなぐＧＭＣは、日系社会における駐在員と現地採用者の分断状況を乗り越える画期的な取り組みである。しかし、ＧＭＣは特定の世代、エスニシティ、ジェンダーに閉じた集団でもある。さらに、歴史的・政治的な観点からみると、かれらの主張や実践は、グアムに対する日本の歴史的不正義や観光開発による新植民地主義の問題と共振してしまう可能性を有している。このことは、新二世の日本が複雑な歴史的文脈や社会関係の中で創造されていることを意味している。

いずれにせよ、日本人の海外移住が多様化・大衆化する現在、同質的かつ一枚岩的な日本を想定することは不可能になっている。本書でみたように、海外移住する日本人の子ども・若者たちはライフコースの中でそれぞれの日本をつくり出している。その背景にあるのは、人生に痕跡を残すような日本をめぐる複雑な感情や経験である。そのような越境する子ども・若者が生み出す数々の「断片」の中に、多様性に開かれた日本の創造可能性をみることができるのではないだろうか。

［4］Hage（2015）は、人々が対抗政治（アンチ・ポリティクス）に絡め取られず、日常を人間らしく自由に生きることができる社会空間を創造するために、オルタ・ポリティクス（何かより良いものを創造しようとする志向）の重要性を説く。ただし、Hage は対抗政治を完全に否定しているわけではない。重要なのは、対抗政治の可能性を担保しつつ、オルタの創造を模索していくことである。

第二節　今後の展望――海外移住する日本人の子ども・若者の行方

ここまで、本書の知見を踏まえつつ、日本人の海外移住の多様化・大衆化がもたらした帰結を考察した。最後に、本書の限界に触れながら、今後、海外移住する日本人の子ども・若者に関する議論を展開していく上で重要となる視点について述べたい。

第一に、対象地域を拡大することである。本書はグアムという特定の地域に限定された事例研究である。しかし、いまや海外移住する日本人は、オーストラリア、東南アジア、ハワイ・北米など多様な地域に離散している。ここまで検討してきたように、本書の対象者の日本をめぐる経験は、グアムの社会的文脈や、グアムと日本との歴史的な関係性に大きく影響を受けていた。このことは、生活圏が異なればトランスナショナルな経験も異なることを示している。今後は、多様な日本人移住者の子世代を比較し、海外移住する日本人の子ども・若者を取り巻く問題を多角的に検討していく必要がある[5]。

第二に、対象者の範疇を広げることである。まず、ジェンダーについて言及したい。本書では男性の新二世を中心に取り上げた。これは、調査において深いラポールを築き、それを長期間維持できたのが男性だったためである。その原因には、私の男性というポジショナリティが影響していると考えられる。無論、移民女性を対象とした研究が示すように（Tokunaga 2018 など）、トランスナショナルな経験やホームづくりの実践にジェンダーの影響をみることは可能である。今後は、ジェンダーによる差異を考慮した研究が求められる。次に、国際結婚家庭の子ども・若者についてである。本書が対象としたのは、日本人の両親をもつ新二世であり、国際結婚家庭の子ども・若者は取り上げることができなかった。当然ながら、個人の属性や家庭背景はライフコースに多大な影響を及ぼす。日本人の海外移住が複雑化する中で、国際結婚家庭の子ども・若者を対象化する研究は必要不可欠であろう。

第三に、対象者を追いつづけることである。エスノグラフィックな研究は、変わりゆく人々や場所をいかに捉えるかという問題に必ず直面する。本書を執筆している現在も、海外移住する日本人の子ども・若者を取り巻く環境は目まぐるしく変化している。そして、個々のライフコースも動きつづけている。もちろん、「グアム育ちの日本人」も例外ではない。

例えば、新型コロナウイルス感染症の大流行は、かれらの生活環境を一変させている。本書でみたように、グアムの新二世の多くは観光業や飲食業に従事している。そのため、公私ともに多大な困難を強いられている。観光業の再開の目処は立っておらず（二〇二一年九月現在）、経済的に不安的な生活がつづいている。また、日本においても観光業や飲食業は大きなダメージを受けている。その波は沖縄に住むジョウさんの元にも押し寄せた。残念ながら、彼が切り盛りしていたパブは一年もたたずに営業停止になってしまった（フィールドノーツ／二〇二一年八月二三日）。

コロナ禍における問題は、経済的なものだけではない。グアムの新二世にとってより切実な問題は、かれらを襲う存在論的不安である。例えば、カズさんは「観光のないグアムに日本人が住んでいることの意味って何だろう」（フィールドノーツ／二〇二〇年一〇月二七日）と吐露している。ロックダウンを経験し

［5］例えば、近年増加傾向にある一九八〇年以降に日比結婚家庭に生まれた「新日系フィリピン人」の帰還経験に関する研究（原 2011 など）との接続が考えられる。また、本書の内容を太平洋諸島に関する研究領域に位置づけ、ミクロネシアをめぐる歴史的背景や地政学的文脈とともに考察することも可能である。今後の課題としたい。

たグアムでは、観光に依存しない経済のあり方が模索され始めている。こうした動きの中で、観光を生業にする新二世たちは育ってきた場所から根こそぎにされるかもしれない不安を抱えている。また、沖縄に住むジョウさんについても、苦労してつくりあげたホームを手放したことは人生を停滞させる重大な出来事となっている。先の見えない状況の中で、再び人生の目的や意味を見つけ出すことは簡単なことではない。

一方で、新二世の中には子どもを授かった者もいる。カズさんとジョウさんも子宝に恵まれた。子をもつ親となったことで、かれらの心境や生活環境は確実に変化している。このようなライフイベントの数々は、新たな移動実践や帰属意識を形成するきっかけとなるに違いない。また、新二世のもとで育つ「新三世」がどのようなライフコースを歩むのか、という次なる課題も立ち上がる。

こうした海外移住する日本人の子ども・若者の変わりゆく姿は、ライフコースを追いつづけることでしか捉えることはできない。そのためには、研究者がフィールドに戻りつづけること、そして、かれらの人生の軌跡に耳を傾けていくことが求められる。

あとがき

本書は二〇一七年に大阪大学に提出した博士論文「ライフスタイル移住する日本人の教育——親世代の教育戦略と第二世代の進路形成」を大幅に加筆・修正したものである。提出後に収集した新しいデータと、この間に出版された国内外の研究動向を加え、全体を再構成した。また、できるだけ難解な言葉や言い回しを避け、専門性の高い内容を注釈に移すなどして、研究書に馴染みのない人も手に取りやすいように書き直した。本書を通して、グアムや海外移住する日本人のことはもとより、教育社会学や移民研究、そしてエスノグラフィーにも興味をもってもらえると幸いである。

まえがきで述べたように、私がグアムで研究をスタートさせたのは二〇一二年二月である。このあとがきを書いているのが二〇二二年二月なので、ちょうど一〇年が経ったことになる。当時二五歳の若者だった私も三五歳になり、中年に差しかかろうとしている。ずいぶん時間がかかってしまったが、多くの人に支えていただき、なんとか形にすることができた。

実は、本書の出版は、ほとんど諦めていた。博士課程一年時の終わりに研究テーマと調査フィールドを変更した私は、研究を深めるのと同時に学位論文を完成させなければならなかった。のんびりと大学院生をつづける経済的・精神的余裕がなかった私は、調査を継続しつつも無理やり区切りをつけ、ひとまず教育制度上の「期限」までに博士論文を書き上げた。それなりにまとめることはできたが、やはり不完全燃焼であった。なにより、グアムで出会った若者たちの人生は激しく動いており、立てつづけに起こる進学、就職、結婚、移住といった重要なライフイベントを見逃すわけにはいかなかった。こうした背景から、私は「博論の延長戦」を細々とつづけることにした。

時が経つにつれて研究は分厚くなったものの、もはやどこで区切りをつければ良いのかわからなくなっていた。そろそろ成果をまとめなければと思いながらも、それにかかる膨大な時間と労力を想像しては絶望し、色々な理由をつけて逃げてきた。その度に、調査に協力してくれた方々の顔が浮かび、とてつもない罪悪感と焦燥感にみまわれた。もう諦めよう、そう割り切ろうとした矢先、あの「コロナ」がやってきた。グアムへの渡航予定は全てキャンセルされ、研究活動をストップせざるを得なくなった。私はもう二年以上グアムに行っていない。海外どころか国内の移動もできていない状態である。

未曾有の出来事により、ありとあらゆることが停滞してしまった。しかし、それは思わぬ形で私の研究活動にポジティブな影響をもたらした。一度立ち止まり、自分の研究をじっくり見つめ直す時間をもつことができたのである。まさに、不幸中の幸いであった。これがラストチャンスだと言い聞かせ、本書の執筆に取りかかった。

これまでの研究活動をゆっくりと振り返る中で、調査の過程で直面した様々な困難を思い出した。最も私を悩ませたのは、自分とは異なる立場にある人について書くことの難しさである。「日本育ちの日本人」の私が「グアム育ちの日本人」のことを書いて良いのか、もし書いて良いのなら、どのように書けば良いのか。そもそも、一体何のために書く必要があるのだろうか。こうした葛藤は、現場に深く入り込むほど、対象者との距離が縮まるほど、そしてかれらと自分との移動可能性の違いに気づくほど、大きくなっていった。「自己再帰性」や「反省性」がモラルの問題ではなくリアルな出来事として経験される中で、だんだんと身動きが取れなくなった。

耐えきれなくなった私は、ある時カズさんに悩みを打ち明けた。彼はしばらく考えた後、穏やかな表情で、しかしはっきりとした口調で「俺は、淳一が俺の生きた証を残してくれてると思ってる。俺にはできない、淳一にしかできない仕事なんじゃないの?」と伝えてくれた。「巻き込んだんだから、腹くくって書いてみろよ」、そう言われているような気がした。この言葉によって、決して書くことをめぐる葛藤から解放されたわけではないし、書くことの正当性が担保されたわけでもない。もちろん、彼と私が「対等」な関係になったわけでもない。ただ、少しだけ「それでも書くこと」の意味がわかったような気がした。同時に、それまでとは比べものにならない、とてつもない責任と重圧がのしかかった。

本書を書き終えた今も、私に語ってくれた人のことを自分がどれだけ理解し、書き表すことができたのかわからない。おそらく、いくら書き方を工夫しても、またどのような評価を得たとしても、こうした葛藤から解放されることはないだろう。むしろ、この底なしの不安と向き合いつづける覚悟こそが、「それでも書くこと」を可能にするのだと思う。本書は、その一つの形である。

＊＊＊＊＊

本書を書き上げるまでに、多くの方々にお世話になりました。まず、グアムで出会った皆さま。皆さまの支えと励ましがなければ、本書を完成させることはできませんでした。こんな私をあたたかく受け入れてくださったこと、心から感謝いたします。特に親友のYとK、いつも刺激的な時間をありがとう。

二人と出会えたことで私の人生は大きく変わりました（もちろん良い方向に！）。グアムでの再会を楽しみにしています。まだまだ書きたい思い出はありますが、本論以上のボリュームになりそうなのでやめておきます。

大阪大学の指導教員だった志水宏吉先生には長きにわたりご指導いただきました。心より感謝いたします。志水先生からは教育社会学とエスノグラフィーの手ほどきをしていただきました。さらに、私の生き方に影響を与える数々の「金言」をいただきました。グアムでの調査が上手くいかなかったとき、「人生は決定力」の言葉に何度も勇気づけられたことを思い出します。

また、博士論文を審査していただいた高田一宏先生と山本ベバリーアン先生に感謝いたします。高田先生からは、現場に学びつつ地道に研究をつづけていくことの大切さを学びました。山本先生からは、専門的な観点から分析枠組や方法論に関する手厚いご指導をいただきました。

大阪大学教育文化学研究室のメンバーにも大変お世話になりました。特に、同期の知念渉さんと中村瑛仁さんには、たくさん励ましてもらいました。教文研究室は、和気あいあいと切磋琢磨する良い環境だったと思います。研究室から離れた今、そこが私にとってのホームだったのだなと感じています。

大阪大学グローバルＣＯＥプログラム及び卓越した大学院拠点の関係者の皆さまにも感謝いたします。博士課程在学中に三度も研究助成をいただき、グアムでの調査をサポートしていただきました（平成二三年度大阪大学グローバルＣＯＥプログラム「コンフリクトの人文学国際教育研究拠点」大学院生調査研究助成、平成二四年度および二五年度卓越した大学院拠点形成支援補助金「コンフリクトの人文学国際教育研究拠点」大学院生調査研究助成）。

私が大切なフィールドに出会えたのは、大学院生の育成にご尽力いただいた皆さまのおかげです。また、大阪大学キャンパスライフ支援センター障がい学生支援ユニットの関係者の皆さまにも感謝いたします。聴覚障害のある私がフィールド調査やインタビューなど「耳」を駆使する研究をつづけることができたのは、皆さまがより良い環境を整えてくださったおかげです。

大阪大学の関係者以外の方々からも、多くのご指導をいただきました。心より感謝いたします。ここでは特にお世話になった先生のお名前をあげさせていただきます。中島智子先生には、博士論文と本書の草稿に目を通していただき、膨大な知識と経験に基づいて丁寧かつ鋭いコメントをいただきました。額賀美紗子先生にも本書の草稿をチェックしていただき、先行研究に関する有益な情報を提供していただきました。渋谷真樹先生には、本書の元になった多くの論文にご助言をいただきました。また、多様な研究者コミュニティに引っ張ってくださり、研究者としての資質を養う機会を与えてくださいました。

中京大学の同僚の三浦綾希子先生と森田次朗先生にも、本書の草稿に分厚いコメントをいただきました。本当にありがとうございました。三浦先生は、本書の進捗状況をいつも気にかけてくだり、出版を後押ししていただきました。森田先生は、毎月一度、セラピストのように本書の執筆に関する悩みを聴いてくださいました。

さらに、他大学の同世代の研究者にも大変お世話になりました。特に、長年お世話になっている稲津秀樹さんと喜始照宣さんに感謝いたします。稲津さんは、私の漠然としたアイデアを整理し、学術的な文脈に位置づけてくださいました。そのテクニックには毎回驚かされます。喜始さんは、私が書いたものの全てに細かく赤を入れてくださいました。おそらく、私の研究を一番知っているのは喜始さんでしょう。

なお、本書は中京大学出版助成を得て出版されたものです。出版のチャンスを与えていただいたこと、心より感謝いたします。また、本書の出版を実現するにあたり、ナカニシヤ出版の米谷龍幸さんには大変お世話になりました。わがままな注文ばかりする私に懲りず、いつもわくわくする提案をしていただき、本当にありがとうございました。

最後に、これまで私を励ましつづけてくれた家族に感謝します。私が研究の道に進むことができたのは、私の選択を尊重し支えてくれた母、父、弟のおかげです。小学生のころに家族で過ごしたシカゴでの一年間が、私の研究関心の源となっています。

なにより、グアムで出会って以来、私をあたたかく見守ってくれている妻のまやに感謝します。気の小さい私を毎日励まし、時に強気に背中を押してくれるおかげで、私は何とか前に進むことができています。本当にありがとう。そして、本書の執筆中に誕生した娘の紗礼へ。私に新しい人生の目的と意味を与えてくれて、ありがとう。いつか、グアムに行こうね。

Wish in Guam（Mott 画）

二〇二二年二月　芝野淳一

Home."*Micronesian Educator, 15*: 17–30.

Wessendorf, S., 2013, *Second-Generation Transnationalism and Roots Migration: Cross-Border Lives*. Farnham: Ashgate.

Wingens, M., de Valk, H., Windzio, M., & Aybek, C., 2011, "The Sociological Life Course Approach and Research on Migration and Integration." In Wingens, M., de Valk, H., Windzio, M., & Aybek, C. (eds.), *A Life-Course Perspective on Migration and Integration*. Dordrecht: Springer, pp.1–26.

Yamada, A., 2019, "Millennial Shin-Issei Identity Politics in Los Angeles." In Omi, M., Nakano, D. Y., & Yamashita, J. T. (eds.), *Japanese American Millennials: Rethinking Generation, Community, and Diversity*. Philadelphia, PA: Temple University Press, pp.152–167.

Yamashiro, J. H., 2017, *Redefining Japaneseness: Japanese Americans in the Ancestral Homeland*. New Brunswick, NJ: Rutgers University Press.

Yamashiro, J. H., 2019, "Japanese American Millennials in Contemporary Japan." In Omi, M., Nakano, D. Y., & Yamashita, J. T. (eds.), *Japanese American Millennials: Rethinking Generation, Community, and Diversity*, Philadelphia: Temple University Press, pp.231–254.

Yap, V., 2015, "From Transient Migration to Homemaking: Filipino Immigrants in Guam." In Chan, Y. W., Fung, H., & Szymańska-Matusiewicz, G. (eds.), *The Age of Asian Migration: Continuity, Diversity, and Susceptibility, Volume 2*. Newcastle upon Tyne: Cambridge Scholars Publishing, pp.157–174.

Portes, A., & Rumbaut, R., 2014, *Immigrant America: A Portrait (Forth Edition)*. Oakland, CA: University of California Press.
Punch, S., 2012, "Studying Transnational Children: A Multi-Sited, Longitudinal, Ethnographic Approach." *Journal of Ethnic and Migration Studies 38*(6): 1007–1023.
Spencer, M. L., 2012, "Paths of Central Caroline Island Children during Migration and Times of Rapid Change." *Pacific Asia Inquiry 3*(1): 7–29.
Spencer, M. L., 2019, "Understanding Childhoods in the Micronesian Diaspora by Linking Home Island Lives to Post-migration Experiences." In Helen, L. (ed.), *Pacific Youth: Local and Global Futures*. Canberra: Australia National University Press, pp.219–246.
Stephenson, R. A., Chiang, L. N., Kurashina, H., Chen, Y. F., & Li, Y., 2010, "'Guam is Our Home: 'Taiwanese-Chinese 'Old Timers'' Perception of Guam." *Pacific Asia Inquiry 1*(1): 42–53.
Tokunaga, T., 2018, *Learning to Belong in the World: An Ethnography of Asian American Girls*. Singapore: Springer.
Tsuda, T., 2003, *Strangers in the Ethnic Homeland: Japanese Brazilian Return Migration in Transnational Perspective*. New York: Columbia University Press.
Tsuda, T., 2009, "Introduction: Diasporic Return and Migration Studies". In Tsuda, T. (ed.), *Diasporic Homecomings: Ethnic Return Migration in Comparative Perspective*. California: Stanford University Press, pp.21–43.
Tsuda, T., 2016, *Japanese American Ethnicity: In Search of Heritage and Homeland Across Generations*. New York: New York University Press.
Tsuda, T., 2018, "Diasporicity: Relative Embeddedness in Transnational and Co-ethnic Networks". In Cohen, R., & Caroline, F. (eds.), *Routledge Handbook of Diaspora Studies*. Oxon: Routledge, pp.189–196.
Tsuda, T., 2019, "Japanese American Ethnic Return Migration Across the Generations." In Tsuda, T., & Song, C. Z. (eds.), *Diasporic Returns to the Ethnic Homeland: The Korean Diaspora in Comparative Perspective*. Cham: Palgrave Macmillan, pp.199–217.
U.S. Census Bureau, 2013, *2010 Census of Population and Housing: Guam Demographic Profile Summary File*.
Walter, A., Salas, M. C., & Li, N., 2011, "Chuukese Migration to Guam: Toward Educational and Organizational Change, and Survival in a New

New Zealanders: A Quest of Home. Lanham, MD: Lexington Books.

Levitt, P., & Schiller, N. G., 2004, "Conceptualizing Simultaneity: A Transnational Social Field Perspective on Society." *International Migration Review 38*(3): 1002–1039.

Levitt, P., & Waters, M. C. (eds.), 2002, *The Changing Face of Home: The Transnational Lives of the Second Generation*. New York: Russell Sage Foundation.

Louie, V., 2006, "Second-Generation Pessimism and Optimism: How Chinese and Dominicans Understand Education and Mobility through Ethnic and Transnational Orientations." *International Migration Review 40*(3): 537–572.

Marcus, G. E., 1995, "Ethnography in/of the World System: The Emergence of Multi-Sited Ethnography." *Annual Review of Anthropology 24*: 95–117.

O'Reilly, K., 2009, "The Children of the Hunters: Self-Realization Projects and Class Reproduction." In Benson, M., & O'Reilly, K. (eds.), *Lifestyle Migration: Expectations, Aspirations and Experiences*. Farnham: Ashgate, pp.103–119.

O'Reilly, K., 2012, *Ethnographic Methods* (*Second Edition*). Oxon: Routledge.

O'Reilly, K., & Benson, M., 2009, "Lifestyle Migration: Escaping to the Good Life?" In Benson, M., & O'Reilly, K. (eds.), *Lifestyle Migration: Expectations, Aspirations and Experiences*. Farnham: Ashgate, pp.1–13.

Oliver, C., & O'Reilly, K., 2010, "A Bourdieusian Analysis of Class and Migration: Habitus and the Individualizing Process." *Sociology 44*(1): 49–66.

Omi, M., Nakano, D. Y., & Yamashita, J. T., 2019, "Introduction." In Omi, M., Nakano, D. Y., & Yamashita, J. T. (eds.), *Japanese American Millennials: Rethinking Generation, Community, and Diversity*. Philadelphia, PA: Temple University Press, pp.1–19.

Perez, M. P., 2002, "Pacific Identities beyond US Racial Formations: The Case of Chamorro Ambivalence and Flux." *Social Identities 8*(3): 457–479.

Perez, M. P., 2004, "Insiders Without, Outsiders Within: Chamorro Ambiguity and Diasporic Identities on the U.S. Mainland." In Chiang, L. N., Lidstone, J., & Stephenson, R. A. (eds.), *The Challenges of Globalization: Cultures in Transition in the Pacific-Asia Region*. Lanham, MD: University Press of America, pp.47–72.

Studies 38(6): 913–931.

Doerr, N. M., & Lee, K., 2011, "Inheriting 'Japanese-ness' Diversely: Heritage Practices at a Weekend Japanese Language School in the United States." In Doerr, N. M. (ed.), *Heritage, Nationhood and Language: Migrants with Japan Connections.* New York: Routledge, pp.64–102.

Faist, T., 2010, "Diaspora and Transnationalism: What Kind of Dance Partners?" In Bauböck, R., & Faist, T. (eds.), *Diaspora and Transnationalism: Concepts, Theories and Methods.* Amsterdam: Amsterdam University Press, pp.9–34.

Guam BSP., 2021, *Guam Statistical Yearbook 2019.* Guam Bureau of Statistics and Plans.

Guam DOE., 2019, *Annual State of Public Education Report SY 2019–2020.* Guam Department of Education.

Guarnizo, L., 1997, "The Emergence of a Transnational Social Formation and the Mirage of Return Migration among Dominican Transmigrants." *Identities 4*: 281–322.

Hage, G., 1997, "At Home in the Entrails of the West: Multiculturalism, 'Ethnic Food' and Migrant Home-Building." In Grace, H. (ed.), *Home/World: Space, Community and Marginality in Sydney's West.* Sydney: Pluto Press, pp.99–153.

Hage, G., 2015, *Alter-Politics: Critical Anthropology and the Radical Imagination.* Carlton: Melbourne University Publishing.

Hammar, T., 1990, *Democracy and the Nation State: Aliens, Denizens and Citizens in a World of International Migration.* Aldershot: Gower.

Higuchi, W., 2013, *The Japanese Administration of Guam, 1941–1944: A Study of Occupation and Integration Policies, with Japanese Oral Histories.* Jefferson, NC: McFarland.

Igarashi, H., 2015, "Privileged Japanese Transnational Families in Hawaii as Lifestyle Migrants." *Global Networks 15*(1): 99–117.

Kılınç, N., & King, R., 2017, "The Quest for a 'Better Life': Second-Generation Turkish-Germans' 'Return' to 'Paradise'." *Demographic Research 36*: 1491–1514.

Kobayashi, S., 2019, "'Who's Pitiful Now?': Othering and Identity Shifts of Japanese Youth from California to Tokyo." *Diaspora, Indigenous, and Minority Education 13*(1): 13–25.

Lee, Y. J., 2018, *Transnational Return Migration of 1.5 Generation Korean*

143.
南　保輔, 2000,『海外帰国子女のアイデンティティ——生活経験と通文化的人間形成』東信堂。
文部科学省, 2016,「海外で学ぶ日本の子どもたち（2016 年度版）」文部科学省初等中等教育局国際教育課。
文部科学省, 2021,「海外で学ぶ日本の子どもたち（2021 年度版）」文部科学省総合教育政策局国際教育課。
山口　誠, 2007,『グアムと日本人——戦争を埋め立てた楽園』岩波書店。
山田亜紀, 2019,『ロサンゼルスの新日系移民の文化・生活のエスノグラフィ——新一世の教育ストラテジーとその多様性』東信堂。
山田礼子, 2004,『「伝統的ジェンダー観」の神話を超えて——アメリカ駐在員夫人の意識変容』東信堂。
好井裕明, 2004,「「調査するわたし」というテーマ」好井裕朗・三浦耕吉郎編『社会学的フィールドワーク』世界思想社, pp.2–32.
吉原直樹・今野裕昭・松本行真, 2016,『海外日本人社会とメディア・ネットワーク——バリ日本人社会を事例として』東信堂。
Befu, H., 2001, “The Global Context of Japan Outside Japan.” In Befu, H., & Guichard-Anguis, S. (eds.), *Globalizing Japan: Ethnography of the Japanese Presence in Asia, Europe, and America*. Oxon: Routledge, pp.3–22.
Benson, M., 2010, “Landscape, Imagination and Experience: Processes of Emplacement among the British in Rural France.” *The Sociological Review 58*(2): 61–77.
Benson, M., & O'Reilly, K. (eds.), 2009, *Lifestyle Migration: Expectations, Aspirations and Experiences*. Farnham: Ashgate.
Bolognani, M., 2014, “The Emergence of Lifestyle Reasoning in Return Consideration among British Pakistanis.” *International Migration 52*(6): 31–42.
Christou, A., 2006, *Narrative of Place, Culture and Identity: Second-Generation Greek-Americans Return Home*. Amsterdam: Amsterdam University Press.
Christou, A., & King, R., 2015, *Counter-Diaspora: The Greek Second Generation Returns “Home.”* Cambridge, MA: Harvard University Press.
Coe, C., 2012, “Growing Up and Going Abroad: How Ghanaian Children Imagine Transnational Migration.” *Journal of Ethnic and Migration*

原めぐみ, 2011,「越境する若者たち，望郷する若者たち――新日系フィリピン人の生活史からの考察」『グローバル人間学紀要』*4*：5–25.
藤岡伸明, 2017,『若年ノンエリート層と雇用・労働システムの国際化――オーストラリアのワーキングホリデー制度を利用する日本の若者のエスノグラフィー』福村出版。
藤田結子, 2008,『文化移民――越境する日本の若者とメディア』新曜社。
藤田結子, 2012,「「新二世」のトランスナショナル・アイデンティティとメディアの役割――米国・英国在住の若者の調査から」『アジア太平洋研究』*37*：17–30.
藤田結子, 2013,「エスノグラフィー――現場を内側から経験し記述する」藤田結子・北村　文編『現代エスノグラフィー――新しいフィールドワークの理論と実践』新曜社, pp.18–23.
藤浪　海, 2020,『沖縄ディアスポラ・ネットワーク――グローバル化のなかで邂逅を果たすウチナーンチュ』明石書店。
ブルーベイカー, ロジャース, 2009,「「ディアスポラ」のディアスポラ」（赤尾光春訳）赤尾光春・早尾貴紀編『ディアスポラから世界を読む――離散を架橋するために』明石書店, pp.375–400.
古沢昌之, 2020,『「現地採用日本人」の研究――在中国日系進出企業におけるSIEs（self-initiated expatriates）の実相と人的資源管理』文眞堂。
ベフ, ハルミ編, 2002,『日系アメリカ人の歩みと現在』人文書院。
ポルテス, アレハンドロ・ルンバウト, ルベン, 2014,『現代アメリカ移民第二世代の研究――移民排斥と同化主義に代わる「第三の道」』（村井忠政訳）明石書店。
町村敬志, 1999,『越境者たちのロスアンジェルス』平凡社。
松島泰勝, 2007,『ミクロネシア――小さな島々の自立への挑戦』早稲田大学出版部。
松谷実のり, 2014,「現地採用移住の社会学的研究序説――グローバル化時代の多様な移住経験」『京都社会学年報』*22*：49–68.
三浦綾希子, 2015,『ニューカマーの子どもと移民コミュニティ――第二世代のエスニックアイデンティティ』勁草書房。
水上徹男, 1995,「ソジョナー――国境を越えた人の移動とセツルメント形態」『年報社会学論集』*8*：131–142.
南川文里, 1999,「滞留状況と移民企業家――ロサンゼルス日系移民の歴史社会学的考察から」『年報社会学論集』*12*：143–154.
南川文里, 2005,「「在米日系人／在外日本人であること」の現代的意味――エスニシティの現代社会論に向けて」『立命館言語文化研究』*17*(1)：137–

究』*4*(1)：23–32.
中村高康, 1997,「大学大衆化時代における入学者選抜に関する実証的研究——選抜方法多様化の社会学的分析」『東京大学大学院教育学研究科紀要』*37*：77–89.
中山京子, 2015,「マリアナ諸島の公立学校におけるアイデンティティの育成——グアムの社会科教育を中心に」『社会科教育研究』*125*：120–131.
中山京子, 2018,「グアムへの日系移民」日本移民学会編『日本人と海外移住——移民の歴史・現状・展望』明石書店, p.74.
中山京子・ラグァニャ, T. ロナルド, 2010,『入門 グアム・チャモロの歴史と文化——もうひとつのグアムガイド』明石書店。
日本移民学会編, 2018,『日本人と海外移住——移民の歴史・現状・展望』明石書店。
額賀美紗子, 2013a,『越境する日本人家族と教育——「グローバル型能力」育成の葛藤』勁草書房。
額賀美紗子, 2013b,「マルチサイテッド・エスノグラフィー」藤田結子・北村文編『現代エスノグラフィー——新しいフィールドワークの理論と実践』新曜社, pp.118–123.
額賀美紗子, 2014a,「越境する若者と複数の「居場所」——異文化間教育学と居場所研究の交錯」『異文化間教育』*40*：1–17.
額賀美紗子, 2014b,「トランスナショナルな教育戦略における日本人補習校の意味づけ——ハワイに移住した母親と子どもの視点から」『海外子女教育の新展開に関する研究プロジェクト報告書——新しい補習授業校のあり方を探る』東京学芸大学国際教育センター, pp.7–27.
額賀美紗子, 2016,「帰国生の日本再適応過程における「グローバル型能力」の変容——国内安住志向と国際移動志向への分岐」『国際教育評論』*13*：1–17.
ハージ, ガッサン, 2007,「存在論的移動のエスノグラフィ——想像でもなく複数調査地的でもないディアスポラ研究について」(塩原良和訳) 伊豫谷登士翁編『移動から場所を問う——現代移民研究の課題』有信堂高文社, pp.27–49.
バウマン, ジグムント, 2010,『グローバリゼーション——人間への影響』(澤田眞治・中井愛子訳) 法政大学出版局。
萩原建次郎, 2018,『居場所——生の回復と充溢のトポス』春風社。
バック, レス, 2014,『耳を傾ける技術』(有元　健訳) せりか書房。
濱野　健, 2014,『日本人女性の国際結婚と海外移住——多文化社会オーストラリアの変容する日系コミュニティ』明石書店。

のエスノグラフィ』勁草書房。
渋谷真樹, 2021,「異文化間教育における「日本」の再想像《さいそうぞう》／創造——越境する若者の経験」『異文化間教育』*53*：1–12.
志水宏吉・清水睦美編, 2001,『ニューカマーと教育——学校文化とエスニシティの葛藤をめぐって』明石書店。
志水宏吉・山本ベバリーアン・鍛治　致・ハヤシザキカズヒコ編, 2014,『「往還する人々」の教育戦略——グローバル社会を生きる家族と公教育の課題』明石書店。
下川裕治, 2019,『新版「生きづらい日本人」を捨てる』光文社。
下地ローレンス吉孝, 2018,『「混血」と「日本人」——ハーフ・ダブル・ミックスの社会史』青土社。
関　恒樹, 2013,「越境する子どものアイデンティティと「家族」の表象——アメリカ合衆国におけるフィリピン系 1.5 世代移民の事例から」『文化人類学』*78*(3)：367–398.
竹沢泰子, 1994,『日系アメリカ人のエスニシティ——強制収容と補償運動による変遷』東京大学出版会。
タン, レンレン・合田美穂・マクラーチュアン, エリザベス, 2008,「仕事と自己の相互関係——シンガポールにおける日本人女性の経験」足立伸子編『ジャパニーズ・ディアスポラ——埋もれた過去, 闘争の現在, 不確かな未来』（吉田正紀・伊藤雅俊訳）新泉社, pp.342–369.
東京学芸大学国際教育センター編, 1986,『国際化時代の教育——帰国子女教育の課題と展望』創友社。
中澤高志, 2018,「若者の海外就職・起業と日本のビジネス・エコシステムの生成」神谷浩夫・丹羽孝仁編『若者たちの海外就職——「グローバル人材」の現在』ナカニシヤ出版, pp.127–153.
中島智子, 2021,「〈「日本」の再想像《さいそうぞう》／創造——越境する若者の経験〉を再そうぞうする」『異文化間教育』*53*：73–87.
長島怜央, 2015,『アメリカとグアム——植民地主義, レイシズム, 先住民』有信堂。
長島怜央, 2016,「アジア太平洋地域における安全保障と地域社会——「アメリカの湖」の形成と展開」松下　冽・藤田　憲編『グローバル・サウスとは何か』ミネルヴァ書房, pp.91–112.
長友　淳, 2013,『日本を「逃れる」——オーストラリアへのライフスタイル移住』彩流社。
長友　淳, 2015,「ライフスタイル移住の概念と先行研究の動向——移住研究における理論的動向および日本人移民研究の文脈を通して」『国際学研酒井千絵, 2003,「香港における日本人女性の自発的な長期滞在――長期滞在者からみた「香港就職ブーム」」岩崎信彦・宮島　喬・グッドマン, R.・ピーチ, K.・油井清光編『海外における日本人，日本の中の外国人――グローバルな移民流動とエスノスケープ』昭和堂, pp.239–253.
坂口満宏, 2001,『日本人アメリカ移民史』不二出版。
佐藤郡衛編, 1995,『転換期にたつ帰国子女教育』多賀出版。
佐藤郡衛, 1997,『海外・帰国子女教育の再構築――異文化間教育学の視点から』玉川大学出版部。
佐藤郡衛, 2005,「帰国生徒受け入れと特別入試の意義と課題――「積極的差別是正策」の視点から」『国際教育評論』*2*：76–89.
佐藤郡衛, 2010,『異文化間教育――文化間移動と子どもの教育』明石書店。
佐藤郡衛・片岡裕子編, 2008,『アメリカで育つ日本の子どもたち――バイリンガルの光と影』明石書店。
佐藤真知子, 1993,『新・海外定住時代――オーストラリアの日本人』新潮社。
塩原良和, 2015,「グローバル・マルチカルチュラル・ミドルクラスと分断されるシティズンシップ」五十嵐泰正・明石純一編『「グローバル人材」をめぐる政策と現実』明石書店, pp.222–237.
塩原良和, 2017,『分断と対話の社会学――グローバル社会を生きるための想像力』慶應義塾大学出版会。
芝野淳一, 2014,「日本人学校教員の「日本らしさ」をめぐる実践と葛藤――トランスナショナル化する在外教育施設を事例に」『教育社会学研究』*95*：111–130.
芝野淳一, 2015,「在外教育施設における「学力」問題――グアム日本人補習授業校におけるフィールドワークより」『部落解放』*716*：68–80.
芝野淳一, 2016,「国際移動する母親のジェンダー規範をめぐる経験――グアムの日本人コミュニティを事例に」『移民政策研究』*8*：107–122.
芝野淳一, 2018a,「在外教育施設における教育ニーズの多様化――グアム日本人学校を事例に」『大阪成蹊大学紀要』*4*：275–285.
芝野淳一, 2018b,「日本人学校における教員のトランスナショナルな教育実践――グアムの在外教育施設を事例に」『多文化関係学』*15*：35–49.
芝野淳一・敷田佳子, 2014,「在外教育施設におけるトランスナショナル化の実態――グアム日本人補習校の保護者に対するアンケート調査より」『教育文化学年報』*9*：28–41.
柴野昌山, 1983,「海外日本人コミュニティとその教育問題」小林哲也編『異文化に育つ子どもたち』有斐閣, pp.86–107.
渋谷真樹, 2001,『「帰国子女」の位置取りの政治――帰国子女教育学級の差異梶田孝道・丹野清人・樋口直人, 2005,『顔の見えない定住化――日系ブラジル人と国家・市場・移民ネットワーク』名古屋大学出版会。
加藤恵津子, 2009,『「自分探し」の移民たち――カナダ・バンクーバー，さまよう日本の若者』彩流社。
カマチョ, L, キース, 2016,『戦禍を記念する――グアム・サイパンの歴史と記憶』（西村　明・町　泰樹訳）岩波書店。
神谷浩夫・丹羽孝仁編, 2018,『若者たちの海外就職――「グローバル人材」の現在』ナカニシヤ出版。
川嶋久美子, 2010,「オーストラリアのワーキングホリデー労働者――ロスジェネ世代の越境と帰還」五十嵐泰正編『労働再審 2　越境する労働と〈移民〉』大月書店, pp.231–270.
川嶋久美子, 2015,「大連の日本向けアウトソーシングと日本人現地採用者」五十嵐泰正・明石純一編『「グローバル人材」をめぐる政策と現実』明石書店, pp.136–152.
川端浩平, 2013,『ジモトを歩く――身近な世界のエスノグラフィ』御茶の水書房。
貴堂嘉之, 2018,『移民国家アメリカの歴史』岩波書店。
木村健二, 2018,「近代日本の出移民史」日本移民学会編『日本人と海外移住――移民の歴史・現状・展望』明石書店, pp.31–49.
グッドマン, ロジャー, 1992,『帰国子女――新しい特権層の出現』（長島信弘・清水郷美訳）岩波書店。
クリフォード, ジェイムズ, 1996,「序論――部分的真実」クリフォード, ジェイムズ・マーカス, ジョージ編『文化を書く』（春日直樹・足羽興志子・橋本和也・多和田裕司・西川麦子・和邇悦子訳）紀伊國屋書店, pp.1–50.
児島　明, 2006,『ニューカマーの子どもと学校文化――日系ブラジル人生徒の教育エスノグラフィー』勁草書房。
コテ, E. ジェームズ・レヴィン, G. チャールズ, 2020,『若者のアイデンティティ形成――学校から仕事へのトランジションを切り抜ける』（河井　亨・溝上慎一訳）東信堂。
コバヤシ, オードリー, 2003,「ジェンダー問題〈切り抜け〉としての移民――日本人女性のカナダ新移住」岩崎信彦・宮島　喬・グッドマン, R.・ピーチ, K.・油井清光編『海外における日本人，日本のなかの外国人――グローバルな移民流動とエスノスケープ』昭和堂, pp.224–238.
小林哲也編, 1983,『異文化に育つ子どもたち』有斐閣。
酒井千絵, 1998,「ジェンダーの規定からの解放――香港における日本人女性の現地採用就労」『ソシオロゴス』*22*：137–152.

参考文献

東栄一郎, 2014,『日系アメリカ移民　二つの帝国のはざまで——忘れられた記憶 1868–1945』（飯野正子監訳）明石書店。

足立伸子, 2008,「ジャパニーズ・ディアスポラの考察」足立伸子編『ジャパニーズ・ディアスポラ——埋もれた過去　闘争の現在　不確かな未来』（吉田正紀・伊藤雅俊訳）新泉社, pp.15–47.

井田頼子, 2015,「日本の大学の帰国生入試における多様性とその帰結——「能力の社会構成説」を参考に」『ソシオロゴス』*39*：45–60.

稲田素子, 2012,「帰国生徒の受け入れにおける公平さをめぐって——実績のある受け入れ高校を事例に」『異文化間教育』*36*：40–56.

井上郁子, 2015,「ミクロネシア連邦からグアムへの移民増大がもたらしている社会問題の一考察——米国のミクロネシア地域における政策とその責任」『日本福祉大学経済論集』*51*：61–88.

江淵一公, 1986,「帰国子女を取り巻く日本社会の環境的特質に関する研究——日本社会の閉鎖性と帰国子女」東京学芸大学国際教育センター編『国際化時代の教育——帰国子女教育の課題と展望』創友社, pp.294–321.

江淵一公, 1994,『異文化間教育学序説——移民・在留民の比較教育民族誌的分析』九州大学出版会。

大石哲之・森山たつを, 2013,『普通のサラリーマンのためのグローバル転職ガイド』東洋経済新報社。

大石哲之・森山たつを・五十嵐泰正・駒井　洋, 2015,「〈討議〉海外就職の可能性」五十嵐泰正・明石純一編『「グローバル人材」をめぐる政策と現実』明石書店, pp.108–134.

大野哲也, 2012,『旅を生きる人びと——バックパッカーの人類学』世界思想社。

岡部牧夫, 2002,『海を渡った日本人』山川出版社。

岡村郁子, 2017,『異文化間を移動する子どもたち——帰国生の特性とキャリア意識』明石書店。

小田　亮, 1997,「ポストモダン人類学の代価——ブリコルールの戦術と生活の場の人類学」『国立民族学博物館研究年報』*21*(4)：807–875.

小野真由美, 2019,『国際退職移住とロングステイツーリズム——マレーシアで暮らす日本人高齢者の民族誌』明石書店。

外務省, 2020,「海外在留邦人数調査統計（令和２年版）」外務省領事局政策課。

初出一覧

序　章　書き下ろし

第 1 章　書き下ろし

第 2 章　芝野淳一, 2020,「海外移住する日本人の教育戦略――グアムのライフスタイル移住者を事例に」『国際教育評論』*16*：1–16.

第 3 章　書き下ろし

第 4 章　芝野淳一, 2016,「国境を越える移動実践としての進路選択――グアムに住む日本人高校生の存在論的移動性に着目して」『異文化間教育』*43*：104–118.

第 5 章　芝野淳一, 2017,「第二世代の帰還移住過程における構造的制約――グアムの日本人青年を事例に」『ソシオロゴス』*41*：17–35.

第 6 章　芝野淳一, 2020,「新二世のトランスナショナルな生活経験とディアスポラ性――「日本」から距離を置くグアムの日本人青年に着目して」『中京大学現代社会学部紀要』*14*(2)：51–77.

第 7 章　芝野淳一, 2021,「新二世の帰還移住と「ホーム」の構築過程――グアムから日本に進学した大学生を事例に」『移民研究年報』*27*：19–33.

第 8 章　芝野淳一, 2021,「「日本」を想像／創造しつづける新二世たち――グアム育ちの日本人青年のエスノグラフィー」『異文化間教育』*53*：32–51.

終　章　書き下ろし

人名索引

事項索引

執筆者紹介

芝野淳一（シバノ ジュンイチ）
1986年生まれ。専門は教育社会学・移民研究。
大阪大学大学院人間科学研究科博士後期課程単位取得退学。
博士（人間科学）。現在、中京大学現代社会学部准教授。

主著に『移民から教育を考える――子どもたちをとりまくグローバル時代の課題』（共編著, ナカニシヤ出版, 2019年）、「新二世の帰還移住と「ホーム」の構築過程――グアムから日本に進学した大学生を事例に」（『移民研究年報』27, 2021年）、「「日本」を想像／創造しつづける新二世たち――グアム育ちの日本人青年のエスノグラフィー」（『異文化間教育』53, 2021年）、「日本人学校教員の「日本らしさ」をめぐる実践と葛藤――トランスナショナル化する在外教育施設を事例に」（『教育社会学研究』95, 2014年）。

「グアム育ちの日本人」のエスノグラフィー
新二世のライフコースと日本をめぐる経験

2022年3月31日　初版第1刷発行　定価はカヴァーに表示してあります

著　者　芝野淳一
発行者　中西　良
発行所　株式会社ナカニシヤ出版
〒606-8161　京都市左京区一乗寺木ノ本町15番地
Telephone　075-723-0111
Facsimile　075-723-0095
Website　http://www.nakanishiya.co.jp/
Email　iihon-ippai@nakanishiya.co.jp
郵便振替　01030-0-13128

印刷・製本＝ファインワークス／装丁＝白沢　正
Copyright © 2022 by J. Shibano
Printed in Japan.
ISBN978-4-7795-1658-0

本書のコピー，スキャン，デジタル化等の無断複製は著作権法上の例外を除き禁じられています。本書を代行業者等の第三者に依頼してスキャンやデジタル化することはたとえ個人や家庭内での利用であっても著作権法上認められていません。